●グラフィック[経済学]—6

Graphic

グラフィック
国際経済学

阿部顕三・賓多康弘 共著

Textbook

新世社

はしがき

　経済のグローバル化が進展し，国や地域の間の経済的なつながりは緊密になってきました。しかし，経済的なつながりが深まったがゆえに生じてくる問題もあります。例えば，近年の急激な円安は，輸出品や輸入品の価格の変化を通して，日本の人々の生活や企業の業績に大きな影響を与えています。また，これまで頻繁に生じてきた貿易紛争は，当事国間の経済取引が拡大して，互いの経済の結びつきが強くなったことが一因になっています。これらは近年の出来事のほんの数例にすぎませんが，グローバル化の進展によって，国際経済の問題はますます重要になっています。

　本書は，国際経済学の入門書として書かれています。国際経済学は，国際経済の様々な分野に関連する経済問題を扱っており，それぞれの分野で新しい研究が次々と出てきています。そこで，入門書の場合，多くのテーマを取り上げて薄く広く内容を紹介するか，あるいはテーマを絞って丁寧に内容を解説するかを選択しなくてはなりません。また，国際経済学の内容を理解するには，ミクロ経済学やマクロ経済学の基礎知識が必要で，それらの解説を入れるか入れないかの選択をしなくてはなりません。

　本書の特徴は，国際経済学の主要な分野における基本的なテーマだけに絞り，丁寧にやさしく解説していることです。本書は，はじめて国際経済学を学ぶ人のために書かれています。特に，国際経済学の基礎をしっかりと身に付けたいと考えている人に読んでほしいと思います。初学者には，多くのテーマを学んで理解が不十分になるよりも，基本的な知識や考え方を習得することが大切です。基礎を固めることで，その後の発展的なテーマの理解も容易になります。

　本書の構成は以下の通りです。第Ⅰ部では，各国の輸出入の構造が，どのような要因によって決まっているかなどを説明する国際貿易と，貿易取引を制限したり，逆に促進したりするための貿易政策に関するトピックスを扱っています。また，第Ⅱ部では，為替レートがどのように決まるかなどを説明する国際金融の分野と，対外的な経済取引がある下での財政・金融政策の効果を扱う国際マクロ経済の分野のトピックスを取り上げています。

このような構成は，少し前の国際経済学の教科書で見られた構成と同じと感じるかもしれません。しかし，本書では，必要となる経済学の基礎知識に関する説明を多く取り入れて，予備知識がなくても，本書だけで読み進められるように工夫しています。具体的には，第1章と第4章で必要となるミクロ経済学の内容を説明し，第7章と第10章で必要となるマクロ経済学の内容を説明しています。基礎知識を持っている場合には，これらの章をスキップしてもらっても構いません。

グラフィック［経済学］ライブラリの特徴を生かして，右ページで数値例を用いた図をふんだんに挿入し，左ページの本文でその説明をしています。数値例による説明だけでは一般的な説明にはなりませんが，はじめて学ぶ人にとっては，数値例による説明の方が理解しやすいと考えます。また，右ページのBoxやCase Studyでは，イラストなどを交えたりして，本文と関連する基礎的な用語の説明や現実の制度・政策などを紹介しています。さらに，Close Upでは，より高度な内容についても紹介しています。

国際経済学は難しいという声を多く聞きます。そこで，上述のように，本ライブラリの特徴を十分に生かして，できるだけ読みやすく，分かりやすい教科書にしました。多くの人に本書を手に取っていただき，国際経済学の基礎を身に付けてもらいたいと思います。その上で，本書のWeb補論や上級の教科書で，より詳細な内容や幅広いトピックスについて学習するとよいでしょう（Web補論については「本書の構成と使い方」を参照）。一人でも多くの人に，国際経済学を理解してもらえることを願っています。

本書の執筆段階で，著者たちは，どのようにすればページ数の制約のなかで分かりやすい説明になるかなど，長い時間をかけて意見を交わしました。この意味で，本書は本当の共著になっています。

本書の刊行にあたっては，小森谷徳純氏をはじめ，多くの人から貴重な助言をいただきました。また，新世社編集部の御園生晴彦氏と谷口雅彦氏には大変お世話になりました。改めて感謝申し上げます。

　2023年11月

著者一同

目　次

本書の構成と使い方

　本書には，本文以外にも，Web補論，Web資料，およびWeb URLリストがあります。これらは，新世社のWebサイト（https://www.saiensu.co.jp）の本書のサポート情報欄に掲載しています。

　本書は，2単位の講義を想定していますが，本文で取り上げられなかったテーマなどを扱ったWeb補論を活用することで，4単位の講義でも使えるようにしています。各章のWeb資料では，補足説明や演習問題の解答を載せています。本文やWeb補論・資料で言及したWebサイトは，Web URLリストに掲載されており，それらも参照してみてください。

　なお，本文の第6章と第12章，そしてWeb補論の第6章と第12章は，講義の回数などに応じて，扱うトピックスを選ぶとよいでしょう。また，経済学の基礎知識の説明が不要な場合は，第1章，第4章，第7章，第10章の一部を省略することもできます。

Web 補論一覧

第Ⅰ部

国際貿易・
貿易政策

1

国際貿易の基礎

　本章では，国際貿易を経済学の視点から考えるときに必要な基本概念を説明します。国際貿易が行われたときに，どのようなことが生じるのかを考えるためには，貿易が行われていない閉鎖経済と，貿易障壁のない自由貿易とを比較することが有益です。そこで，閉鎖経済と自由貿易の均衡を説明し，貿易によって国全体の利益が高まることを示します。

Keywords
閉鎖経済，開放経済，自由貿易，保護貿易，国内需要，国内供給，相対価格，輸入需要，輸出供給，比較優位，経済厚生，貿易利益

レッスン1.1　国際貿易のとらえ方

国際貿易を考える際に必要となる基本的な用語を紹介します。また，閉鎖経済や自由貿易とは，どのような状態なのかを説明します。

閉鎖経済と開放経済

国際貿易とは，国（あるいは地域）と国（あるいは地域）の間で，財やサービスの取引を行うことです。国際貿易は，短く貿易ともいいます。もし貿易ができなければ，国内市場で取引が完結して，国内で生産（供給）したものを国内で消費（需要）するしかありません。そのような経済は，閉鎖経済あるいは自給自足経済と呼ばれます。図1-1には，閉鎖経済のイメージ図を描いています。

貿易が可能であれば，世界市場で取引が可能になります。国内で生産したものが国内で消費しきれずに余れば，それを他国に輸出することができます。逆に，国内で生産されていないものや，生産していても不足しているものがあれば，それを他国から輸入することもできます。このように，貿易が可能な経済のことを開放経済といいます。図1-2には，開放経済の一例のイメージ図を描いています。

財やサービスの貿易取引に対して，政策的な介入がなく，自由に貿易取引が行われる状態を自由貿易（free trade）といいます。現実には，貿易を制限あるいは促進させるような政策がとられている財やサービスもあります。貿易を制限する政策の代表的な例として，輸入品に対する税である関税があります（第5章参照）。政策によって輸入が制限されているような貿易を保護貿易あるいは管理貿易といいます。逆に，輸出を増やすための補助金のように，貿易を拡大させる政策もあります（Web補論 第6章参照）。

市場取引と均衡

閉鎖経済であれ開放経済であれ，財・サービスが市場で取引されていれば，市場で需要と供給（需給）が一致するように価格や取引量の調整が行われると考えられます。需要と供給が一致している状態を均衡と呼び，そのときの価格を均衡価格といいます。均衡における国内生産量や国内消費量が分かれば，各

　世界経済のなかでは，様々なものが貿易されています。図1-2の例のシャツやワインは，原材料や機械などを使って生産され，最終的に消費者が使ったり飲んだり（消費）するもので，最終財と呼ばれます。最終財以外にも，原油やレアアースなどの天然資源（原材料），半導体や自動車の部品といった最終財の生産に用いられる中間財なども貿易取引されています。商品（有形の原材料，中間財，最終財など）の貿易は，商品貿易と呼ばれます。日本の商品の輸出入（国別・商品別）については，財務省のホームページ「財務省貿易統計」を参照してください。

　また，商品だけでなく，輸送サービス，特許等を使用する権利，無形のデータ（音楽配信サービス等）なども国際的に取引されています。これらの貿易はサービス貿易と呼ばれ，情報通信技術の進歩で活発になっています（レッスン7.1参照）。サービス貿易の形態については，外務省のホームページ「サービス貿易とは何か」を参照してください。

　なお，本書の第Ⅰ部では，最終財の貿易取引について見ています。

図1-1　閉鎖経済のイメージ図

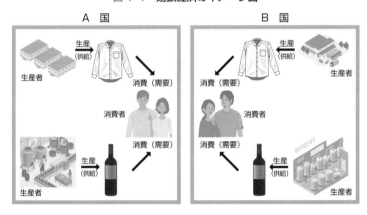

図1-2　開放経済のイメージ図

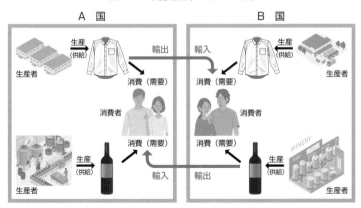

国あるいは世界全体で，どの財・サービスが，どれだけ生産され，消費される
かを知ることができます。また，開放経済の場合には，どの国が，どの財・
サービスを，どれだけ輸出あるいは輸入するかを知ることもできます。

　国内市場や世界市場における均衡を見つけるためには，各国の財・サービス
に対する国内需要と国内供給が，どのように決まるかを知る必要があります。
ここで，ある国のすべての消費者の需要を足し合わせたものを国内需要，すべ
ての生産者の供給を足し合わせたものを国内供給といいます。

　本章では，簡単化のために，各国の国内生産量は一定で変化しないような場
合の均衡を考えます。そこで，まず消費者の行動から国内需要を導出し，閉鎖
経済と自由貿易の均衡の状態を図示してみます。なお，国内生産量が変化する
ようなケースは，第2章以降で取り上げます。

レッスン1.2　国内需要の決定

　消費者が，どのように消費の組合せ（各財の需要量）を決めるかを説明しま
す。後のレッスンの基礎で，ミクロ経済学の消費者行動の復習でもあります。

消費者の行動

　一般的に，一国のなかには，好み（選好^{せんこう}）の異なる多数の消費者がいて，そ
れぞれが個別に財・サービスの消費量を決めています。なお，以下では，消費
量と需要量は同じ意味の言葉とし，区別せずに使うことにします。

　国内需要は，国内のすべての消費者の需要を集計したものです。図1-3の
左図では，消費者が4人いるときの例で国内需要を示しています。しかし，以
下では，各消費者の需要を集計する代わりに，一国内のすべての消費者の好み
が，あたかも1人の消費者（代表的個人）の好みによって表され，代表的個人
が国全体の需要量（国内需要量）を決めているとしてみましょう（右図）。

　個人が財・サービスを消費したときに得られる満足は，効用^{こうよう}と呼ばれます。
効用の水準は，財・サービスの消費量にのみ依存するとしておきます。そこで，
代表的個人は，予算の範囲内で購入可能な財・サービスのなかで，効用を最大
にするように消費（需要）量を決定するとします。

　図1-2では，両国が互いに異なる産業の財を輸出・輸入しています。A国は衣服だけを輸出し，ワインだけを輸入しています。逆に，B国はワインだけを輸出し，衣服だけを輸入しています。このような貿易を産業間貿易と呼びます。

　ある国が同じ産業の財を，輸出すると同時に輸入することもあります。日本は自動車を輸出していますが，同時に米国や欧州などから自動車を輸入しています。同じ産業の財を互いに輸出・輸入するような貿易は，産業内貿易と呼ばれます。

　複数の国に拠点を置いて生産・販売活動を行っている多国籍企業では，同一の企業のなかで貿易取引を行うこともあります。このような貿易は，企業内貿易と呼ばれます。

　なお，本書の第Ⅰ部では，産業間貿易について見ています。産業内貿易や企業内貿易も重要ですが，本書では基礎的な内容に焦点を絞っており，それらについては上級の教科書を参照してください。

図1-3　国内需要の導き方

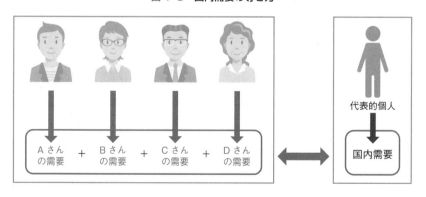

以下では，消費量がどのように決まるかを図示するための準備として，衣服（例えばシャツ）と飲料（例えばワイン）の2財からなる簡単な経済を想定し，購入可能な財・サービスの組合せと効用の水準を図で表してみます。そして，それらの国内需要量がどのように決まるかを考えてみます。なお，衣服と飲料の国内生産量は一定としているので，両財の国内供給量も一定となります。

購入可能な財の組合せ

　予算の範囲内で，代表的個人が購入可能な財の組合せを見つけてみましょう。代表的個人1人が国全体の消費を決めるとしているので，代表的個人の支出と所得は，それぞれ国全体の支出と所得に等しくなります。

　国全体の所得は，衣服と飲料の国内生産額を足し合わせた額になります。なぜなら，各財の生産額（収入）は，経営者や労働者の報酬，株主への配当など，何らかの形で分配され，その国の人々の所得となるからです（Box 1.3参照）。各財の生産額は「価格×生産量」と表せます。なお，単に価格と表記した場合は，金額で表した価格（名目価格）を意味することとします。

　そこで，国内消費量を短く「消費量」，国内生産量を短く「生産量」と書くと，代表的個人が所得を使い切る消費の組合せを表す式（予算制約式）は，

　　　（衣服の価格×衣服の消費量）＋（飲料の価格×飲料の消費量）

　　　　＝（衣服の価格×衣服の生産量）＋（飲料の価格×飲料の生産量）

となります。この式の左辺と右辺は，それぞれ金額で表した支出（名目支出）と金額で表した所得（名目所得）を表しています。

　衣服の価格を飲料の価格で割った値を，衣服の相対価格といいます。上の予算制約式の両辺を飲料の価格で割り，衣服の相対価格を用いて書き換えると，

　　　（衣服の相対価格×衣服の消費量）＋飲料の消費量

　　　　＝（衣服の相対価格×衣服の生産量）＋飲料の生産量　　　　(1.1)

となります。この式の右辺は，名目所得をすべて飲料の購入にあてたときに買える飲料の数量を表しています。つまり，名目所得を飲料の数量で表しており，それは飲料で表した**実質所得**といいます（Box 1.4参照）。

　予算制約を表す(1.1)式が成り立つような消費の組合せを図に描いたものを，**予算線**（あるいは**予算制約線**）といいます。ここで，衣服1着の価格を2000円，飲料1本の価格を1000円とすると，衣服の相対価格は2（＝2000円÷1000円）

　海外への所得の送金や海外からの所得の受取がある場合，国内で生産した財・サービスの総額と国内に居住する人々の総所得は，必ずしも一致しません（レッスン7.2参照）。ここでは，そのような国際間の所得の受け渡しがないものとしておきます。また，将来の消費のための貯蓄も考えないことにします。

■Box 1.4　相対価格と実質所得■

　衣服の相対価格は，衣服1着の価格を金額ではなく，飲料の数量で表したものです。（飲料で表した）実質所得も，金額ではなく，飲料の数量で表しています。

　このとき，飲料（ワイン）の数量を尺度にして衣服（シャツ）の価格を表しているので，飲料を価値尺度財（ニュメレールあるいはニュメレール財）といいます。価値尺度財の数量の単位は，どこの国でも同じなので，相対価格を使えば，通貨単位の違いに関係なく，各国で共通の尺度で価格を表せます。

　例えば，日本では，衣服1着を2000円，飲料1本を1000円とすると，衣服の相対価格は2（＝2000円÷1000円）となります。つまり，衣服1着は飲料2本分に相当します。また，フランスにおいて，衣服1着は20ユーロで，飲料1本は10ユーロとすると，衣服の相対価格は2（＝20ユーロ÷10ユーロ）で，衣服1着は飲料2本分になります。このように，衣服の相対価格を使うことで，衣服の価格を同じ尺度で表せることが分かります。

　以下には，名目価格と相対価格のイメージ図，名目所得と実質所得のイメージ図を描いています。

となります。また，国内における衣服の生産量が10万着で，飲料の生産量は10万本であるとしてみましょう。飲料で表した実質所得は，(1.1)式の右辺なので，30万本（＝(2×10万)本＋10万本）になります。このとき(1.1)式は「2×衣服の消費量＋飲料の消費量＝30」となり，変形すると「飲料の消費量＝−2×衣服の消費量＋30」となります。この式を満たす衣服と飲料の消費の組合せを図に描くと，予算線になります。なお，この式の衣服の消費量の単位は「万着」，飲料の消費量の単位は「万本」，実質所得の単位は「万本」ですが，単位は省略しています。

　図1-4では，横軸に衣服の数量（万着），縦軸に飲料の数量（万本）をとり，点Qは衣服と飲料の国内生産量の組合せ（生産点）を表しています。予算線は必ず生産点Qを通ります。なぜなら，国内で生産された量と同じだけ国内で購入できるからです（(1.1)式参照）。また，予算線の傾きは「−2」で，衣服の相対価格2にマイナスをつけた値になります。つまり，予算線は，生産点を通り，傾きの大きさ（傾きのマイナスをとった値）が衣服（横軸にとった財）の相対価格に等しい直線になります。

　したがって，予算線は図1-4の直線ABで表され，この直線上のどの組合せも購入することができます。予算線上の組合せで購入すれば，予算をちょうど使い切ります。なお，予算線よりも左下の領域にある組合せも，予算内で購入可能です。

消費の組合せと効用水準

　購入可能な衣服と飲料の組合せは多数あり，そのなかでどのような消費の組合せを選択するかは，代表的個人の好みに依存します。その好みは，代表的個人の無差別曲線によって表されます。無差別曲線とは，効用が同じになるような消費の組合せを表した曲線です。ここでは，衣服や飲料の消費量が多くなれば，効用も高くなるとしておきます。

　図1-5では，代表的個人の無差別曲線を，曲線 I や I' のように描いています。無差別曲線 I は，点Aと同じ効用をもたらす他の消費の組合せをつなぎ合わせた曲線で，右下がりの曲線になります。点Aは，衣服5万着と飲料10万本の組合せになっています。点Cの消費の組合せは，点Aと比べて衣服の消費量が5万着多くなっているため，点Aの消費の組合せよりも高い効用に対応していま

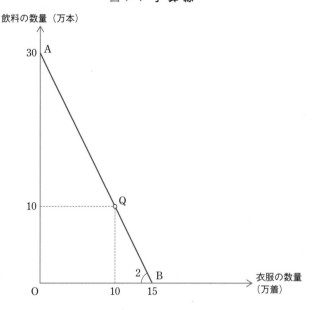

図 1-4 **予 算 線**

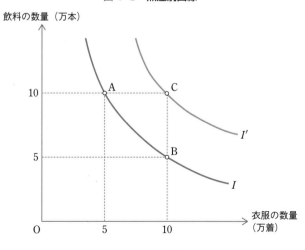

図 1-5 **無差別曲線**

す。そこで，図1-5では，点Cから飲料の消費量を5万本減らし，点Bの組合せになったときに点Aと同じ効用になるとしています。

また，点Cの消費から得られる効用と同じ効用をもたらす消費の組合せは，点Cを通る無差別曲線I'で表されています。点Cの消費の組合せでは，点Aや点Bの組合せよりも効用が高いので，右上に位置している無差別曲線ほど高い効用に対応しています。なお，2つの無差別曲線が交わらないなどの他の性質もあります（Close Up 1.1参照）。

国内需要の決定

これまでに説明した予算線と無差別曲線を用いて，代表的個人が予算制約の下で効用を最大にするような消費量（需要量）を，図で示すことができます。それは，予算線とその左下の領域の組合せのなかで，無差別曲線が最も右上に位置するような組合せになります。

図1-6には，図1-4の予算線ABと同じものが描かれています。この予算線と無差別曲線が接する点Rで消費を行えば，代表的個人は予算制約の下で効用を最大にすることができます。

その理由は以下の通りです。効用を最大にするには，予算（所得）を使い切る必要があります。なぜなら，予算を余らせているときには，余った予算で衣服や飲料を買い足して，効用をさらに高くすることができるからです。よって，効用が最大となる消費の組合せは，予算線上にあります。そこで，図1-6の予算線上の点Qを選んでみましょう。2つの無差別曲線は交わらないので，点Qを通る無差別曲線は，点Rを通る無差別曲線Iより必ず左下に位置します。（点Qを通る無差別曲線を各自で描いてみてください。）よって，点Qの組合せでは，点Rの組合せよりも低い効用しか得られません。同様にして，予算線上の点R以外のどの点をとってみても，同じことがいえます。つまり，点Rの消費の組合せは，予算内で購入できる消費の組合せのなかで，最も高い効用をもたらします。したがって，代表的個人は，点Rの消費の組合せを選びます。

予算制約の下で効用を最大にする消費の組合せは，最適消費と呼ばれます。代表的個人の最適消費の組合せが，国内需要量の組合せになります。図1-6では点Rが最適消費点です。つまり，代表的個人は，衣服5万着と飲料20万本を消費し，これらが衣服と飲料の国内需要量になります。

Close Up 1.1　無差別曲線の性質

　無差別曲線には互いに交わらないという性質もあります。下の図のように, 仮に無差別曲線 I と無差別曲線 I' が点Bで交わったとしましょう。点Aは無差別曲線 I 上にあるので, 点Aの組合せで消費すると, 点Bと同じ効用が得られます。同時に, 点Bは無差別曲線 I' 上にあるので, 点Cの場合と同じ効用が得られます。そうすると, 点Aと点Cの消費からは同じ効用を得るはずです。しかし, 点Cは両財の消費量が点Aよりも多く, 点Cで消費すれば点Aよりも高い効用を得るので, 矛盾が生じます。よって, 2つの無差別曲線は交わりません。無差別曲線を描くときには, この点に注意してください。

　また, ここでは, 無差別曲線が原点に向かって突き出た形の曲線になっています。このような形状は, 「原点に対して凸」と呼ばれます。点Aから衣服を1着余分に消費するのであれば, 同じ効用を得るために飲料を2本あきらめてもよいと思っています。しかし, 衣服の消費量がより多い点Bでは, 衣服をさらに消費してもあまり効用が上がらないので, 飲料を1本しかあきらめたくないと思っています。

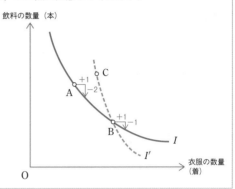

図1-6　国内需要（消費）の決定

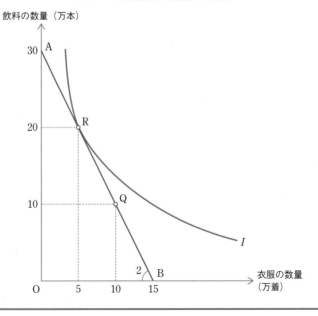

レッスン1.3 閉鎖経済

　閉鎖経済の均衡は，図を用いてどのように表すことができるかを説明します。閉鎖経済では，輸出や輸入ができないので，国内で生産した財・サービスを消費することになります。

閉鎖経済の均衡

　閉鎖経済の均衡は，衣服と飲料の国内需要量と国内供給量がそれぞれ等しくなっている状態です。つまり，国内で生産されたものが，すべて国内で消費されています。そこで，閉鎖経済の均衡を見つけるために，衣服と飲料の国内需要量と国内供給量を図に描いてみます。前レッスンと同様に，衣服と飲料の国内生産量は一定とし，数値例も同じにしておきます。両財の国内供給量は与えられているので，国内需要（国内消費）がどのように決まるかを考えます。

　閉鎖経済において，国内市場で需給がバランスしていなければ，価格の調整によって需給が調整されるとしてみましょう。前レッスンの図1-6では，衣服も飲料も国内供給量と国内需要量が異なるので，閉鎖経済の均衡にはなっていません。衣服の国内供給量は10万着ですが，国内需要量は5万着です。つまり，衣服の国内市場では，5万着の超過供給（＝国内供給量－国内需要量＝10万着－5万着）が生じています。逆に，飲料の国内生産量は10万本で，国内需要量は20万本なので，飲料の国内市場では10万本の超過需要（＝国内需要量－国内供給量＝20万本－10万本）が生じています。市場が超過供給のときに価格は低下し，超過需要のときに価格は上昇すると考えると，衣服の価格は低下し，飲料の価格は上昇します。つまり，衣服の相対価格（＝衣服の価格÷飲料の価格）は，図1-6での2から小さくなっていきます。

　価格の調整によって，衣服の相対価格が1となり，予算線が図1-7の直線 A′B′ のようになったとしましょう。この予算線は，衣服と飲料の国内生産量の組合せの点Qを通り，傾きの大きさが1の直線です。無差別曲線 I′ は点Qで予算線 A′B′ と接しているので，点Qが最適消費点にもなっています（Box 1.5参照）。つまり，国内生産量の組合せと国内消費量の組合せが一致しており，衣服と飲料のいずれの国内市場でも需給はバランスしています。この状態が閉

図1-7 閉鎖経済の均衡

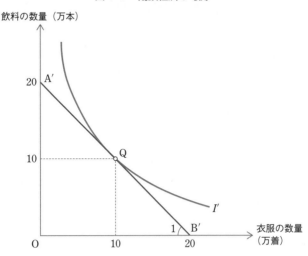

■Box 1.5 国内生産と国内消費の組合せ：国内生産量が一定の場合■

　相対価格が与えられている場合，国内生産（供給）と国内消費（需要）の組合せは，次のようにして図中で見つけることができます。なお，横軸には衣服の数量，縦軸には飲料の数量をとることにします。

ステップ1：国内生産量の組合せ（生産点）を書き入れます。生産点は，国内供給量の組合せでもあります。

ステップ2：生産点を通り，傾きの大きさが衣服の相対価格に等しい直線を描きます。この直線が予算線になります。

ステップ3：ステップ2で描いた予算線と無差別曲線の接点を見つけます。その接点が，国内需要量の組合せ（最適消費点）になります。

鎖経済の均衡を表しています。したがって，閉鎖経済における衣服の均衡相対価格は1となり，衣服の国内消費量と国内生産量は10万着，飲料の国内消費量と国内生産量は10万本となります。

国内需要曲線・国内供給曲線と閉鎖経済の均衡

別の方法で閉鎖経済の均衡を表してみましょう。閉鎖経済の均衡は，国内の消費者の需要を表した国内需要曲線と，国内の生産者の供給を表した国内供給曲線を用いて見つけることができます。

国内需要曲線と国内供給曲線を，横軸に衣服の数量（万着），縦軸に衣服の相対価格をとった図1-8に描いてみましょう。図1-6から，衣服の相対価格が2のとき，衣服の国内需要量は5万着です。また，図1-7から，衣服の相対価格が1のとき，衣服の国内需要量は10万着です。他の衣服の相対価格についても最適消費点を見つけることで，衣服の相対価格と国内需要量の関係を導くことができます。その関係を表した曲線が，衣服の国内需要曲線です。図1-8では，右下がりの直線 D で衣服の国内需要曲線を表しています。ここでは，国内需要曲線を直線としています。これに対して，衣服の国内供給量は10万着で一定なので，衣服の国内供給曲線は直線 S のように垂直になります。

図1-8では，点 E_A で衣服の国内需要曲線と国内供給曲線が交わり，衣服の国内需要量と国内供給量は一致しています。したがって，点 E_A が閉鎖経済の均衡点になります。そのときの衣服の均衡相対価格は1で，衣服の国内需要量と国内供給量はいずれも10万着になります。

なお，衣服の国内需要と国内供給が等しいとき，予算制約式から，飲料の国内需要と国内供給も一致していることが分かります。レッスン1.2の(1.1)式で，消費量を国内需要量に，生産量を国内供給量に書き換えてみます。さらに，飲料の項を左辺にまとめ，衣服の項を右辺にまとめると，次のようになります。

飲料の国内需要量 − 飲料の国内供給量

= 衣服の相対価格 ×（衣服の国内供給量 − 衣服の国内需要量）　　(1.2)

これより，衣服の国内市場で需給が一致していれば「衣服の国内供給量 − 衣服の国内需要量 ＝ 0」なので，右辺はゼロとなり，左辺もゼロになります（Close Up 1.2参照）。つまり，飲料の国内市場でも需給がバランスしています。飲料の国内供給量は10万本なので，国内需要量も10万本になります。

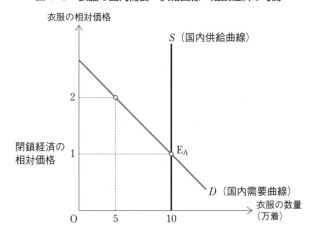

図 1-8　衣服の国内需要・供給曲線：閉鎖経済の均衡

Close Up 1.2　複数市場の需給バランスの関係

(1.2)式で，右辺をすべて左辺に移行して整理し，「国内需要量−国内供給量＝超過需要量」として書き換えると，次のようになります。

衣服の相対価格×衣服の超過需要量＋飲料の超過需要量＝0

両辺に飲料の価格をかけ合わせれば，

衣服の価格×衣服の超過需要量＋飲料の価格×飲料の超過需要量＝0

となり，両財の超過需要の価値額の和がゼロになります。したがって，「衣服の超過需要量＝0」ならば「飲料の超過需要量＝0」となります。つまり，衣服の市場で需給がバランスすれば，飲料市場でも需給がバランスします。

一般的に，すべての市場の超過需要の価値額の和は常にゼロになるという関係は，ワルラス法則と呼ばれています。

Close Up 1.3　相対需要と相対供給

閉鎖経済の均衡は，相対需要と相対供給を用いて表すこともできます。衣服の国内相対需要は，衣服の国内需要量を飲料の国内需要量で割った値です。同様に，衣服の国内相対供給は，衣服の国内供給量を飲料の国内供給量で割った値です。そこで，次のようになれば閉鎖経済の均衡になります。

衣服の国内相対需要＝衣服の国内相対供給

ワルラス法則を用いると，衣服の国内相対需要と国内相対供給が等しいときには，必ず衣服と飲料の国内需要量と国内供給量は等しくなります（Web資料 第1章参照）。

なお，第3章では，相対需要と相対供給を用いて均衡を考えていきます。

レッスン1.4　自由貿易と貿易利益

　自由貿易の均衡は，どのようにして導出されるかを説明します。また，貿易を行うことで，国全体の効用（経済厚生）が高まることを示します。

世界市場の需給バランス

　開放経済では，財・サービスの国際価格は，世界市場の需要と供給が一致するように決まります。ここでは，自国と外国からなる世界経済を考えます。

　世界市場で衣服と飲料の2財が取引されるとします。衣服と飲料のどちらの財についても，世界市場での需給の一致は次の式で表されます。

自国の国内需要量＋外国の国内需要量

＝自国の国内供給量＋外国の国内供給量

この式の左辺は世界全体の需要量で，右辺は世界全体の供給量を表しています。

　国内需要量から国内供給量を引いた値がプラスであれば，国内で超過需要になっており，その超過需要を輸入需要ともいいます。つまり，「輸入需要量＝国内需要量−国内供給量」となります。逆に，国内供給量から国内需要量を引いた値がプラスであれば，国内で超過供給になっており，その超過供給を輸出供給ともいいます。つまり，「輸出供給量＝国内供給量−国内需要量」となります。これらを用いれば，上の世界市場の需給一致を表す式は，

自国の輸入需要量＝外国の輸出供給量

あるいは

自国の輸出供給量＝外国の輸入需要量

と書き換えることができます。つまり，衣服と飲料についてお互いに輸出したい数量と輸入したい数量が一致すれば，両財の世界市場で需給は一致します。

　ところが，衣服の世界市場で需給が一致すれば，必ず飲料の世界市場でも需給が一致することが分かります。よって，自由貿易の均衡を見つけるときも，両財の世界市場を考える必要はありません。片方の財の世界市場の需要と供給が一致するように，その財の国際相対価格が決まると考えることができます（Close Up 1.4参照）。そこで，以下では，衣服の世界市場だけを考えることにします。

■Box 1.6　世界市場の均衡条件■

[国内需要量と国内供給量を用いる場合の均衡条件]
自国の国内需要量＋外国の国内需要量
＝自国の国内供給量＋外国の国内供給量

[輸入需要量と輸出供給量を用いる場合の均衡条件]
・自国が輸入，外国が輸出する財のケース
自国の輸入需要量＝外国の輸出供給量
・自国が輸出，外国が輸入する財のケース
自国の輸出供給量＝外国の輸入需要量

Close Up 1.4　複数市場の需給バランスの関係：自由貿易の場合

　自国は衣服を輸出して飲料を輸入，外国は飲料を輸出して衣服を輸入するケースを考え
てみましょう。つまり，自国では，「衣服の国内供給量－衣服の国内需要量＞0」，「飲料の
国内需要量－飲料の国内供給量＞0」となります。これらの式は，外国では逆の符号にな
ります。
　レッスン1.3の(1.2)式は，予算制約式から導かれているので，開放経済でも成り立ち
ます。そこで，その式を輸出供給量と輸入需要量を用いて書き換えると，自国では，
　　　衣服の相対価格×自国の衣服の輸出供給量＝自国の飲料の輸入需要量
となります。外国は衣服を輸入して飲料を輸出するとしているので，衣服の輸入需要量と
飲料の輸出供給量はプラスの値になります。そこで，上の式の自国を外国にして，輸出供
給量と輸入需要量を入れ替えると，外国の場合は次のように表すことができます。
　　　衣服の相対価格×外国の衣服の輸入需要量＝外国の飲料の輸出供給量
　自由貿易の下では，自国と外国は同一の国際価格で取引しています。そこで，上の2つ
の式の相対価格を国際相対価格に書き換えて，辺々引き算すると，
　　　衣服の国際相対価格×（自国の衣服の輸出供給量－外国の衣服の輸入需要量）
　　　　＝自国の飲料の輸入需要量－外国の飲料の輸出供給量
となります。
　すぐ上の式は，両国の予算制約式から導かれたものです。よって，両国で消費者の予算
制約式が満たされているとすると，衣服に関して自国の輸出供給量と外国の輸入需要量が
等しければ「左辺＝0」で，必ず「右辺＝0」になります。つまり，必ず飲料に関しても自
国の輸入需要量と外国の輸出供給量は等しくなります。また，その逆も成り立ちます。
　したがって，世界市場において一方の財の需給が一致すれば，他方の財の需給も必ず一
致します。

自由貿易の均衡と比較優位

　政策的介入や制度上の貿易障壁がなく，自由に貿易取引が行われる状態が自由貿易です。通常，貿易取引の際には，輸送費や保険料などがかかりますが，簡単化のために，これらの費用はかからないとしましょう。このとき，自由貿易を行っている国々の消費者や生産者は，世界市場で決まる国際価格で財・サービスを売買することができます。以下では，自由貿易における均衡を考えてみましょう。

　自由貿易の均衡は，衣服の輸出供給曲線と輸入需要曲線を用いて表せます。衣服の輸出供給曲線は，衣服の相対価格と衣服の輸出量の関係を表した曲線です。また，衣服の輸入需要曲線は，衣服の相対価格と衣服の輸入量の関係を表した曲線です。以下では，自国は衣服を輸出し，外国は衣服を輸入するとします。なお，前レッスンと同様に，衣服の国内生産量を一定とします。

　自国の輸出供給曲線は，いろいろな衣服の相対価格に対して，衣服の国内供給曲線と国内需要曲線の水平的な差（輸出量）をとることによって得られます。自国の国内需要曲線 D^H と国内供給曲線 S^H は，図1-9の左図のようになっているとしましょう。自国では，衣服の相対価格が1のときに閉鎖経済の均衡になります。閉鎖経済のときの衣服の均衡相対価格を p^H と表すと，「$p^H=1$」となり，そのとき輸出量はゼロになります。衣服の相対価格が上昇して2になると，国内需要量は5万着で，衣服の輸出量は5万着になります。このように，衣服の相対価格が高くなると，衣服の国内需要量は減少し，衣服の輸出量は増加します。つまり，自国の衣服の輸出供給曲線は，図1-9の右図の直線 X^H のように，縦軸の切片の値が自国の閉鎖経済の均衡相対価格（$p^H=1$）で，右上がりの直線になります。

　他方，外国の国内需要曲線 D^F と国内供給曲線 S^F は，図1-10の左図のようになっているとします。外国では，衣服の相対価格が3のときに閉鎖経済の均衡になります。閉鎖経済のときの衣服の均衡相対価格を p^F と表すと，「$p^F=3$」となり，そのとき輸入量はゼロです。衣服の相対価格が低下して2になると，外国の衣服の輸入量は5万着になります。このように，衣服の相対価格が低下すると，衣服の国内需要量は増加し，衣服の輸入量は増えます。つまり，外国の衣服の輸入需要曲線は，図1-10の右図の直線 M^F のように，縦軸の切片の値が閉鎖経済の均衡相対価格（$p^F=3$）で，右下がりの直線になります。

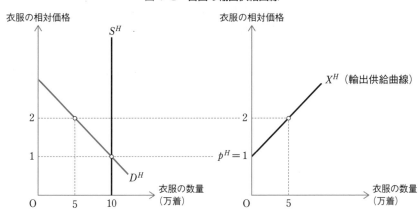

図 1-9　自国の輸出供給曲線

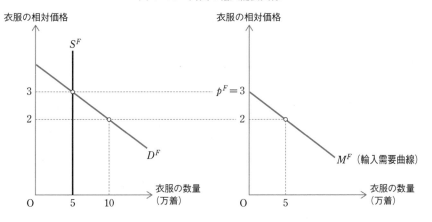

図 1-10　外国の輸入需要曲線

上述したように，自由貿易の均衡では，自国の衣服の輸出供給量と外国の衣服の輸入需要量が一致しています。そのときの衣服の相対価格が，自由貿易における衣服の均衡国際相対価格（p_T）になります。図1-11には，図1-9と同じ自国の衣服の輸出供給曲線と，図1-10と同じ外国の衣服の輸入需要曲線が描かれています。両者の交点の点 E_T が自由貿易の均衡点です。よって，自由貿易下の衣服の均衡国際相対価格は2，自国の衣服の輸出量（＝外国の衣服の輸入量）は5万着になります。

　また，「国内需要量－国内供給量」を輸入量，「国内供給量－国内需要量」を輸出量として，レッスン1.3の(1.2)式を書き換えると，自国の飲料の輸入量（＝外国の飲料の輸出量）は，「衣服の均衡国際相対価格×衣服の輸出量」に等しいことが分かります。つまり，自国の飲料の輸入量は，それより10万（＝2×5万）本となります。なお，図1-11において，自国の飲料の輸入量は，四角形 OAE_TB の面積で表すこともできます。

　この数値例では，閉鎖経済のときの衣服の相対価格は，外国よりも自国の方が低くなっています（$p^H < p^F$）。このとき，自国は衣服の生産に比較優位（comparative advantage）を持つといいます。逆に，閉鎖経済のとき，外国では飲料の相対価格（＝衣服の相対価格の逆数）は自国よりも低くなっているので，外国は飲料の生産に比較優位を持ちます。貿易が行われると，自国は衣服を輸出し，外国は飲料を輸出します。一般的に，各国は比較優位を持つ財を輸出します。

貿易利益

　国全体の効用を経済厚生（あるいは社会厚生）といいます。ここでは，代表的個人が経済全体の消費を決めると考えているので，代表的個人の効用が経済厚生になります。したがって，代表的個人の無差別曲線の位置を見ることによって，閉鎖経済や自由貿易のときの経済厚生の水準を知ることができます。そこで，無差別曲線を用いて，各国の閉鎖経済と自由貿易の均衡における経済厚生の水準を比較してみましょう。

　まず，予算線と無差別曲線を用いて，自由貿易の均衡を見てみましょう。図1-12には，自由貿易下の衣服の相対価格を2として，自国と外国の予算線と最適消費点が示されています。自国の図は図1-6と同じで，生産点は点 Q^H，

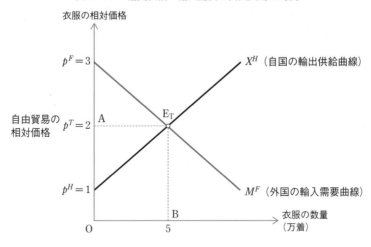

図 1-11　輸出供給・輸入需要と自由貿易の均衡

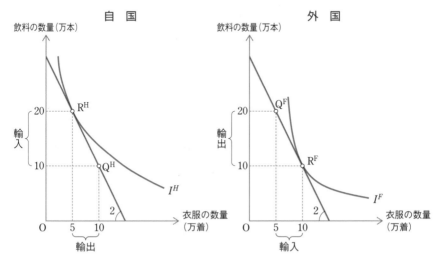

図 1-12　予算線・無差別曲線と自由貿易の均衡

消費点は点 R^H で表されています。他方，外国では，衣服の国内生産量は5万着，飲料の国内生産量は20万本で一定としています（生産点は点 Q^F）。外国の最適消費点は，外国の代表的個人の予算線と無差別曲線が接する点 R^F で，衣服の消費量は10万着，飲料の消費量は10万本になります。

衣服に注目すると，自国の輸出供給量は5万着で，外国の輸入需要量も5万着なので，衣服の世界市場で需給はバランスしています。このとき，上述したように，飲料の世界市場でも需給がバランスします。つまり，飲料の方も，外国が10万本輸出し，自国が10万本輸入しているので，輸出供給量と輸入需要量は一致しています。したがって，両財の市場で需給がバランスしており，図1-12は自由貿易の均衡を表しています。

図1-13は，図1-12に各国の閉鎖経済のときの無差別曲線（点線）も書き加えたものです。各財の生産量は一定としているので，自国の閉鎖経済における消費点は，生産点と同じ点 Q^H です。自由貿易のときの消費点 R^H を通る無差別曲線 I^H は，閉鎖経済のときの消費点 Q^H を通る無差別曲線 $I^{H'}$ より右上に位置しています。したがって，自国は自由貿易を行うことで，閉鎖経済のときよりも経済厚生が高くなります。

また，外国においても，自由貿易のときの消費点 R^F を通る無差別曲線 I^F は，閉鎖経済のときの消費点 Q^F を通る無差別曲線（点線）$I^{F'}$ より右上にあります。したがって，外国も自由貿易を行うことで，閉鎖経済のときよりも経済厚生が高くなります。

貿易を行うことで経済厚生が増大するとき，貿易利益があるといいます。自国の場合では，貿易利益は次のような理由によって生じます。閉鎖経済の場合，国内で供給可能な数量しか消費することができません。図1-13では，衣服と飲料はそれぞれ10万着と10万本までしか消費できません。つまり，閉鎖経済のときに消費可能な組合せは，四角形 OGQ^HH の境界と内側の組合せになります。ところが，自由貿易下では，衣服の国内消費量を5万着減らし，それを輸出することで，10万本の飲料を輸入することができます。このとき，衣服の消費量は5万着に減りますが，飲料を20万本消費できます。この組合せ（点 R^H）は，四角形 OGQ^HH の外側にあります。このように，自由貿易下では，閉鎖経済下よりも消費可能な組合せの領域が広がるため，より高い経済厚生が達成されます。同様にして，外国の貿易利益についても説明することができます。

図1-13 貿易利益

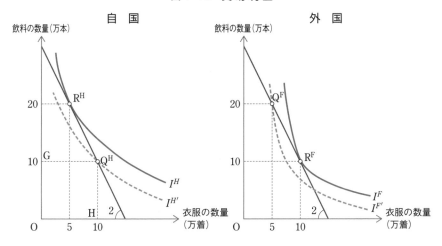

■Box 1.7　　**貿易利益の源泉**■

　本章では，両財の生産量が一定であるとして閉鎖経済と自由貿易の均衡を示し，自国と外国の両国において貿易利益が生じることを示しています。生産量が変わりうる場合，貿易後に両国で輸出産業の生産量が増加することからも貿易利益が生じます。詳しくはレッスン2.3を参照してください。

■Box 1.8　**貿易利益と個々人の利益**■

　ここでは，代表的個人の無差別曲線を用いて貿易利益を示しました。つまり，貿易利益は，国全体で見たときにその国の人々の利益が高まることを意味しているだけです。

　しかし，レッスン1.2の冒頭でも述べたように，一国のなかにはたくさんの個人がいます。閉鎖経済から自由貿易に移行することで，所得の増える人々のグループと所得が減少する人々のグループができるかもしれません。そのときには，前者のグループの人々は利益を得ることができますが，後者のグループの人々は損失を被る可能性があります。（詳しくはレッスン3.3を参照してください。）

　国全体として貿易利益があるということは，貿易によって利益を得た人々から損失を被った人々に所得の再分配を行うことで，その国のすべての人々の利益が高まることを意味しています。

輸出財の価格を輸入財の価格で割った値を交易条件（terms of trade）といいます。Web補論 第1章では，交易条件と経済厚生の関係を示し，交易条件を使って貿易利益を説明しています。

■ 第1章　演習問題 ■

1. 衣服と飲料の2財がある場合を考える。閉鎖経済と自由貿易のとき，衣服の均衡相対価格は，それぞれどのような条件によって決まるかを説明しなさい。

2. 自国と外国の2国が，衣服と飲料の2財を自由貿易下で取引しているとする。衣服の国際相対価格が2で，自国が衣服を10単位輸入しているとき，外国は飲料を何単位輸入あるいは輸出するかを答えなさい。なお，両国で予算制約式は満たされているものとする。

3. 財は衣服と飲料の2種類で，ある国の両財の供給量はそれぞれ20単位で一定とする。また，両財の消費量は代表的個人が決めるとする。

   (1) 閉鎖経済下の衣服の均衡相対価格を2とする。横軸に衣服の数量，縦軸に飲料の数量をとり，予算線と最適消費点を通る無差別曲線を描きなさい。

   (2) 自由貿易の下で衣服の均衡国際相対価格が1になり，衣服の国内消費量は25単位になったとする。このときの予算線と最適消費点を通る無差別曲線を，上の(1)の図に描きなさい。また，この国は衣服を何単位輸入し，飲料を何単位輸出するかを答えなさい。

   (3) 上の(1)と(2)で描いた図を比較し，閉鎖経済から自由貿易に移行することで，この国の経済厚生が高まっていることを説明しなさい。

4. ［発展問題］　世界にはA国とB国の2つの国があり，財は衣服と飲料の2種類とする。両国において両財の供給量は10単位であるとする。また，A国とB国の衣服に対する需要量 D_A と D_B は，衣服の相対価格をそれぞれの国で P_A と P_B として，次の式で表されるとする。

   A国：$D_A = 12 - P_A$　　　　B国：$D_B = 16 - P_B$

   (1) 両国の閉鎖経済での衣服の均衡相対価格を求めなさい。

   (2) 両国が自由貿易を行ったときの衣服の均衡国際相対価格を求め，各国はどの財をどれだけ輸出あるいは輸入するかを答えなさい。

   (3) 上の(1)と(2)の結果から，両国が互いに閉鎖経済下で相対価格の低い財を輸出していることを確かめなさい。

2

生産技術と貿易

本章では，貿易パターンを決める要因の1つとして，生産技術の国際的な相違を考えます。労働だけで生産が行われるような経済の枠組みを用いて，生産技術の相違を表し，その相違と貿易パターンの関係を見ていきます。また，生産技術の相違で生じる貿易によって，貿易利益が生じることも示します。

Keywords
労働投入係数，機会費用，比較優位，リカードの比較生産費説，絶対優位，生産可能性曲線，完全特化，不完全特化

レッスン2.1　生産技術と得意な生産

　生産技術の水準を表す方法を説明します。それを用いて，機会費用という考え方を紹介し，どの国がどの財を生産するのが得意であるかを説明します。

生 産 技 術

　ある国の貿易パターン（貿易構造）は，その国でどの財がどれだけ輸出・輸入されるかを表すものです。貿易パターンを決める要因は，各国の特性や制度・政策など数多くあります。その要因の1つとして，生産技術の国際的な差異があります。財を生産するとき，技術水準の高い国では，安い費用で生産が行われ，安い価格で財を供給できます。その結果，他国の生産者との競争で有利になり，その財が輸出されると考えられます。

　そこで，ある国の生産技術の水準の表し方を考えてみましょう。今，世界には自国と外国という2つの国があるとします。両国において，衣服（例えばシャツ）と飲料（例えばワイン）の2つの財が，労働だけを用いて生産されるとしましょう。なお，ある国において，ある財の生産技術が劣っていて生産費用があまりにも高いと，その財が生産されないこともありえます。

　各財の生産量は，労働投入量に比例して増加するとします。例えば，自国において，2人の労働で1着の衣服が生産され，4人の労働では2着の衣服が生産できるとします。図2-1には，この場合の労働投入量と衣服の生産量の関係を表したイメージ図を描いています。つまり，労働投入量を2倍にすると，生産量も2倍になるとします。

　このような労働投入量と生産量の関係を図に描いてみます。労働投入量に比例して生産量も増加するので，それらの関係は原点を通る直線になります。図2-2の直線 OY は，図2-1で表された労働投入量と衣服の生産量の関係を図に描いたものです。

　以下では，労働，衣服，飲料ともに，単位を「何人」，「何着」，「何本」といったように表さず，すべて「何単位」と表すことにします。

　生産技術の水準を表す指標に**労働生産性**があります。労働生産性は，労働1単位当たりの生産量（＝生産量 / 労働投入量）で表されます。なお，スラッ

図 2-1　**労働投入量と衣服の生産量の関係：イメージ図**

図 2-2　**労働投入量と衣服の生産量の関係**

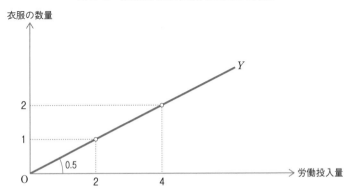

シュ「/」は割り算を表しています。労働生産性が高ければ，同じ労働投入量でより多くの生産が可能なので，生産技術の水準は高いといえます。図2-2の数値例では，衣服の労働生産性は，労働投入量の大きさにかかわらず0.5（＝生産量/労働投入量＝1/2）となり，直線OYの傾きの大きさで表されます。つまり，労働1単位で0.5単位の衣服を生産できることを意味します。例えば，衣服1単位を10着とするならば，5着生産できるということです。

　逆に，1単位の生産を行うために必要な労働投入量（＝労働投入量/生産量）のことを，労働投入係数といいます。労働投入係数が小さければ，より少ない労働で生産できるので，生産技術の水準は高いといえます。図2-3には，図2-2の縦軸と横軸を逆にした図が描かれています。労働投入係数は直線OY′の傾きの大きさで表され，それは生産量にかかわらず2（＝労働投入量/生産量＝2/1）となります。つまり，衣服1単位の生産には労働2単位が必要であることを意味します。なお，本章において，労働投入係数は，生産量の大きさにかかわらず一定の値になっていることに注意してください。

得意な生産

　どの国がどの財を生産するのが得意であるかを考えてみましょう。もし自国が外国と比べて衣服を1単位生産するときの費用が小さければ，自国は衣服を生産するのが得意であるといえます。ただ，両国で費用の大きさを測る際に共通の尺度を用いなければ，両国の間で衣服の生産費用を比較することはできません。

　そこで，ある財の生産費用の国際比較を行うために，機会費用の考え方を使ってみます。ある財の生産の機会費用とは，その財を1単位余分に生産するときに，他の財の生産をどれだけ減らさなければならないかを表します。あるいは，他の財の生産をどれだけ減らせば，ある財を1単位余分に生産できるかを表しています。

　機会費用は，追加的にある財を生産するときにかかる費用を，他の財の数量で測っているといえます。つまり，他の財を価値尺度財として，その財の数量で費用の大きさを表しています（Box 1.4参照）。財の生産量の単位は両国で共通なので，機会費用を用いれば，国の間で財の生産費用を比較することができます。

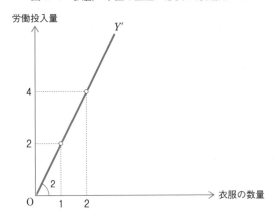

図 2-3　衣服1単位の生産に必要な労働投入量

■Box 2.1　リカード・モデル■

　労働だけで生産が行われるような枠組みは，リカード・モデル（Ricardian model）と呼ばれます。現実には，生産を行うのに様々な生産要素が使われています。例えば，農産品の生産では土地，農機具，肥料などが用いられ，工業品の生産では工場やオフィス，原材料や部品などが用いられています。しかし，生産技術の国際的な相違だけに焦点を当てて貿易パターンを見る際には，単純化されたリカード・モデルが有用です。

Close Up 2.1　規模に関する収穫と労働投入係数

　生産要素（労働や資本などの投入物）が1つだけであれ複数であれ，すべての生産要素の投入量を同じ比率で増やしたときに，生産量もそれと同じ比率で増加するような生産技術は，規模に関して収穫一定であるといいます。図2-2の数値例はそのようになっています。このとき，図2-3のように，労働投入係数は生産量に依存せず一定になります。ただし，生産要素が2つ以上あると，労働投入係数は生産要素の価格に依存します（Close Up 3.1参照）。

　また，すべての生産要素の投入量を同じ比率で増やしたときに，生産量がそれよりも高い比率で増加する場合は規模に関して収穫逓増，低い比率で増加する場合は規模に関して収穫逓減といいます。規模に関して収穫逓増になっている場合は，規模の経済性があるともいいます。生産技術が規模に関して収穫逓増であれば，生産量の増加とともに労働投入係数は小さくなります。逆に，生産技術が規模に関して収穫逓減であれば，生産量の増加とともに労働投入係数は大きくなります。

数値例を用いて機会費用を考えてみましょう。ここでは，表2-1のように，自国において，衣服の労働投入係数を2，飲料の労働投入係数も2とします。他方，外国では，衣服と飲料の労働投入係数をそれぞれ3と1とします。なお，各国において，労働はいずれかの財の生産に使われていて，失業者はいないとします。このように，失業者のいない状態を完全雇用といいます。

まず，自国における衣服の機会費用を求めてみます。表2-1より，衣服の生産を1単位増やすには，2単位（＝衣服の労働投入係数）の労働が必要になります（図2-4①）。完全雇用の下では，その分の労働を飲料の生産から衣服の生産に移動させなければならないので，飲料の生産の労働投入量は2単位減ります（図2-4②）。飲料1単位は2単位（＝飲料の労働投入係数）の労働で生産できるので，1単位の労働では飲料を1/2単位（＝1/飲料の労働投入係数）生産できます。したがって，2単位の労働が減ると，飲料の生産量は1単位（＝(1/2)×2）減少します（図2-4③）。つまり，自国における衣服の機会費用は1です。一般的に表すと，次のようになります。

衣服の機会費用＝衣服の労働投入係数 / 飲料の労働投入係数

同様にして，外国についても，両財の労働投入係数を使って機会費用を求めることができます。外国における衣服の機会費用は，3（＝3/1）になります。

この数値例では，自国の方が外国よりも衣服の機会費用が小さくなっています（自国の衣服の機会費用＝1＜3＝外国の衣服の機会費用）。このことから，自国は衣服を生産するのが外国よりも得意であるということもできます。

また，飲料の機会費用を計算すると，自国では1，外国では1/3になります。（これらは衣服の機会費用の逆数になっています。）したがって，外国は飲料を生産するのが自国よりも得意であるといえます。表2-2は，この数値例での機会費用と各国が生産を得意とする財をまとめています。

レッスン2.2　貿易パターンの決定要因

競争的市場の下で，相対価格と生産量（供給量）の関係を説明します。また，機会費用（または生産技術）の国際的な相違によって貿易パターンが決まるというリカードの比較生産費説を紹介します。

表2-1　自国と外国における労働投入係数：数値例

	自　国	外　国
衣服の労働投入係数	2	3
飲料の労働投入係数	2	1

図2-4　衣服の機会費用の導出：自国の場合

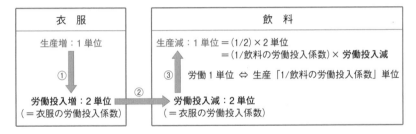

表2-2　自国と外国の機会費用：数値例

	自国での機会費用		外国での機会費用	生産を得意とする国
衣　服	1	<	3	自　国
飲　料	1	>	1/3	外　国

生産者の行動と生産量

　生産者がどのように生産量（供給量）を決定するかを考えてみましょう。各生産者は，1つの産業の財（衣服または飲料）だけを生産するとします。各産業には同じ生産技術を持った多数の生産者がいるとしますが，消費者の場合と同様に（図1-3参照），あたかも1人の代表的な生産者によって生産が行われるとしてみます。ここでは，すべての市場が競争的（完全競争）であるとします。このとき，生産者は，財の価格や生産要素の価格を所与として，利潤を最大にするように生産量を決定します（Box 2.2参照）。

　自国の衣服の生産者の利潤を数値例で見てみます。利潤は収入から総費用を引いたものです。生産者は，衣服の市場価格が3000円のとき，「3000円×生産量」の収入があると考えます。表2-1より，衣服の生産1単位当たり2単位の労働が必要なので，労働投入量は「2×生産量」になります。労働1単位への報酬を賃金とし，賃金を1000円とすると，総費用は「1000円×労働投入量＝1000円×2×生産量」になります。よって，利潤は「3000円×生産量－1000円×2×生産量＝(3000円－1000円×2)×生産量」と表せます。

　上の数値例を参考にすると，一般的に利潤は次のように表されます。

利潤＝（価格－賃金×労働投入係数）×生産量

なお，「賃金×労働投入係数」は限界費用（生産を1単位増やしたときの総費用の増加分）になります（Box 2.3参照）。ここでは，限界費用は平均費用（生産1単位当たりの総費用）にも等しくなっています。完全競争下の生産者は，価格や賃金を与えられたものとして行動するので，これらの費用を一定と見なして生産量を決めます。

　そこで，ある財について価格と限界費用（または平均費用）の大小関係を以下の3つのケースに分けて，生産者がどれだけ生産するかを考えてみましょう。

　ケース (a) は，財の価格が限界費用よりも低い場合（価格＜限界費用）です。限界費用と平均費用は等しいので「価格＜平均費用」で，生産すると収入（＝価格×生産量）が総費用（＝平均費用×生産量）よりも少なく，赤字になってしまいます。よって，生産者は生産を行わないでしょう（生産量＝0）。

　ケース (b) は，財の価格が限界費用に等しい場合（価格＝限界費用）です。限界費用と平均費用は等しいので，この場合，財を何単位生産しても，利潤は常にゼロとなります。したがって，生産者としては赤字が出るわけではないの

　市場構造は，競争の程度に応じて，完全競争と不完全競争に分けられます。

　完全競争は，財の市場で考えると，多数の生産者が同質財（見た目や品質などの特性が全く同じ財）を生産し，市場で競争している状態です。ある生産者が市場で付いている価格（市場価格）よりも高い価格で売ろうとしても，他の生産者に顧客を取られてしまい，売ることができません。したがって，完全競争の下では，生産の意思決定を行う際に市場価格を与えられたものとして行動するので，生産者は価格受容者（price taker：プライステイカー）であるといいます。

　不完全競争には，競争の程度が少ない順に並べると，独占，寡占，独占的競争があります。独占は，市場に生産者が1人（1社）しかいない場合です。寡占は，少数の生産者が市場で競争している状態です。競争相手が少ないため，相手の行動を考慮しながら生産の意思決定を行うという戦略的行動がとられます。独占的競争では，多数の生産者がいますが，各生産者が差別化財（特性が異なる財）を供給している状態です。それぞれの生産者が差別化財を生産しているので，他の生産者とは異なる価格を付けることが可能です。いずれにしても，不完全競争の場合には，個々の生産者が自分で価格を操作することができます。

		生産者数	競争の程度
不完全競争	独　占	1	小
	寡　占	少数	↓
	独占的競争	多数	大

　なお，伝統的な国際経済学では完全競争市場を前提としていましたが，1980年代以降，寡占や独占的競争を想定した研究も多数行われています。不完全競争となっている産業はたくさんあるので，不完全競争下での説明も重要なのですが，基礎的な内容に焦点を絞るため，本書では省略しています。

■Box 2.3　限界費用の数値例■

　本文の数値例では，
$$総費用＝1000円×2×生産量$$
と表されます。生産量が1単位のときの総費用は「(1000円×2)×1」で，生産量が2単位になると「(1000円×2)×2」になります。したがって，
$$限界費用＝(1000円×2)×2－(1000円×2)×1＝1000円×2$$
$$＝賃金×労働投入係数$$
になります。

で，どれだけ生産しても構わないと思うはずです。つまり，生産量は正（プラス）の任意の数量，あるいはゼロになります。

ケース (c) は，財の価格が限界費用よりも高い場合（価格＞限界費用）です。この場合，生産者は，財をより多く生産すればより高い利潤を得ることができると考えます。なぜなら，財の生産を1単位増やして得られる収入（価格）が，その生産のためにかかる費用（限界費用）よりも大きいからです。この状態にある限り，生産者は財を増産し続けることになり，いずれ市場では超過供給が発生してしまうでしょう。このため，市場の均衡が達成されないので，以下ではケース (c) を除外して考えることにします。

なお，それぞれのケースの生産量を表2-3にまとめています。

生産技術・機会費用と相対価格

国内で少なくとも1つの財は生産されているとして，上述の生産者の行動を衣服と飲料の産業について考えてみましょう。このとき，各産業での価格と限界費用の大きさによって，以下の3つのケースが生じることが分かります。なお，限界費用（あるいは平均費用）は「賃金×労働投入係数」に等しいので，ここでは限界費用をそのように書き換えておきます（Box 2.4 参照）。

ケース1：衣服の価格＜衣服産業の賃金×衣服の労働投入係数
　　　　　飲料の価格＝飲料産業の賃金×飲料の労働投入係数
ケース2：衣服の価格＝衣服産業の賃金×衣服の労働投入係数
　　　　　飲料の価格＝飲料産業の賃金×飲料の労働投入係数
ケース3：衣服の価格＝衣服産業の賃金×衣服の労働投入係数
　　　　　飲料の価格＜飲料産業の賃金×飲料の労働投入係数

両財とも生産されない場合を除外しているので，「衣服の価格＜衣服産業の賃金×衣服の労働投入係数」で，同時に「飲料の価格＜飲料産業の賃金×飲料の労働投入係数」となることはありません。

表2-4は，表2-3を参考にして，上の3つのケースにおいて衣服と飲料の生産量がゼロかプラスであるかをまとめています。具体的な各財の生産量については，次のレッスン2.3で示します。

ここでは，労働者は国内の衣服産業と飲料産業を自由に移動できると想定しています。このとき，国内ではどちらの産業でも賃金は等しくなります。もし

表 2-3　価格と限界費用（平均費用）の関係と生産量

価格と限界費用の関係	生産量
ケース (a)：価格＜限界費用（＝平均費用）	0
ケース (b)：価格＝限界費用（＝平均費用）	0 以上の任意の数量
ケース (c)：価格＞限界費用（＝平均費用）	常に増加

（注）　以下ではケース (c) を除外して考えます。また，ケース (b) は，競争的市場で生産者が利潤を最大化（価格＝限界費用）し，追加の参入・退出が生じない状態（価格＝平均費用）になっており，長期の均衡に対応しています。

■Box 2.4　平均費用・限界費用と労働投入係数■

　労働投入係数と各種の生産費用の関係をまとめておきます。ここでは，労働投入量は「労働投入係数×生産量」に等しいので，総費用は，

総費用＝賃金×労働投入量＝賃金×労働投入係数×生産量

と表されます。

　平均費用は，総費用を生産量で割った値なので，上の式より，

平均費用＝賃金×労働投入係数

となります。平均費用は単位費用とも呼ばれます。

　労働市場は完全競争的なので，各生産者は賃金を一定であると見なして生産の意思決定を行います。また，労働投入係数も生産量の大きさにかかわらず一定です。よって，生産者は，生産の決定の段階で，生産量を 1 単位増やすと「賃金×労働投入係数」だけ総費用が増加すると考えています。したがって，限界費用は次のようになります。

限界費用＝賃金×労働投入係数

　なお，ここでは，限界費用と平均費用は，生産量の大きさにかかわりなく一定で，等しくなっていることに注意しておきましょう。

表 2-4　衣服と飲料の生産量

	衣服の生産量	飲料の生産量
ケース 1	0	プラス（任意の数量）
ケース 2	プラス（任意の数量）	プラス（任意の数量）
ケース 3	プラス（任意の数量）	0

（注）　少なくとも 1 つの財は国内で生産されるとしています。

衣服産業の賃金が飲料産業の賃金よりも高ければ，労働者はより高い賃金を求めて，飲料産業から衣服産業に移動するでしょう。そうすると，働きたい人が増えた衣服産業での賃金は低くなり，働きたい人が減った飲料産業では賃金は高くなっていきます。賃金の差がある限りそのような労働の移動が続くので，均衡では両産業での賃金は等しくならなくてはなりません。

　上記の3つの各ケースの2本の式で，上の式の左辺と右辺をそれぞれ下の式の左辺と右辺で割ってみましょう。割る際には，「衣服産業の賃金＝飲料産業の賃金」であることと，式の不等号の大小関係に注意してください。そうすると，各ケースで次のような関係が成り立ちます。

　ケース1：衣服の相対価格＜衣服の労働投入係数 / 飲料の労働投入係数
　ケース2：衣服の相対価格＝衣服の労働投入係数 / 飲料の労働投入係数
　ケース3：衣服の相対価格＞衣服の労働投入係数 / 飲料の労働投入係数

これらの式の右辺の「衣服の労働投入係数 / 飲料の労働投入係数」は，衣服の機会費用です（レッスン2.1参照）。そこで，表2-5には，衣服の相対価格と機会費用の大小関係に対応した両財の生産量の組合せをまとめています。

技術の国際的差異と貿易パターン

　閉鎖経済の下で，衣服と飲料の両財とも実際に消費（需要）されるとすると，両財が国内で実際に生産（供給）されていなくてはなりません。上記の3つのケースのなかで，両財とも生産されるのはケース2だけです。したがって，そのような閉鎖経済の均衡では，

　　　　衣服の相対価格＝衣服の労働投入係数 / 飲料の労働投入係数
　　　　　　　　　　＝衣服の機会費用

となっています。表2-1の数値例の場合では，閉鎖経済下の衣服の相対価格は，自国では1，外国では3になります。

　各国は閉鎖経済下で相対価格の低い財に比較優位（ひかくゆうい）を持ち，貿易が始まるとその財を輸出します（レッスン1.4参照）。ここでは，自国の方が衣服の相対価格が低いので，自国は衣服に比較優位を持ち，貿易開始後に衣服を輸出します。逆に，飲料の相対価格は，自国では1，外国では1/3となるので，外国は飲料に比較優位を持ち，貿易開始後に飲料を輸出します（Box 2.5参照）。

　閉鎖経済下の相対価格は機会費用に等しいので，各国は機会費用が低い（生

表2-5　相対価格・機会費用と両財の生産量

	衣服の生産量	飲料の生産量
ケース1： 衣服の相対価格＜衣服の機会費用	0	プラス （任意の数量）
ケース2： 衣服の相対価格＝衣服の機会費用	プラス （任意の数量）	プラス （任意の数量）
ケース3： 衣服の相対価格＞衣服の機会費用	プラス （任意の数量）	0

■Box 2.5　貿易パターンは比較優位で決まる：機会費用と相対価格■

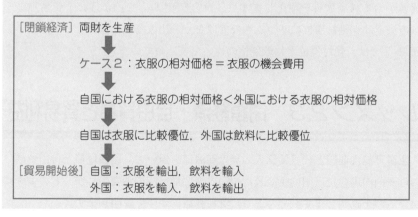

衣服の機会費用＝衣服の労働投入係数／飲料の労働投入係数
　[前提] 自国における衣服の機会費用＜外国における衣服の機会費用

[閉鎖経済] 両財を生産

↓

ケース2：衣服の相対価格＝衣服の機会費用

↓

自国における衣服の相対価格＜外国における衣服の相対価格

↓

自国は衣服に比較優位，外国は飲料に比較優位

[貿易開始後] 自国：衣服を輸出，飲料を輸入
　　　　　　外国：衣服を輸入，飲料を輸出

産が得意な）財を輸出します。上の数値例では，自国は外国と比べて機会費用の低い衣服を輸出し，外国は自国と比べて機会費用の低い飲料を輸出します。このように，産業間の相対的な技術（労働投入係数の比率）が機会費用に等しく，機会費用の低い財を輸出するという考え方は，リカードの比較生産費説と呼ばれています。

重要なことは，産業間の相対的な生産技術の国際的な差が，貿易パターンに影響を与えているという点です。強調しておくと，労働投入係数の値自体の大小関係（絶対的な差）ではなく，比率でとらえられる「相対的」な差が貿易パターンを決めます。

そこで，これまでの数値例を少し変えて，表2-6のように，外国での衣服と飲料の労働投入係数をそれぞれ9と3にしてみましょう。ある財の労働投入係数だけを比較して，ある国の労働投入係数が他の国よりも小さいとき，その国はその財に絶対優位を持つといいます。この場合，自国は両財の生産に絶対優位を持ちます。

このとき，一見して，自国はどちらの財を生産するのも得意なので，両財を輸出し，外国は両財を輸入するように思えるかもしれません。しかし，この場合でも，労働投入係数の比率は変わらないので，外国は飲料に比較優位を持ち，貿易が始まれば飲料を輸出します（Box 2.6参照）。このように，貿易パターンの決定は，絶対優位に基づくものではなく，比較優位に基づくといえます。表2-7では，絶対優位と比較優位の違いをまとめています。

レッスン2.3　閉鎖経済・自由貿易と貿易利益

生産可能性曲線と代表的個人の無差別曲線を用いて，閉鎖経済と自由貿易における国内供給量（国内生産量）や国内需要量（国内消費量）が，どのように決まるかを説明します。その上で，貿易利益について説明します。

生産可能性曲線と生産の組合せ

生産可能性曲線は，一定の生産技術と生産要素（労働や資本など）の供給量の下で，効率的な生産の組合せを表した曲線です。ここで，効率的な生産の組

表2-6　労働投入係数と絶対優位：数値例

	自　国	外　国
衣服の労働投入係数	2	9
飲料の労働投入係数	2	3

■Box 2.6　絶対優位・比較優位と貿易パターン■

　表2-6の数値例を使って，閉鎖経済での財の価格を見てみましょう。仮に自国での賃金を1000円，外国での賃金を10ドルとしてみます。

　閉鎖経済では国内で両財が生産されているので，「価格＝賃金×労働投入係数」になっています。数値を当てはめると，次のようになります。

　自国：

　　衣服の価格＝1000円×2＝2000円，飲料の価格＝1000円×2＝2000円

　外国：

　　衣服の価格＝10ドル×9＝90ドル，飲料の価格＝10ドル×3＝30ドル

通貨単位が違うので，どちらの国で費用が低く，価格が安いかは分かりません。

　そこで，飲料の相対価格（＝飲料の価格／衣服の価格）を使って，飲料の価格を衣服の数量で表してみましょう（Box 1.4参照）。上の式から，

　　自国：飲料の相対価格＝（1000円×2）/（1000円×2）＝1

　　外国：飲料の相対価格＝（10ドル×3）/（10ドル×9）＝1/3

となります。したがって，閉鎖経済での飲料の相対価格は外国の方が安くなり，外国は飲料を輸出します。つまり，自国は，飲料に絶対優位を持つにもかかわらず，飲料を輸入します。

表2-7　労働投入係数と絶対優位・比較優位：数値例

	自　国		外　国	自　国
衣服の労働投入係数	2	＜	9	⇒　衣服に絶対優位
飲料の労働投入係数	2	＜	3	⇒　飲料に絶対優位
労働投入係数の比率	$1\left(=\dfrac{2}{2}\right)$	＜	$3\left(=\dfrac{9}{3}\right)$	⇒　衣服に比較優位

（注）　外国は衣服と飲料の生産に絶対劣位を持つといいます。

合せとは，ある財の生産を増やそうとすると，他の財の生産を減らさなければならないような財の生産の組合せを意味します。

労働だけで生産が行われ，一国の労働の供給量が一定である場合を考えてみます。このとき，生産可能性曲線は，労働が完全雇用される生産の組合せを表した曲線になります。なぜなら，完全雇用の下では，ある産業の生産を増やそうとすると，それに必要な労働を他の産業から移動させるしかないので，他の産業の生産を減らさざるを得ないからです。

表2-8の数値例を用いて，自国と外国の生産可能性曲線を描いてみましょう。表2-8には，表2-1と同じ労働投入係数に加えて，両国の労働供給量の数値も入れています。両国の労働供給量は一定で，自国では40単位，外国では30単位の労働が供給されているとします。なお，労働供給量の単位を「何百万人」といったように表さず，「何単位」と表すことにします。

まず，自国について見てみましょう。衣服が生産されていないとき，飲料産業ですべての労働40単位が雇用されれば完全雇用になります。飲料は2単位の労働で1単位生産できるので，40単位の労働を投入すれば，飲料は20単位（＝労働供給量／飲料の労働投入係数＝40/2）生産されます。つまり，図2-5の点Aは，自国の生産可能性曲線上の1つの生産の組合せになります。

図2-5の点Aから衣服の生産を1単位増やしてみましょう。完全雇用の下では，衣服の生産を増やすのに必要となる労働を飲料産業から移動させなくてはなりません。このとき，衣服の生産を1単位増やすと，飲料の生産は衣服の機会費用だけ減少します（レッスン2.1参照）。衣服の機会費用は，「衣服の労働投入係数／飲料の労働投入係数」と等しく，自国では1（＝2/2）になります（Box 2.5参照）。したがって，自国の生産可能性曲線は，図2-5の点Aを通り，傾きの大きさが1で右下がりの直線ABになります。

外国についても，自国の場合と同様にして，生産可能性曲線を描くことができます。図2-6の点Fは，飲料のみを生産したときの生産の組合せです。そして，直線FGが外国の生産可能性曲線となり，その傾きの大きさ3（＝3/1）は，外国における衣服の機会費用になります。

上で描いた生産可能性曲線を使って，衣服の相対価格と実際の生産の組合せを考えてみましょう。労働が完全雇用され，生産の組合せは生産可能性曲線上にあるとします。衣服や飲料が実際に生産されるかどうかは，衣服の相対価格

表 2-8　自国と外国の労働投入係数と労働供給量：数値例

	自　国	外　国
衣服の労働投入係数	2	3
飲料の労働投入係数	2	1
労働供給量	40	30

図 2-5　自国の生産可能性曲線

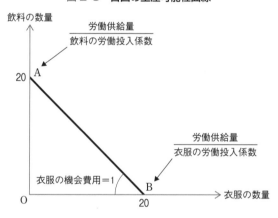

図 2-6　外国の生産可能性曲線

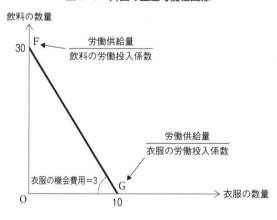

と衣服の機会費用の大小関係で決まります（表2-5参照）。

　まず，自国の場合を考えてみましょう。衣服の相対価格が1（＝衣服の機会費用）よりも小さければ，飲料しか生産されないので，生産の組合せは図2-5の点Aになります。このとき，自国は飲料に完全特化（かんぜんとっか）するといいます。また，衣服の相対価格が1に等しいとき，生産者は任意の数量を生産してもよいと考えています。よって，生産の組合せは直線AB上の任意の点になります。さらに，衣服の相対価格が1よりも大きいときは，衣服しか生産されないので，生産の組合せは点Bになります。

　同様にして，外国における生産の組合せは，衣服の相対価格が3（＝衣服の機会費用）よりも小さいときは図2-6の点F，3に等しいときは直線FG上の任意の点，3よりも大きいときは点Gで表されます。

閉鎖経済

　ここで想定している経済には，衣服市場，飲料市場，および労働市場があります。閉鎖経済の均衡は，これら3つの国内市場で需給が一致している状態です。レッスン2.2と同様に，両財ともに国内で生産される場合を考えてみます。このとき，閉鎖経済下の衣服の相対価格は，自国で1，外国で3になります。

　以下では，生産可能性曲線と無差別曲線を使って，閉鎖経済の均衡を考えます。なお，生産の組合せが与えられたときに，国内消費がどのように決まるかについては，Box 1.5を参照してください。

　まず，自国の場合を見てみます。図2-7(a)には，図2-5の自国の生産可能性曲線ABを描いています。完全雇用の下では，衣服と飲料の生産の組合せは，生産可能性曲線上の点になります。自国の衣服の相対価格（p^H）が1のとき，両財の生産量は任意の数量になります（表2-5参照）。そこで，衣服と飲料の生産量はいずれも10単位で，生産点を図2-7(a)の点E_A^Hとしてみます。代表的個人の予算線は，生産点E_A^Hを通り，傾きの大きさが衣服の相対価格1に等しい直線ABになります。消費点は，予算線ABと代表的個人の無差別曲線I_A^Hが接する点E_A^Hになります。このとき，生産点と消費点は一致し，衣服も飲料も自国の国内市場で需給が一致しているので，閉鎖経済の均衡となります（レッスン1.3参照）。

　同様にして，図2-7(b)に外国の閉鎖経済の均衡を描いています。直線FG

表2-8の数値例を使って，外国の生産可能性曲線を式で表してみます。

それぞれの産業で雇用される労働量は，「労働投入係数×生産量」です。外国では，衣服の労働投入係数は3なので，衣服産業では「3×衣服の生産量」の労働が雇用されます。また，飲料の労働投入係数は1なので，飲料産業では「1×飲料の生産量＝飲料の生産量」の労働が雇用されます。よって，国全体では「3×衣服の生産量＋飲料の生産量」だけ雇用されます。

外国での労働供給量は30単位なので，労働が完全雇用されるためには，

$$3×衣服の生産量＋飲料の生産量＝30$$

が成り立たなくてはなりません。この式を満たす衣服と飲料の生産量が，完全雇用になる衣服と飲料の生産の組合せになります。この式を書き換えると，

$$飲料の生産量＝－3×衣服の生産量＋30$$

となり，これが外国の生産可能性曲線を表す式になります。

これを図に描くと，図2-6のように，縦軸の切片の値が30，傾きの大きさが3の右下がりの直線になります。

図2-7　自国と外国の閉鎖経済の均衡

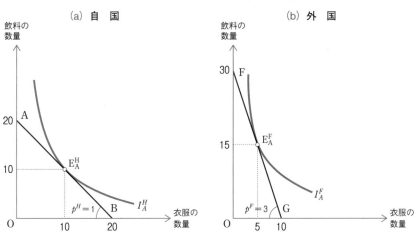

は，図2-6の外国の生産可能性曲線と同じものです。外国の閉鎖経済下の衣服の相対価格（p^F）は3になります。また，衣服と飲料の生産量（＝消費量）は点E_A^Fで表され，それぞれ5単位と15単位とします。

自由貿易

自由貿易の均衡では，両国の消費者と生産者は，同一の国際価格で衣服と飲料を取引することができ，両財の世界市場で需給がバランスしています。以下では，両財が実際に消費されるような自由貿易の均衡を考えます。そのためには，衣服と飲料がいずれかの国で生産されなくてはなりません。また，両国で労働が完全雇用され，生産の組合せは生産可能性曲線上にあるとします。

まず，自由貿易の均衡で生じ得る衣服の相対価格の範囲を考えます。表2-9は，表2-5を使って，衣服の相対価格と世界全体での両財の生産量の関係をまとめています（各自で考えてみてください）。表2-9から，両財が生産されて自由貿易の均衡になり得るのは，衣服の相対価格が1以上，3以下の場合です。

そこで，衣服の国際相対価格を2とし，自国と外国の生産可能性曲線と無差別曲線を用いて，自由貿易の均衡を考えてみます。自由貿易では，両国の消費者と生産者は国際価格で取引できるので，衣服の国内相対価格も2になります。

自国について見てみましょう。図2-8(a)には，自国の生産可能性曲線ABが描かれています。衣服の相対価格2は衣服の機会費用1よりも高いので，生産点は点Bになります（表2-5参照）。つまり，自国は衣服の生産に完全特化します。生産点Bを通り，傾きの大きさが衣服の相対価格2に等しい直線BA′が予算線になります。この予算線と無差別曲線I_T^Hが接する点E_T^Hが，自国の消費点となります。自国は衣服を20単位生産し，13単位だけ消費するので，余剰分の7単位を輸出したいと考えています。他方，飲料は国内で生産されないので，飲料の消費量14単位をすべて輸入したいはずです。

図2-8(b)には，外国の生産可能性曲線FGが描かれています。外国では，衣服の相対価格2が衣服の機会費用3よりも低いので，生産点は点Fになります（表2-5参照）。つまり，外国は飲料の生産に完全特化します。生産点Fを通り，傾きの大きさが衣服の相対価格2に等しい直線FG′が予算線で，それと無差別曲線I_T^Fが接する点E_T^Fが消費点になります。外国では衣服が生産されていないので，消費量7単位をすべて輸入したいと考えています。他方，飲料は

表2-9　衣服の相対価格と世界全体の各財の生産量

衣服の相対価格	衣服の生産量	飲料の生産量
衣服の相対価格＜1	両国とも生産なし (0)	両国で生産 (50)
衣服の相対価格＝1	自国だけ生産 (任意の数量：0〜20)	外国または両国で生産 (任意の数量：30〜50)
1＜衣服の相対価格＜3	自国だけ生産 (20)	外国だけ生産 (30)
衣服の相対価格＝3	自国または両国で生産 (任意の数量：20〜30)	外国だけ生産 (任意の数量：0〜30)
衣服の相対価格＞3	両国で生産 (30)	両国とも生産なし (0)

(注)　括弧内は世界全体の生産量を表しています。

図2-8　自由貿易の均衡

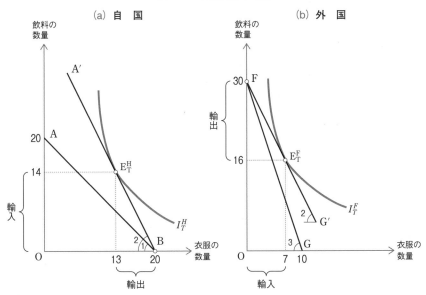

30単位生産し，16単位消費するので，余剰分14単位を輸出したいはずです。

　自国と外国が図2-8のようになっていれば，自国が輸出したい衣服の数量と外国が輸入したい衣服の数量は，それぞれ7単位で等しくなっています。同時に，飲料についても，自国が輸入したい数量と外国が輸出したい数量がそれぞれ14単位で等しくなっています。したがって，両財とも世界市場で需給がバランスしており，自由貿易の均衡になっています。なお，このときの貿易パターンはレッスン2.2で示したものと同じです。

貿易利益

　自由貿易の下では，閉鎖経済のときよりも両国の経済厚生が高いことを示すことができます。図2-9は，図2-8に自国と外国の閉鎖経済における無差別曲線（点線）I_A^H と I_A^F を付け加えています。図2-9(a)より，自国では，閉鎖経済から自由貿易に移行したとき，無差別曲線は I_A^H から I_T^H へと右上にシフトし，経済厚生が高まっています。また，図2-9(b)より，外国においても，無差別曲線は I_A^F から I_T^F へと右上にシフトしているので，自由貿易下でより高い経済厚生になっています。つまり，両国で貿易利益が生じています。ここでは，貿易利益が生じる理由を，以下の2つの要因に分けて説明できます。

　まず，自由貿易下の価格で貿易取引はできるものの，両財の国内生産量は一時的に変化しない（閉鎖経済下と同じ）としましょう。貿易後に，自国では，輸出財である衣服の相対価格が1から2へと高くなっています。他方，外国でも，輸出財である飲料の相対価格が1/3から1/2に高まります。そのため，両国で消費可能な領域が拡大し，経済厚生が高まります（レッスン1.4参照）。

　次に，自由貿易の下で，自国と外国はそれぞれ得意とする財の生産に完全特化したとします。この生産の特化によって，実質所得が上昇し，経済厚生は高まります。例えば，飲料で表した実質所得は，「衣服の相対価格×衣服の生産量＋飲料の生産量」です（レッスン1.2参照）。ここの数値例では，自由貿易下で衣服の相対価格は2になります。両国について，閉鎖経済下と自由貿易下での生産の組合せのときの実質所得を計算したものを，表2-10にまとめています。表2-10から，自国では，衣服の生産に完全特化して実質所得は10（＝40−30）増加しています。外国でも，飲料の生産に完全特化することで実質所得は5（＝30−25）増えています。この実質所得の増加により，両国で経

図 2-9　貿 易 利 益

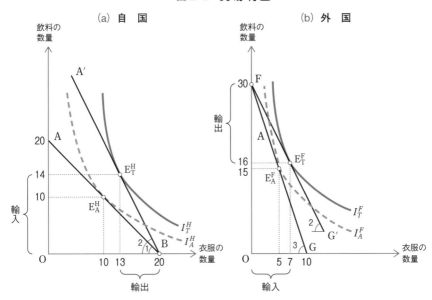

■Box 2.8　貿易利益が生じる要因■

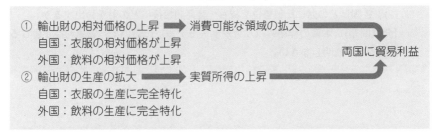

① 輸出財の相対価格の上昇 ➡ 消費可能な領域の拡大
　自国：衣服の相対価格が上昇
　外国：飲料の相対価格が上昇
② 輸出財の生産の拡大 ➡ 実質所得の上昇
　自国：衣服の生産に完全特化
　外国：飲料の生産に完全特化

両国に貿易利益

表 2-10　生産の特化による実質所得の変化

	自　国	外　国
閉鎖経済下の生産の組合せ	30（＝2×10＋10）	25（＝2×5＋15）
自由貿易下の生産の組合せ	40（＝2×20＋0）	30（＝2×0＋30）
飲料で表した実質所得の変化	＋10	＋5

済厚生が高まります。

　Web補論 第2章では，需要曲線と供給曲線を用いて，閉鎖経済と自由貿易の均衡を説明します。貿易利益をもたらす要因について図解し，貿易と実質賃金の関係についても説明します。また，自由貿易下でも完全特化せず，国内で両財が生産されることがあります。両財が生産される状態を不完全特化といいます。不完全特化する場合の貿易利益の有無についても説明します。

▰▰▰ 第2章　演習問題 ▰▰▰

1. 機会費用とは何かを説明しなさい。
2. リカードの比較生産費説とは何かを簡単に説明しなさい。
3. 比較優位と絶対優位の違いを，数値例を使って説明しなさい。
4. 自国と外国からなる世界経済において，衣服と飲料の2財が競争的な市場で取引されている。両財は労働のみを用いて生産され，両国における各財の労働投入係数は，次のように与えられているとする。

	自 国	外 国
衣服の労働投入係数	2	8
飲料の労働投入係数	1	2

   (1) 自国と外国の衣服の機会費用はいくらになるか。また，両国の閉鎖経済における衣服の均衡相対価格を求めなさい。
   (2) 各国はどの財に比較優位を持ち，貿易開始後にどの財を輸出するか。
5. [発展問題]　本章の枠組み（リカード・モデル）において，貿易利益が生じる要因を2つ説明しなさい。

3 生産要素の供給量と貿易

　本章では，貿易パターンを決める要因として，生産要素の供給量（賦存量）の国際的な違いを取り上げます。まず，労働と資本という2つの生産要素があるとして，労働豊富国と資本豊富国の間の貿易パターンを考えます。次に，貿易が国内の所得分配に与える影響を見ていきます。

Keywords

要素賦存量，資本・労働賦存比率，資本豊富国，労働豊富国，資本・労働比率，資本集約的，労働集約的，相対供給量，相対需要量，ヘクシャー＝オリーン定理，ストルパー＝サミュエルソン定理

レッスン3.1　生産要素の豊富さと集約性

　どの国でどの生産要素がより多く供給されているのかを表すのに，資本・労働賦存比率を用いて説明します。また，どの財（あるいは産業）でどの生産要素がより多く用いられているかを示すために，要素の集約性（要素集約度）を紹介します。

要素賦存量の国際的差異

　財やサービスの生産には，労働だけでなく，土地，オフィス，工場などが使われます。生産に使われるものは生産要素といいます。世界には労働人口の多い国や機械設備・工場を多く持つ国などがあり，国によってこれらの生産要素の供給量は異なります。生産要素の供給量は要素賦存量とも呼ばれます。本章では，国際的な生産要素の賦存量の違いが，貿易パターンにどのような影響を与えるかについて考えます。

　そこで，自国と外国の2国からなる世界経済を想定しましょう。両国では，衣服と家庭用電気製品（以下では「家電」と表記）の2財が，それぞれ労働と資本という2つの生産要素を用いて生産されるとします。ここで，資本は機械設備や工場などを指します。図3-1は両財の生産のイメージ図です。

　労働と資本の賦存量は，国によって異なるとします。資本や労働の豊富さを，労働の賦存量に対する資本の賦存量の比率（資本・労働賦存比率）で表してみます。つまり，

$$資本・労働賦存比率 = \frac{資本の賦存量}{労働の賦存量}$$

を使って，資本や労働の豊富さを考えます。資本・労働賦存比率は，労働の賦存量1単位当たりの資本の賦存量の大きさを表しています。よって，その比率が高い国では，労働者と比べてより多くの機械設備や工場などがあるといえます。資本・労働賦存比率が高い国を資本豊富国，逆にそれが低い国を労働豊富国といいます。

　以下では，資本・労働賦存比率が自国よりも外国の方が高いとします。つまり，外国を資本豊富国，自国を労働豊富国とします（Box 3.1参照）。

◆ *Case Study 3.1*　農地と労働の賦存量と比率：中国とブラジルの例

FAO（国連食糧農業機関）統計によると，2019年の耕作可能地（以下では「農地」と表記）は，中国では10976万ヘクタール，ブラジルでは5701万ヘクタールで，中国はブラジルよりも農地の面積は大きいです。また，ILO（国際労働機関）統計によると，15歳以上の労働人口は，同年，中国では11億5千万人，ブラジルでは1億6千500万人でした。これを労働と表記することにして，「農地/労働」を計算すると，中国では0.095，ブラジルでは0.345になります。つまり，ブラジルは中国と比べて，農地の面積自体は小さいですが，労働者1人当たりの農地の面積は大きくなっています（0.095<0.345）。

図3-1　**衣服と家電の生産：イメージ図**

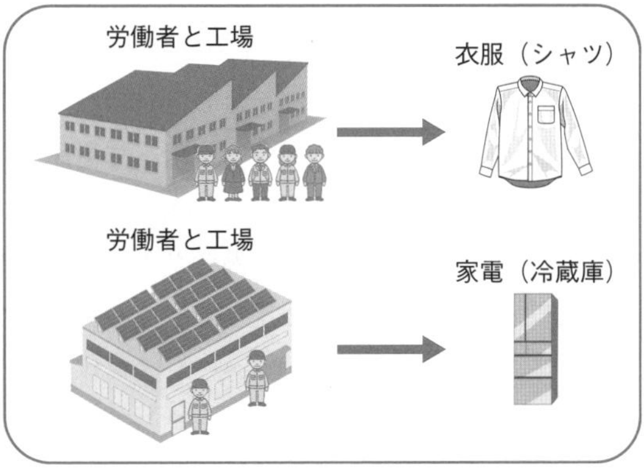
労働者と工場
衣服（シャツ）
労働者と工場
家電（冷蔵庫）

■Box 3.1　資本豊富国と労働豊富国■

$$\frac{\text{自国の資本の賦存量}}{\text{自国の労働の賦存量}} < \frac{\text{外国の資本の賦存量}}{\text{外国の労働の賦存量}} \quad \Rightarrow \quad \text{外国：資本豊富国}$$

$$\Updownarrow$$

$$\frac{\text{自国の労働の賦存量}}{\text{自国の資本の賦存量}} > \frac{\text{外国の労働の賦存量}}{\text{外国の資本の賦存量}} \quad \Rightarrow \quad \text{自国：労働豊富国}$$

ここで，表3-1のように，自国では資本の賦存量を200単位，労働の賦存量を260単位とし，外国では資本の賦存量を120単位，労働の賦存量を100単位としてみましょう。（労働や資本は「何単位」と表すことにします。）このとき，資本・労働賦存比率は，自国では200/260（<1），外国では120/100（>1）となり，外国の方がその比率は高くなります。したがって，外国は資本豊富国です。逆に，自国と外国における資本の賦存量に対する労働の賦存量の比率は，それぞれ260/200（>1）と100/120（<1）となり，自国の方が高くなります。したがって，自国は労働豊富国です。

　注意してほしいことは，自国と比べて外国の資本の賦存量が少ないにもかかわらず，外国は資本豊富国となっている点です。これは，資本が豊富な国かどうかを，比率で定義しているためです。なお，2国だけで考えるときには，一方が資本豊富国であれば，他方は労働豊富国となります。

要素の集約性

　資本豊富国と労働豊富国の間の貿易パターンの決定には，どの財（あるいは産業）が資本あるいは労働を相対的により多く使用して生産されているか，ということが深く関わっています。

　以下では，衣服の生産において，多くの労働者が工場でミシンを使って服を縫っている状況を想定し，工場の大きさと比べて多くの労働者を用いて生産を行っているとします。逆に，家電は，オートメーション化された工場において，比較的少ない労働者を使って生産されているとしましょう。つまり，衣服の生産では，資本1単位当たりより多くの労働が用いられているとします。これに対して，家電の生産では，労働1単位当たりより多くの資本が用いられているとします。

　生産における労働1単位当たりの資本の投入量は，資本の投入量と労働の投入量の比率（＝資本投入量/労働投入量）で表され，資本・労働比率といいます。図3-2には，家電の資本・労働比率を4としたときのイメージ図が描かれています。資本・労働比率がより高い財（あるいは産業）を資本集約的，それがより低い財（あるいは産業）を労働集約的といいます。本章において，家電は資本集約的で，衣服は労働集約的とします。

　資本・労働比率は，生産要素の投入係数を用いて表すこともできます。財を

表3-1　要素賦存量の数値例

	自　国	外　国
資本の賦存量	200	120
労働の賦存量	260	100
資本・労働賦存比率	200/260（＜1）	120/100（＞1）
生産要素の豊富さ	労働豊富国	資本豊富国

■Box 3.2　ヘクシャー＝オリーン・モデル■

　2国・2財・2生産要素からなる経済モデルは，伝統的なヘクシャー＝オリーン・モデル（Heckscher-Ohlin model）と呼ばれます。経済学者のヘクシャーとオリーンによって用いられた経済モデルで，国や地域間の要素賦存量の相違によって生じる貿易パターンを説明するのに用いられます。

図3-2　資本・労働比率のイメージ図と数値例：家電の場合

資本（工場）　：8単位分と換算
労働　　　　　：2単位分と換算

↓

資本・労働比率＝資本投入量/労働投入量＝8/2＝4

1単位生産するために必要となる労働量は，労働投入係数といいます。また，財を1単位生産するために必要となる資本量は，資本投入係数といいます。なお，ここでは，これらの投入係数を一定としておきます。投入係数を使うと，各財の資本投入量は「資本投入係数×生産量」，労働投入量は「労働投入係数×生産量」に等しくなります。そこで，各財の資本・労働比率は，

$$資本・労働比率＝\frac{資本投入係数×生産量}{労働投入係数×生産量}＝\frac{資本投入係数}{労働投入係数}$$

となります。つまり，資本・労働比率は，資本投入係数と労働投入係数の比率と同じになります。

　本章では，要素賦存量の違いのみに焦点を当てて貿易パターンを見るために，自国と外国の生産技術は同じであるとします。第2章で説明したように，生産技術は生産要素の投入係数で表すことができます。そこで，以下では，両国の労働投入係数と資本投入係数は同じであるとします。

　両国の投入係数の数値例を表3-2で示しています。自国と外国において，衣服の労働投入係数を4，資本投入係数を2とし，家電の労働投入係数を1，資本投入係数を4とします。

　表3-3では，表3-2の数値例を用いて，各財を生産するときの労働投入量と資本投入量を示しています。それらから各財の資本・労働比率を求めると，資本投入係数と労働投入係数の比率に等しくなっていることが分かります。つまり，衣服の資本・労働比率は0.5（＝資本投入係数/労働投入係数＝2/4），家電の資本・労働比率は4（＝資本投入係数/労働投入係数＝4/1）です。

　この数値例では，家電の資本・労働比率は，衣服の資本・労働比率よりも大きくなっています。つまり，両国において，家電（産業）は資本集約的で，衣服（産業）は労働集約的です。

レッスン3.2　貿易パターンの決定要因

　資本と労働の2つの生産要素を用いて，衣服と家電の2つの財が生産されているとします。このとき，資本・労働賦存比率の国際的な相違によって，貿易パターンが決まるという考え方を説明します。

表3-2 投入係数の数値例：両国共通

	衣 服	家 電
労働投入係数	4	1
資本投入係数	2	4

表3-3 資本・労働比率の数値例

	衣 服	家 電
労働投入量	4 × 衣服の生産量	1 × 家電の生産量
資本投入量	2 × 衣服の生産量	4 × 家電の生産量
資本・労働比率	0.5（＝2/4）	4（＝4/1）
要素の集約性	労働集約的	資本集約的

≡ *Close Up 3.1* 可変的な資本・労働比率

　本書では，表3-2の数値例のように，資本・労働比率（あるいは資本投入係数と労働投入係数の比率）は一定であると仮定しています。しかし，生産者は，できるだけ生産費用を少なくするために，長期的には資本・労働比率を変えるかもしれません。

　例えば，資本の価格（レンタル）と比べて賃金が高くなれば，できるだけ労働の投入を少なくして生産をしたいと考えるでしょう。逆に，賃金が相対的に低くなれば，できるだけ労働をたくさん使って生産しようとするでしょう。

　このように，一般的には，資本・労働比率は賃金や資本の価格（レンタル）によって変わる可能性があります。可変的な資本・労働比率の場合については，上級の教科書を参照してください。

生産可能性曲線

　貿易パターンは，両国の閉鎖経済での相対価格を比較することで分かります（レッスン1.4参照）。閉鎖経済下の相対価格は，財の国内需要と国内供給の大きさによって決まります。そこで，両国の国内供給の大きさを見るために，表3-1と表3-2の数値例で，両国の生産可能性曲線を描いてみましょう。

　まず，自国で労働が完全雇用される生産の組合せを図3-3に描いてみます。（外国については図3-4を参照。）自国では，労働が260単位供給されています。衣服を生産しないで家電を260単位生産する場合（点A），家電産業で260単位（＝家電の労働投入係数×家電の生産量＝1×260）の労働が雇用されるので，完全雇用になります。この状態で衣服の生産を増やそうとすると，衣服の生産を1単位増やすごとに，衣服産業で労働が4単位（＝衣服の労働投入係数）必要となります。そこで，家電産業の労働を4単位減らして，それを衣服産業で使うと，完全雇用は維持されますが，家電の生産量は4単位（＝衣服の労働投入係数/家電の労働投入係数＝4/1）減少します（レッスン2.1参照）。つまり，自国において労働が完全雇用される生産の組合せは，図3-3の点Aを通り，傾きの大きさが4となる直線AB上の点で表されます。なお，直線ABより左下の領域の生産の組合せでは，生産に必要な労働は雇用できますが，失業が生じます。

　上述の「労働」を「資本」に置き換えて同様に考えれば，自国で資本がすべて使われる生産の組合せを，図3-3に描くことができます。自国では，資本が200単位供給されています。衣服を生産せずに家電を50単位生産する場合（点G），家電産業で200単位（＝家電の資本投入係数×家電の生産量＝4×50）の資本が使われ，資本はすべて利用されます。この状態の下では，衣服の生産を1単位増やすごとに，家電の生産量は0.5単位（＝衣服の資本投入係数/家電の資本投入係数＝2/4）ずつ減少します。よって，自国で資本がすべて使われる生産の組合せは，図3-3の点Gを通り，傾きの大きさが0.5となる直線GH上の点で表されます。なお，直線GHよりも左下の領域の生産の組合せでは，生産に必要な資本はありますが，使われない資本（遊休設備）があります。

　図3-3の直線ABと直線GHから，自国の生産可能性曲線は折線GQ^{H}Bになります。その理由は以下の通りです。点Q^{H}を除き，線分GQ^{H}上の組合せは，直線ABより下にあるので必要な労働は雇用でき，資本はすべて使われています。よって，線分GQ^{H}より上の組合せは，資本が足りないので生産できませ

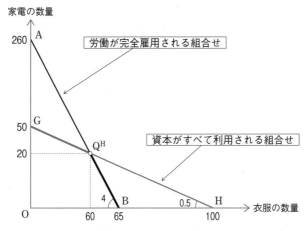

図 3-3　自国の生産可能性曲線と生産の組合せ

・点 B：衣服のみ 65 単位を生産⇒衣服産業で 260 単位（＝衣服の労働投入係数×衣服の生産量
　＝4×65）の労働を雇用⇔完全雇用
・点 H：衣服のみ 100 単位を生産⇒衣服産業で 200 単位（＝衣服の資本投入係数×衣服の生産量
　＝2×100）の資本を投入⇔資本をすべて利用

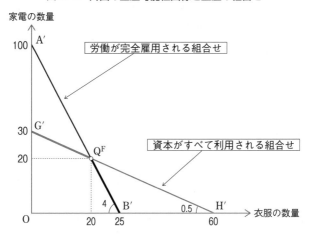

図 3-4　外国の生産可能性曲線と生産の組合せ

ん。また，点Q^Hを除き，線分Q^HB上の組合せは，直線GHよりも下にあるので必要な資本は投入でき，労働は完全雇用されています。このため，線分Q^HBよりも上の組合せは，労働が不足するので生産できません。したがって，自国の生産可能性曲線は折線GQ^HB（太線）になります。

同様に考えると，図3-4で外国の生産可能性曲線は，図3-4の折線G′Q^FB′（太線）になります。表3-1の外国における労働と資本の供給量を見て，各自で考えてみてください。

なお，自国で労働が完全雇用され，資本もすべて使われているような生産の組合せは，図3-3の点Q^Hだけであることに注意しておきましょう。同様にして，外国で労働が完全雇用され，資本もすべて使われているような生産の組合せは，図3-4の点Q^Fだけです。

相 対 供 給

各財の生産者は，競争的な市場の下で，利潤が最大になるように生産量を決めるとします。生産量が与えられると，その生産に必要な労働や資本の投入量（需要量）が決まります。そして，国内の労働市場と資本市場の需給がバランスするように生産量が調整されるとしましょう。

先ほど見たように，自国において労働と資本の両市場で需給が一致する生産の組合せは，図3-3の点Q^Hで表され，衣服の生産量は60単位，家電の生産量は20単位になります。また，外国でそうなる組合せは，図3-4の点Q^Fで，衣服と家電の生産量はいずれも20単位になります（Box 3.3参照）。

なお，点Q^Hや点Q^Fで実際に生産が行われるためには，衣服の相対価格が0.5（＝衣服の資本投入係数/家電の資本投入係数＝2/4）から4（＝衣服の労働投入係数/家電の労働投入係数＝4/1）の間になければなりません（Box 3.4参照）。

衣服の相対供給量（＝衣服の生産量/家電の生産量）を見てみましょう。衣服の相対供給量は，自国では点Q^Hで3（＝60/20），外国では点Q^Fで1（＝20/20）になります。衣服の相対価格と相対供給量の関係を表した曲線は，衣服の相対供給曲線です。図3-5では，衣服の相対価格が0.5から4までの範囲で，自国の相対供給曲線RS^Hと外国の相対供給曲線RS^Fを描いています。

図3-5で衣服の相対供給量を比較すると，自国の方が多くなっています。つまり，労働豊富国である自国では，外国と比べて労働集約的な衣服の相対供

　表3-1と表3-2の数値例を使うと，自国の労働と資本の市場で需要量（投入量）と供給量が等しいという関係は,それぞれ次のようになります。

　　　　労働市場：4×衣服の生産量＋1×家電の生産量＝260
　　　　資本市場：2×衣服の生産量＋4×家電の生産量＝200

この連立方程式を両財の生産量について解くと，衣服の生産量は60単位，家電の生産量は20単位になります。

　外国についても，同様に考えることができます。

　Web補論 レッスンS3.1 では，より一般的に説明しています。

　第2章と同様に，ここでは限界費用（あるいは平均費用）は一定となります（Box 2.4参照）。このとき，利潤を最大化する生産者は，生産するとしたら価格と限界費用が等しくなるように生産を行い，価格が限界費用よりも低いときには生産しません（レッスン2.2参照）。

　ここの数値例では，衣服の相対価格が0.5よりも低いとき，衣服の価格が限界費用よりも低くなっていて，衣服の生産は行われません。逆に，衣服の相対価格が4よりも高いときには，家電の価格が限界費用よりも低くなっていて，家電は生産されません。よって，両財が生産されるのは，衣服の相対価格が0.5から4までの範囲になります。

　なお，詳細な説明はWeb補論 レッスンS3.1 を参照してください。

図3-5　両国の衣服の相対供給曲線

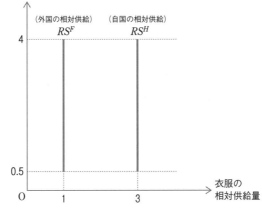

給量が多くなります。逆に，資本豊富国である外国では，自国と比べて資本集約的な家電の相対供給量が多いことが分かります。このような関係は，一般的に成り立つことが知られています（Web補論 レッスンS3.2参照）。

要素賦存比率の相違と貿易パターン

自由貿易が行われると，各国は閉鎖経済下で相対価格の低い財を輸出します（レッスン1.4参照）。そこで，両国における閉鎖経済下の衣服の相対価格を見てみましょう。

両国の衣服の相対需要量（＝衣服の需要量/家電の需要量）は，衣服の相対価格のみに依存し，両国で同一であるとします。そして，衣服の相対価格が高くなれば，衣服の相対需要量は減少するとします。ここでは，両国の衣服の相対価格と相対需要量の関係は，「衣服の相対需要量＝4－衣服の相対価格」で表されるとします。自国と外国における衣服の相対需要曲線は，それぞれ図3-6(a)と(b)の直線 RD^H と直線 RD^F で描かれています。これらの直線に違う名前を付けていますが，同じ直線であることに注意してください。

閉鎖経済下では，国内の市場で需給が一致するように相対価格が決まります。衣服の国内相対需要量と国内相対供給量が等しくなれば，両財とも需給は一致します（Close Up 1.3参照）。よって，衣服の相対需要曲線と相対供給曲線の交点が閉鎖経済の均衡点で，そのときの相対価格が均衡相対価格になります。図3-6(a)の点 E^H と図3-6(b)の点 E^F が，それぞれ自国と外国の閉鎖経済の均衡点です。衣服の均衡相対価格は，自国では1，外国では3になります。なお，家電の均衡相対価格は，自国では1，外国では1/3になります。

このように，閉鎖経済下において，労働豊富国である自国では，労働集約的な衣服の相対価格が外国と比べて低くなります。逆に，資本集約的な家電の相対価格は，資本豊富国である外国の方が低くなります。

自由貿易の下では，お互いに閉鎖経済下で相対価格の低い財を輸出するので，自国は労働集約的な衣服を輸出し，外国は資本集約的な家電を輸出することになります。つまり，労働豊富国は労働集約的な財を輸出して，資本豊富国は資本集約的な財を輸出します。このような要素賦存比率の国際的差異と貿易パターンの関係を示した定理を，ヘクシャー＝オリーン定理（Heckscher-Ohlin theorem）といいます。

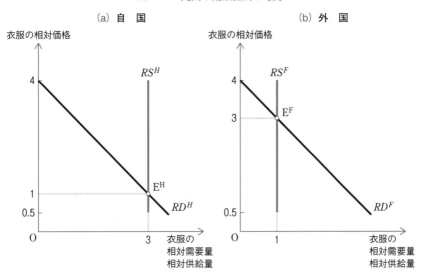

図 3-6　両国の閉鎖経済の均衡

◆ *Case Study 3.2*　**レオンチェフ・パラドックス**

　経済学者レオンチェフは，1947年のデータを用いて，米国の輸出財の資本・労働比率が，輸入財の国内生産のそれよりも低いことを示しました。当時の米国は資本豊富国であると考えられるため，ヘクシャー＝オリーン定理によると，米国は資本集約的な財を輸出しているはずです。しかし，レオンチェフの研究結果は，米国が労働集約的な財を輸出していることを示しています。

　つまり，当時の米国の貿易には，ヘクシャー＝オリーン定理が当てはまっていないことを意味しており，これはレオンチェフ・パラドックス（Leontief paradox）と呼ばれています。

レッスン3.3 貿易と所得分配

閉鎖経済から自由貿易に移行したときに，財の相対価格が変化します。それによって，国内の所得分配がどのように変化するかを見ていきます。

貿易と財の相対価格

自由貿易ができるようになると，世界市場で財が取引されます。そして，世界市場での需給が一致するように財の価格が決まります。そこで，貿易後に財の相対価格がどのように変化するかを見てみましょう。

閉鎖経済のとき，労働豊富国では，労働集約的な財の相対価格が低くなっています。そこで，貿易ができるようになると，資本豊富国の消費者は，その財を労働豊富国からも買おうとします。つまり，貿易開始後に，労働集約的な財に対する需要が増えます。そのため，労働豊富国では，貿易後に労働集約的な財の相対価格が上昇します。

他方，資本豊富国では，閉鎖経済下で資本集約的な財の相対価格が低くなっています。そこで，貿易ができるようになると，労働豊富国の消費者は，その財を資本豊富国からも買おうとします。つまり，貿易開始後に，資本集約的な財に対する需要が増加します。よって，資本豊富国では，貿易後に資本集約的な財の相対価格が上昇（労働集約的な財の相対価格は下落）します。

表3-1の数値例では，自国が労働豊富国なので，自国では貿易後に労働集約的な衣服の相対価格が上昇します。よって，図3-7(a)の矢印のように，貿易下の衣服の相対価格は1（＝自国での閉鎖経済下の衣服の相対価格）よりも高くなります。他方，外国は資本豊富国なので，外国では貿易後に資本集約的な家電の相対価格が上昇します。言い換えると，貿易下の衣服の相対価格は，図3-7(b)の矢印のように3（＝外国での閉鎖経済下の衣服の相対価格）よりも低くなります。したがって，貿易下での衣服の相対価格は，1よりも大きく，3よりも小さな値になります。

貿易下の衣服の相対価格は，この数値例では2になります。（導出方法はWeb補論 レッスンS3.3を参照。）このとき，貿易下でも衣服の相対価格は0.5から4の間にあり，両国の生産の組合せは閉鎖経済のときと同じになります。

■Box 3.5　**貿易と相対価格の変化**■

［労働豊富国］
　貿易開始 ⇒ 労働集約的な財に対する外国からの需要が増加
　　　　　　⇒ 労働集約的な財の相対価格が上昇

［資本豊富国］
　貿易開始 ⇒ 資本集約的な財に対する外国からの需要が増加
　　　　　　⇒ 資本集約的な財の相対価格が上昇
　　　　　　（労働集約的な財の相対価格は低下）

図 3-7　**貿易後の相対価格の変化**

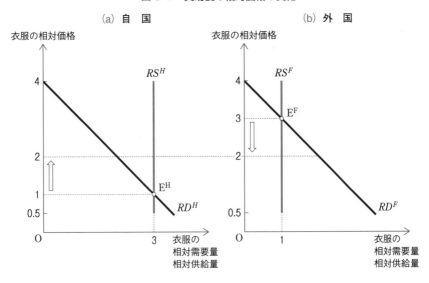

財価格と要素価格

　自由貿易を行えば，閉鎖経済のときと比べて国全体の利益（経済厚生）は高まります（Box 3.6参照）。しかし，国全体の利益が増えても，国内のある特定のグループの人々が大きな利益を得て，他のグループの人々は損失を被っているかもしれません。ここでは，労働と資本の2つの生産要素があるので，労働から報酬を得ている人々を労働者，資本を提供することから報酬を得ている人々を資本家と呼ぶことにしましょう。そして，貿易の開始が，労働者と資本家の間の所得分配に及ぼす影響を考えてみましょう。

　貿易を始めると，輸出する財の相対価格が上昇します。逆に，輸入する財の相対価格は下落します。このような相対価格の変化は，賃金や資本の価格（レンタル）の変化を通じて，労働者や資本家の所得に影響を与えます。

　ここでは，閉鎖経済下でも自由貿易下でも，国内の労働市場と資本市場で需給がバランスしており，自国と外国での生産の組合せは，それぞれ図3-3の点Q^Hと図3-4の点Q^Fになっているとします。つまり，閉鎖経済下でも自由貿易下でも，両国で両財が実際に生産されているとします。

　競争的な市場の下で各生産者が利潤を最大にしようとするとき，ある正の数量の生産が行われているのであれば，価格と限界費用（あるいは平均費用）は等しくなっています（前章の表2-3参照）。また，生産を1単位増加させると，労働投入量は労働投入係数分だけ増え，資本投入量は資本投入係数分だけ増加します。生産を1単位増加させたときの費用の増加分（限界費用）は，「労働投入係数×賃金＋資本投入係数×レンタル」となります（Box 3.7参照）。

　したがって，衣服産業と家電産業について，それぞれ，左辺に限界費用，右辺に価格をとると，次の関係が成り立っています。

　衣服の労働投入係数×賃金＋衣服の資本投入係数×レンタル＝衣服の価格
　家電の労働投入係数×賃金＋家電の資本投入係数×レンタル＝家電の価格
それぞれ両辺を家電の価格で割り，家電で表した実質賃金（＝賃金/家電の価格）と実質レンタル（＝レンタル/家電の価格）を使うと，次のようになります。

$$\text{衣服の労働投入係数×実質賃金＋衣服の資本投入係数×実質レンタル}$$
$$=\text{衣服の相対価格} \tag{3.1}$$

$$\text{家電の労働投入係数×実質賃金＋家電の資本投入係数×実質レンタル}$$
$$=1 \tag{3.2}$$

■Box 3.6　貿 易 利 益■

　ここでの数値例では，閉鎖経済下でも自由貿易下でも，両財の生産の組合せは変わりません。したがって，貿易利益に関しては，生産の組合せが与えられていて変化しないとした第1章のときと同じように説明することができます。つまり，貿易によって，自国も外国も貿易利益を得ます（レッスン1.4参照）。

　なお，詳細な説明はWeb補論 レッスンS3.3を参照してください。

■Box 3.7　労働と資本を用いる場合の限界費用■

衣服の限界費用＝衣服の生産を1単位増やしたときの費用の増加分
　　　　　　　＝衣服の労働投入係数×賃金
　　　　　　　　＋衣服の資本投入係数×レンタル

家電の限界費用＝家電の生産を1単位増やしたときの費用の増加分
　　　　　　　＝家電の労働投入係数×賃金
　　　　　　　　＋家電の資本投入係数×レンタル

Close Up 3.2　要素価格フロンティア

　財の価格が与えられたときに，価格と限界費用が等しくなるような賃金とレンタルの組合せを表した曲線を，要素価格フロンティアといいます。後述するように，図3-8に描かれている直線ABや直線GHが，ここの数値例での要素価格フロンティアです。

　要素価格フロンティア上の賃金とレンタルの組合せでは，価格と限界費用が等しくなるので，財が実際に生産されます。また，要素価格フロンティアより上にある賃金とレンタルの組合せでは，価格よりも限界費用が高くなるため，財は生産されません。

これらの式は，各産業において，家電で表した実質の限界費用と実質の価格（相対価格）が等しいことを意味しています。ここでは，両財の労働投入係数と資本投入係数は一定なので，衣服の相対価格が与えられると，これら2本の式を満たす実質賃金と実質レンタルが決まります（Box 3.8参照）。

貿易による所得分配の変化

　まず，閉鎖経済下の自国について，上の(3.1)式と(3.2)式を満たす実質賃金と実質レンタルの関係を，図3-8に描いてみましょう。図3-8の縦軸には実質賃金，横軸には実質レンタルをとっています。なお，以下では「（家電で表した）実質の限界費用」を短くして「限界費用」と書くことにします。

　自国の衣服産業について，(3.1)式を用いて見てみましょう。図3-6(a)より，自国の閉鎖経済における衣服の相対価格は1なので，衣服の限界費用も1で一定にならなくてはなりません。

　仮に実質レンタルをゼロとすると，衣服の限界費用は「4×実質賃金」になります（Box 3.8参照）。このとき，衣服の相対価格（＝1）と限界費用が等しくなることは「1＝4×実質賃金」なので，実質賃金は1/4になります。この実質賃金と実質レンタルの組合せは，図3-8の点Aに対応しています。

　実質レンタルだけが1上がるとどうなるでしょうか。このとき，限界費用は2（＝衣服の資本投入係数×実質レンタルの増加分＝2×1）増加します。そこで，限界費用を一定にするには，労働費用の「4×実質賃金（＝衣服の労働投入係数×実質賃金）」が2だけ下がらないといけません。つまり，「4×実質賃金の減少分＝2」でなければなりません。よって，実質賃金の減少分は0.5（＝2/4＝衣服の資本投入係数/衣服の労働投入係数）になります。このことから，実質レンタルが1ずつ上がると，実質賃金は0.5ずつ低下することが分かります。

　したがって，衣服産業の(3.1)式を満たす実質賃金と実質レンタルの組合せは，図3-8の点Aを通り，傾きの大きさが0.5（＝衣服の資本投入係数/衣服の労働投入係数）の直線AB上の点になります。

　同様にして，家電産業の(3.2)式を満たす実質賃金と実質レンタルの組合せは，縦軸の切片の値が1，傾きの大きさが4（＝家電の資本投入係数/家電の労働投入係数）の図3-8の直線GH上の点になります（各自で考えてみてください）。

　閉鎖経済下では，図3-8の直線ABと直線GHの交点E_Aの実質賃金と実質

■Box 3.8　**財の相対価格と実質賃金・実質レンタルの関係：数値例**■

　表3-2の数値例を当てはめると，限界費用と価格が等しいという関係は，次のようになります。

$$4 \times 賃金 + 2 \times レンタル = 衣服の価格$$
$$1 \times 賃金 + 4 \times レンタル = 家電の価格$$

　これらの式の両辺をそれぞれ家電の価格で割って，（家電で表した）実質値に書き直すと，

$$4 \times 実質賃金 + 2 \times 実質レンタル = 衣服の相対価格$$
$$1 \times 実質賃金 + 4 \times 実質レンタル = 1$$

になります。上の式は(3.1)式，下の式は(3.2)式に数値を入れたものになっています。これら2つの式から，衣服の相対価格が与えられると，実質賃金と実質レンタルを求めることができます。

　なお，図3-8において，すぐ上の2本の式の1つ目の式で「衣服の相対価格＝1」として描いたのが直線ABで，2つ目の式を描いたのが直線GHです。

図 3-8　**自国の実質賃金と実質レンタル：閉鎖経済**

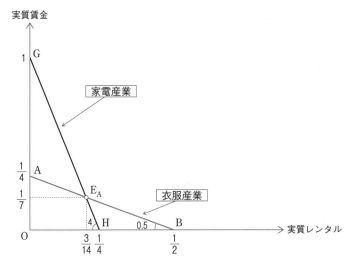

レンタルの組合せのときに，両産業で相対価格と限界費用が等しくなります。つまり，自国の閉鎖経済における均衡の実質賃金と実質レンタルは，交点E_Aで表されます。交点E_Aの値を求めると，実質賃金が1/7で，実質レンタルは3/14になります（Box 3.9参照）。

　次に，自由貿易のときの実質賃金と実質レンタルの組合せを図3-9で見てみましょう。ここの数値例では，自由貿易下で衣服の相対価格は2になります。自由貿易下では，両国の生産者と消費者は同じ相対価格に直面します。なお，図3-9には，図3-8の直線ABと直線GHと同じものを描いています。

　自国の衣服産業を考えると，衣服の相対価格は2なので，衣服の限界費用も2で一定にならなくてはなりません。仮に実質レンタルをゼロとすると，限界費用は「4×実質賃金（＝衣服の労働投入係数×実質賃金）」になり，衣服の相対価格（＝2）と限界費用が等しくなる実質賃金は，1/2（＝2/4）になります。この組合せは図3-9の点A′に対応しています。また，労働投入係数も資本投入係数も一定なので，衣服の相対価格と限界費用が等しくなる実質賃金と実質レンタルの組合せを表した直線の傾きの大きさ（＝衣服の資本投入係数/衣服の労働投入係数）は，図3-8の直線ABと同じです。したがって，図3-9において，直線AB（点線）を右に平行にシフトさせた直線A′B′が，貿易下の衣服産業の実質賃金と実質レンタルの組合せになります。

　他方，家電産業の(3.2)式では，閉鎖経済下でも自由貿易下でも，（相対）価格は常に1です。よって，図3-9において，貿易下の家電産業の相対価格と限界費用が等しくなる実質賃金と実質レンタルの組合せは，閉鎖経済の図3-8のときと同じ直線GHで表されます。

　したがって，自由貿易下の実質賃金と実質レンタルは，図3-9の点E_Tで表されます。点E_Tでの値を求めると，実質賃金が3/7（＞1/7）で，実質レンタルは1/7（＜3/14）になります（Box 3.9参照）。つまり，自由貿易になると，自国において，実質賃金は上昇し，実質レンタルは下落します。

　外国の場合は，自由貿易の下で衣服を輸入し，閉鎖経済のときと比べて衣服の相対価格が3から2に下落します。よって，衣服産業で相対価格と限界費用が等しくなる実質賃金と実質レンタルの組合せを表す直線は，自由貿易の下で左に平行にシフトします。このため，実質賃金は低下し，実質レンタルは上昇します（各自で考えてみてください）。つまり，実質賃金と実質レンタルの変

■Box 3.9　均衡の実質賃金と実質レンタルを求めてみよう：自国の場合■

[閉鎖経済]

　自国の衣服の相対価格は1です。「衣服の相対価格＝1」をBox 3.8の下の2本の式に代入すると，

$$4 \times 実質賃金 + 2 \times 実質レンタル = 1$$
$$1 \times 実質賃金 + 4 \times 実質レンタル = 1$$

になります。この連立方程式を解くと，実質賃金は1/7，実質レンタルは3/14になります。

[自由貿易]

　衣服の相対価格は2となるので，Box 3.8の下の2本の式は，

$$4 \times 実質賃金 + 2 \times 実質レンタル = 2$$
$$1 \times 実質賃金 + 4 \times 実質レンタル = 1$$

になります。この連立方程式を解くと，実質賃金は3/7（＞1/7＝閉鎖経済下の実質賃金），実質レンタルは1/7（＜3/14＝閉鎖経済下の実質レンタル）になります。

図3-9　自国の実質賃金と実質レンタル：自由貿易

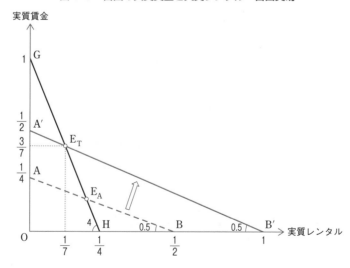

化は，自国の場合とは逆になっています。

　以上の説明では，家電で表した実質賃金と実質レンタルの変化を見てきました。衣服で表した実質賃金と実質レンタルの場合も，同様に説明できます。各自で確かめてみてください。

　一般的に，労働集約的な財の価格が上昇すると，実質賃金は上昇し，実質レンタルは下落します。逆に，資本集約的な財の価格が上昇すると，実質レンタルは上昇し，実質賃金は下落します。この関係はストルパー＝サミュエルソン定理（Stolper-Samuelson theorem）と呼ばれます。

　両国において労働と資本の賦存量（供給量）は一定なので，実質賃金と実質レンタルの変化は，それぞれ労働者と資本家の実質所得の変化を表しています。したがって，労働豊富国である自国では，貿易後に労働者の実質所得は増加し，資本家の実質所得は減少します。逆に，資本豊富国である外国では，貿易後に資本家の実質所得は増加し，労働者の実質所得は減少します。つまり，自国と外国とでは，労働者と資本家に正反対の影響が及んでいます。

　このように，貿易は国内のすべての人々に利益をもたらすわけではなく，貿易によって利益を得る人々もいれば，損失を被る人々もいます。Box 3.6で触れたように，自国も外国も国全体で見ると貿易利益を得ています。このことは，利益を得た人々の実質所得の増加の方が，損失を被った人々の実質所得の減少よりも大きいことを意味しています。

▨▨▨▨　第3章　演習問題　▨▨▨▨

1. 資本豊富国とはどのような国か。また，資本集約的な財とはどのような財かを説明しなさい。
2. ヘクシャー＝オリーン定理とはどのような定理か。また，その定理が成り立つには，どのような前提（仮定）が必要かを説明しなさい。
3. 資本集約的な財の相対価格が上昇すると，実質賃金や実質レンタルはどのように変化するかを説明しなさい。
4. ［発展問題］　熟練労働と非熟練労働を用いて2つの財を生産している2国を考える。非熟練労働に対する熟練労働の賦存量の比率が高い国を「熟練労働豊富国」，もう1つの国を「非熟練労働豊富国」と呼ぶことにする。ストルパー＝サミュエルソン定理を応用すると，貿易開始後に，両国で熟練労働と非熟練労働の実質賃金はどのように変化するかを説明しなさい。

4
政策評価の基礎

　本章では，この後の章で扱う貿易政策の効果を評価するための手法を紹介します。貿易政策の効果を見るためには，ある１つの財の市場に着目して考えるのが便利です。そこで，まず，需要曲線，供給曲線，余剰などについて説明します。次に，自由貿易下の国全体の利益（純便益）を見ていきます。

Keywords
限界支払意思額，支払意思額，消費者余剰，生産者余剰，総余剰，小国，大国

レッスン4.1　国内需要・国内供給と開放経済

　ある1つの財の市場だけに注目します。そして、その財の国内需要曲線と国内供給曲線を使って、開放経済下の輸入量や輸出量を図で表します。

国内需要曲線と国内供給曲線

　ある1つの財の市場だけを考えてみましょう（Box 4.1参照）。その財の国全体の需要量を表す国内需要曲線と、国全体の供給量を表す国内供給曲線を図に描きます。それを用いることで、開放経済下での貿易取引量（輸出量あるいは輸入量）を図中に示すことができます。

　以下では、自国における衣服（例えばシャツ）の市場だけを例にとって考えてみます。なお、衣服の価格は、国内価格だけでなく、国際価格も円で表示されていて、数量1単位を1万着としておきます。

　まず、国内需要について見てみましょう。自国の消費者が、国内で衣服を買うときに実際に支払う価格は国内価格です。国内需要曲線は、衣服の国内価格だけに依存し、衣服の国内価格が低下すると衣服の国内需要量は増加するとします。逆に、衣服の国内価格が上昇すると、衣服の国内需要量は減少するとします。自国における衣服の価格と衣服の国内需要量の関係は、図4-1の国内需要曲線 D で表されています。衣服の国内需要量は、衣服の国内価格が1200円のときに10万着、1000円のときには12万着になるとしています。つまり、国内需要曲線は右下がりになります。（国内需要曲線の導出はレッスン4.2を参照。）

　次に、国内供給について見てみます。自国の生産者が、衣服を供給したときに実際に受け取る価格は国内価格です。国内供給曲線は、衣服の国内価格だけに依存し、衣服の国内価格が上がれば衣服の国内供給量は増えるとします。逆に、衣服の国内価格が下がれば、衣服の国内供給量は減少するとします。自国における衣服の価格と衣服の国内供給量の関係は、図4-1の国内供給曲線 S で表されています。衣服の国内供給量は、衣服の国内価格が1000円のときに4万着、1200円のときは6万着になるとしています。つまり、国内供給曲線は右上がりになります。（国内供給曲線の導出はレッスン4.3を参照。）

■Box 4.1　経済をとらえる方法■

　すべての財市場と生産要素市場を考慮して，どのように需要と供給が決まり，市場の均衡がどのようになるかを見る方法は，一般均衡分析と呼ばれます。第1章から第3章のように，貿易パターンを考えるには，輸出産業と輸入産業の2つの産業を扱える一般均衡分析が有用です。

　他方，ある1つの輸入財（あるいは輸出財）に対する貿易政策の経済効果を見たい場合には，対象となる1つの財の市場だけに注目して考える方が便利です。このような経済のとらえ方は，部分均衡分析と呼ばれます。本章から第6章までは，基本的に部分均衡分析の枠組みを用いて説明します。

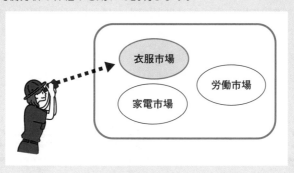

図 4-1　国内需要曲線と国内供給曲線

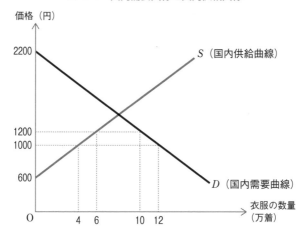

開放経済における輸出と輸入

　国内需要曲線と国内供給曲線を用いて，開放経済下での貿易取引量を図で表してみましょう。開放経済では，衣服の国内価格がいくらになるかで，衣服は輸入されたり，輸出されたりします。

　図4-2には，図4-1と同じ自国の国内需要曲線Dと国内供給曲線Sを描いています。図4-2から，貿易下で自国における衣服の国内価格を1000円とすると，自国の消費者は衣服を12万着需要し，自国の生産者は衣服を4万着供給します。自国では衣服が不足するので，そのときの国際価格でいくらでも輸入できるとすれば，不足分の8万着を外国から輸入します。

　貿易下で，衣服の国内価格が1800円であれば，自国の消費者は4万着の衣服を需要し，自国の生産者は12万着の衣服を供給します。このとき，自国では衣服が余るので，そのときの国際価格でいくらでも輸出できるとすれば，国内で余った分の8万着を外国に輸出します。

レッスン4.2　需要曲線と消費者の利益

　消費者の財に対する評価額を表した曲線を用いて，需要曲線を導出します。また，財を購入（消費）したときの消費者の利益（純便益）を表す消費者余剰を説明し，需要曲線を用いて消費者余剰の大きさを表します。

需要曲線と支払ってもよい金額

　ある1人の消費者の行動を考えてみましょう。消費者が財を1単位追加して購入する際に最大限支払ってもよいと思う金額は，限界支払意思額といわれます。限界支払意思額は，追加的な1単位の財の消費に対する消費者の評価額を表しています。

　衣服をまだ1着も買っていない消費者が，最初の1着の衣服を買おうとしているとしましょう。その1着の衣服に対して，2150円支払ってもよいと思っていれば，1着目の衣服に対する限界支払意思額は2150円になります。また，2着目の衣服に対して，2050円支払ってもよいと思っていれば，2着目の衣服に対する限界支払意思額は2050円になります。

図 4-2　国内価格と輸出・輸入

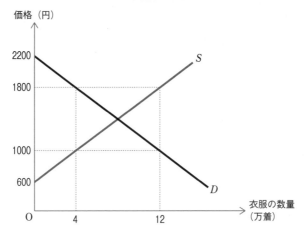

■Box 4.2　部分均衡分析における需要と価格■

　衣服の需要は，一般に衣服の価格だけでなく，他の財の価格や所得に依存して決まります（レッスン1.2参照）。部分均衡分析では，他の財の価格や所得は一定で変化しないとして，それらを無視して考えます。そのため，衣服の国内需要は，衣服の価格のみに依存するとしています。

■Box 4.3　部分均衡分析における供給と価格■

　生産要素の需給バランスも考慮する一般均衡分析の場合，国全体での衣服の供給量は，他の財の生産にどれだけ生産要素が投入され，他の財がどれだけ生産されるかにも影響されます。つまり，衣服の供給量は，他の財の価格にも依存して決まります。第2章や第3章で衣服の国内供給曲線が出てきましたが，その際には，衣服の相対価格と国内供給量の関係を示していました。

　これに対して，部分均衡分析では，1つの財の市場だけを考えるので，生産要素の価格や他の財の価格を無視して考えます。そのため，衣服の国内供給は，衣服の価格のみに依存するとしています。

図4-3には，縦軸に衣服の限界支払意思額（円），横軸に衣服の数量（着）をとり，折線dの高さで限界支払意思額が表されています。ここでは，横軸は1単位を衣服1着としています。上述したように，衣服の限界支払意思額は，最初の衣服1着に対して2150円，2着目の衣服に対して2050円です。また，3着目の衣服に対する限界支払意思額を1950円としています。つまり，衣服の消費を増やすと，限界支払意思額は減少していくとしています（Box 4.4参照）。

　消費者は，衣服の価格と限界支払意思額を比較して，どれだけ衣服を購入（需要）するかを決めると考えられます。衣服の価格が2000円だとすると，衣服を2単位購入するでしょう。その理由は以下の通りです。この消費者は，図4-3より，最初の1着目には2150円までなら支払ってもよいと思っており，価格はそれよりも安いので，最初の1着目を需要するといえます。2着目に対しては2050円までなら支払ってもよいと思っており，価格はそれよりも安いので，2着目も需要します。しかし，3着目に対しては1950円までしか支払う意思がなく，衣服の価格はそれよりも高いので，3着目は需要しないでしょう。

　このように，消費者は，限界支払意思額が価格以上になっている数量まで衣服を需要します。したがって，図4-3において，衣服の限界支払意思額を表した折線dを縦軸の方から横軸に読むと，価格と需要量の関係を表しており，折線dはこの消費者の需要曲線になります。折線dの縦の長さが限界支払意思額なので，需要曲線の高さは限界支払意思額を表しています。

　最初の衣服1着に対する限界支払意思額は2150円で，これは図4-3の□（長方形）ABFOの面積2150円（＝2150円×1）にも等しくなっています。同様に，2着目の衣服に対する限界支払意思額2050円は，□CEGFの面積に等しくなっています。したがって，衣服2着分の消費に対して最大限支払ってもよいと思う金額は，両者の合計の4200円（＝2150円＋2050円）で，図形ABCEGOの面積になります。このように，消費する分の財に対して消費者が最大限支払ってもよいと思う金額は支払意思額と呼ばれ，需要曲線の下の面積で表されます。

消費から得られる利益

　消費者が，ある量の財を消費するときに，最大限支払ってもよいと思う金額（支払意思額）から実際に支払った金額（支払額）を引いた値を，消費者余剰

図4-3　限界支払意思額と需要曲線：1人の消費者

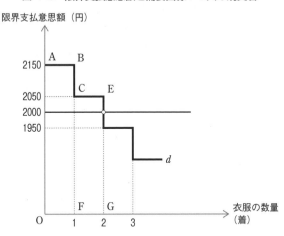

■Box 4.4　消費量と限界支払意思額の関係■

　ここでは，ある財（衣服）を多く消費すればするほど，限界支払意思額が減少していくとしています。例えば，すでにジーンズを1着持っているとき，同じジーンズをもう1着手に入れても，最初の1着ほどは満足を得られないでしょう。よって，同じ財であれば，消費を増やせば増やすほど，追加的な消費の満足度は低くなると考えられます。そこで，追加的な消費に対する限界支払意思額は，小さくなるとしています。

■Box 4.5　経済厚生の表し方■

　一般均衡分析では，経済厚生の水準を，代表的個人の無差別曲線で表すことを学びました（レッスン1.4参照）。これに対して，部分均衡分析では，経済厚生の水準を，本章で説明する余剰を使って表すことができます。
　なお，詳しくは上級のミクロ経済学の教科書を参照してください。

といいます。つまり，消費者余剰は，消費者が財を購入し，消費することで得られる利益（純便益）を金額で表しています。言い換えると，消費者余剰は，支払ってもよいと思っているのに支払わなくて済んだ金額です。

　上述したように，衣服の価格が2000円のとき，消費者は衣服を2着購入し，4000円（＝2000円×2）を支払います。そして，この2着に対する支払意思額は4200円です。つまり，衣服2着に4200円支払ってもよいと思っているのに，4000円で購入しているので，その差額の200円（＝4200円－4000円）は，消費者がこの取引で得た利益（純便益）と考えることができます。

　消費者余剰は，需要曲線を使って表すことができます。図4-4には，図4-3と同じ需要曲線dと，価格2000円を表した水平線を描いています。衣服2着分に対する支払意思額は，図形ABCEGOの面積（＝4200円）に等しくなります。また，衣服2着分の支払額は，□HIGOの面積（＝2000円×2＝4000円）として表されます。したがって，このときの消費者余剰は，網掛けした図形ABCEIH（＝図形ABCEGO－□HIGO）の面積で，200円（＝4200円－4000円）になります。つまり，消費者余剰は，需要曲線と価格を表した水平線に囲まれた部分の面積で表されます。

　図4-5では，数量を細かい単位で選ぶことができるとして，1人の消費者の衣服に対する需要曲線dが直線で描かれています。価格が2000円のとき，衣服の需要量は2着になります。支払意思額は需要曲線の下の面積に等しいので，衣服2着に対する支払意思額は台形AIGOの面積で表されます。そして，この2着を購入するための支払額は□HIGOの面積です。したがって，このときの消費者余剰は，網掛けした△（三角形）AIHの面積で表されます。つまり，消費者余剰は，需要曲線と価格を表す水平線に囲まれた三角形の面積に等しくなります。

国内需要曲線と消費者の利益

　ここまでは，個々の消費者が，それぞれどのように需要量を決めているかを見てきました。国内には多数の消費者がいます。国内のすべての消費者の需要量を足し合わせたものが，国内需要量です（レッスン1.2参照）。

　そこで，国内に1万人の消費者がいるとしましょう。この場合，衣服の価格が2000円のときにどの消費者も1人当たり2着を需要すると，国内需要量は2

消費者余剰 = 支払意思額 − 支払額
　　支払意思額 = 最大限支払ってもよいと思う金額
　　支払額 = 実際に支払った金額

図 4-4　需要曲線と消費者余剰：1 人の消費者

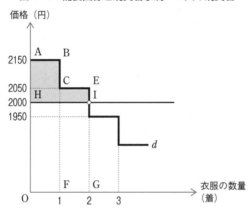

図 4-5　スムーズな需要曲線と消費者余剰：1 人の消費者

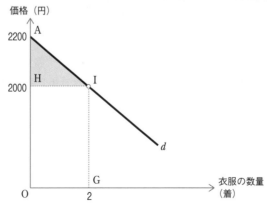

万着（＝2着×1万）になります。また、衣服の価格が1000円のとき、どの消費者も1人当たり12着を需要すると、国内需要量は12万着になります。図4-6には、縦軸に衣服の価格（円）、横軸に衣服の数量（万着）をとり、この数値例に対応した国内需要曲線Dを描いています。

　国内需要曲線は、国内のすべての消費者の需要曲線を水平方向に足し合わせることで得られます。また、各消費者の消費者余剰は金額で表されているので、それらを集計することもできます。つまり、国全体の消費者余剰は、国内需要曲線と価格を表す水平線に囲まれた部分の面積に等しくなります。（詳しくはBox 4.7とWeb補論 レッスンS4.1を参照。）

　国全体の消費者余剰を図4-6で見てみましょう。衣服の価格が1000円のとき、国内需要量は12万着になります。したがって、このときの消費者余剰は△ACBの面積で表されます。（金額の導出はBox 4.8を参照。）

レッスン4.3　供給曲線と生産者の利益

　競争的市場の下での生産者の行動から、供給曲線を導出します。生産者の利益を表す生産者余剰を説明し、供給曲線を用いてその大きさを表します。

供給曲線と生産にかかる費用

　競争的な市場において、各生産者（企業）は、価格を所与と見なして利潤を最大にしようとします。競争的市場の下で利潤を最大にするには、価格と限界費用が等しくなるように生産量を決めればよいです。その理由は以下の通りです。もし限界費用が価格よりも低い（価格＞限界費用）ならば、生産量を増やすことでより高い利潤を得ることができます。なぜなら、生産を1単位増やすと、限界費用分の追加的な費用はかかりますが、価格分だけ収入は増加するので、価格と限界費用の差だけ利潤が多くなるからです。逆に、限界費用が価格よりも高い（価格＜限界費用）ならば、生産を1単位減らすことで、より高い利潤が得られます（各自で考えてみてください）。したがって、生産量を調整して利潤を増やすことができなくなるのは、価格と限界費用が等しい（価格＝限界費用）ときで、そのときに利潤は最大となります。

図 4-6　国内需要曲線と消費者余剰

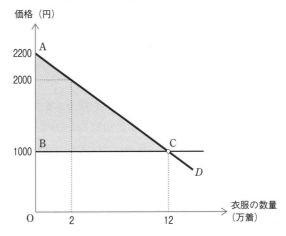

　第1章から第3章までは，代表的個人が国全体の需要量を決めるとしていました。ここでは，国内のすべての消費者の需要量を集計して国内需要量を見つけています。すべての消費者をひとまとめにして，それを代表的個人と考えれば，本章での国内需要曲線は代表的個人の需要曲線と考えることもできます。このとき，国内需要曲線の高さは，代表的個人の限界支払意思額になります。したがって，個人の消費者余剰と同様に，国内需要曲線から国全体の消費者余剰を求めることができます。

■Box 4.8　消費者余剰を求めてみよう■

　図4-6で，衣服の価格が1000円のときの消費者余剰を，次のようにして求めることができます。
　消費者余剰＝需要曲線と価格を表す水平線に囲まれた部分の面積
　　　　　　＝△ACBの面積
　　　　　　＝BCの長さ×ABの長さ÷2
　　　　　　＝12万着×（2200円－1000円）÷2＝7200万円

そこで，ある１人の生産者（１つの企業）の生産量と限界費用の関係を表した限界費用曲線を使って，価格と供給量の関係を示してみましょう。図4-7では，横軸に衣服の数量（着），縦軸に限界費用（円）をとり，限界費用曲線を折線 s で表しています。ここでは，横軸の１単位を衣服１着としています。限界費用は，最初の１着を生産するときには650円，２着目の生産では750円，３着目の生産では850円とします。つまり，生産量が増えると，限界費用は大きくなるとしています（Box 4.9参照）。

　衣服の価格が800円であれば，図4-7より，衣服を２着生産（供給）します。その理由は以下の通りです。価格800円は，最初の１着の限界費用650円よりも高いので，最初の１着を生産すると150円（＝800円−650円）の利潤が得られます。また，２着目の限界費用は750円なので，２着目を生産すると50円（＝800円−750円）の利潤を得ます。もし３着目を生産すると，３着目の限界費用は850円なので，50円（＝850円−800円）の赤字が出ます。よって，３着目は生産しないでしょう。

　このように，生産者は，価格が限界費用よりも高いか，あるいは同じになる数量まで生産して供給します。したがって，図4-7で，限界費用を表した折線 s は，縦軸から横軸の方に読んでいくと価格と供給量の関係を表しており，この生産者の供給曲線になります。折線 s の縦の長さはその生産量のときの限界費用なので，供給曲線の高さは限界費用を表しています。

　生産に伴うあらゆる費用の合計を総費用といいます。総費用は，生産を始めるために必要となる一定の固定費用と，生産量に応じて変化する可変費用とからなります（総費用＝固定費用＋可変費用）。生産を１単位増やすごとに限界費用が追加的にかかるので，限界費用を最初の１単位から実際の生産量まで足し合わせると，可変費用になります。

　図4-7において，最初の１着の限界費用は，□ABFOの面積650円（＝650円×1）に等しくなっています。同様に，２着目の限界費用は，□CEGFの面積750円（＝750円×1）と同じになっています。したがって，衣服を２着生産するときの可変費用は，1400円（＝650円＋750円）で，ABCEGOで囲まれた部分の面積と等しくなります。つまり，可変費用は供給曲線の下の面積で表されます。

図4-7　限界費用と供給曲線：1人の生産者

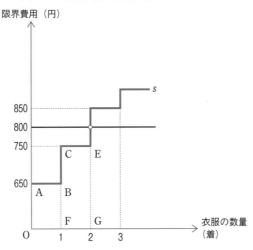

■Box 4.9　生産量と限界費用の関係■

　ここでは，ある財（衣服）を多く生産すればするほど，限界費用が大きくなると
しています。例えば，ある一定の台数のミシンを使って衣服を生産する場合，生産
量を増やすには，労働者により長く働いてもらうことになるでしょう。その場合，
残業が必要になり，残業手当（追加の費用）が必要になるかもしれません。つまり，
追加的な1単位の生産の費用がより高くなるため，限界費用は大きくなるとしてい
ます。
　なお，第2章や第3章では，各生産者が生産量を決めるときに，生産量の大きさ
にかかわらず限界費用は一定であるとしていました。

■Box 4.10　各種の費用■

　総費用＝固定費用＋可変費用
　平均費用＝総費用÷生産量
　限界費用＝生産量を1単位増やしたときにかかる追加的な費用
　　　　　＝生産量を1単位減らしたときに削減できる費用

生産から得られる利益

　生産者の収入（売上）から可変費用を引いた金額のことを，生産者余剰といいます。生産者余剰は，収入から総費用ではなく，可変費用だけを引いた金額であることに注意してください。固定費用は生産量にかかわらず一定なので，生産量が変化したときの利潤の変化は，生産者余剰の変化で表すことができます（Box 4.11参照）。

　生産者余剰は，供給曲線を使って表すことができます。図4-8には，図4-7と同じある1人の生産者（1つの企業）の供給曲線 s と，衣服の価格800円を表す水平線を描いています。衣服の価格が800円のときの収入は，価格にそのときの生産量2着を掛け合わせた1600円（＝800円×2）になり，□HIGOの面積に等しくなります。また，生産量が2着のときの可変費用は，ABCEGOで囲まれた部分の面積で，1400円（＝650円＋750円）になります。したがって，このときの生産者余剰は，200円（＝1600円－1400円）で，図形HIECBAの面積（網掛けの部分）と同じになります。このように，生産者余剰は，価格を表す水平線と供給曲線に囲まれた部分の面積として表されます。

　図4-9では，数量を細かい単位で選ぶことができるとして，1人の生産者（1つの企業）の供給曲線 s を直線で描いています。衣服の価格が800円のときに，生産者は2着の衣服を供給します。このときの生産者の収入は，1600円（＝800円×2）で，□HIGOの面積になります。また，2着の衣服を生産するときの可変費用は，台形AIGOの面積で，1400円（＝（600円＋800円）×2÷2）になります。よって，生産者余剰は，収入1600円から可変費用1400円を引いた200円になります。このときの生産者余剰は，△HIAの面積で表されます。つまり，生産者余剰は，価格を表す水平線と供給曲線に囲まれた三角形の面積に等しくなります。

国内供給曲線と生産者の利益

　ここまでは，ある1人の生産者（1つの企業）が供給量をどのように決めているかを説明してきました。国内には多数の生産者がいます。国内のすべての生産者の供給量を足し合わせたものが，国内供給量になります。そして，価格と国内供給量の関係を表した曲線が国内供給曲線です。

　そこで，国内に1万人の生産者がいるとしましょう。衣服の価格が800円の

・生産者余剰＝収入－可変費用
　　　　　＝［収入－（可変費用＋固定費用）］＋固定費用
　　　　　＝利潤＋固定費用
・生産者余剰の増加（減少）　⇔　利潤の増加（減少）

図4-8　供給曲線と生産者余剰：1人の生産者

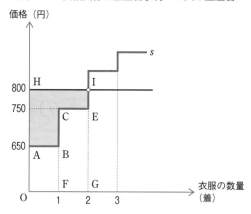

図4-9　スムーズな供給曲線と生産者余剰：1人の生産者

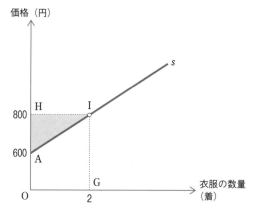

とき，どの生産者も1人当たり2着供給すると，国内供給量は2万着になります。また，衣服の価格が1000円のとき，どの生産者も1人当たり4着供給するなら，国内供給量は4万着になります。図4-10には，縦軸に衣服の価格（円），横軸に衣服の数量（万着）をとり，国内供給曲線Sを描いています。

国内供給曲線は，個々の生産者の供給曲線を水平方向に足し合わせたものです。また，各生産者の生産者余剰は金額で表されており，集計することもできます。つまり，国全体の生産者余剰は，価格を表す水平線と国内供給曲線に囲まれた部分の面積になります。（詳しくはWeb補論 レッスンS4.1を参照。）

国全体の生産者余剰を図4-10で見てみましょう。衣服の価格が1000円のとき，国内供給量は4万着になります。したがって，このときの生産者余剰は，△BFCの面積で表されます。（金額の導出はBox 4.12を参照。）

レッスン4.4　自由貿易下の利益

経済取引によって生じる国全体の利益（純便益）を表すものとして，総余剰を説明します。そして，自由貿易下の総余剰と，国際価格が変化したときの総余剰の変化を図で表します。

国全体の取引による利益

ここでは，経済取引によって国全体で生じる利益（純便益）のことを，その国の総余剰と呼びます。国全体の利益を測るためには，国内のすべての人々の利益を集計しなければなりません。

今，消費者と生産者が市場で取引をしていて，政府は何も政策を行っていない場合を考えてみましょう。上述したように，消費者は，財を購入して消費することで消費者余剰分の利益（純便益）を得ます。また，生産者は，財を供給して販売することで生産者余剰分の利益を得ます。レッスン1.2でも説明したように，生産者の利益は何らかの形で国内の人々に分配されるので，国全体の利益の一部になります。したがって，この場合，総余剰は，消費者余剰と生産者余剰を足し合わせたものになります。両者を足し合わせることができるのは，いずれも金額で表示されているからです。

図4-10　国内供給曲線と生産者余剰

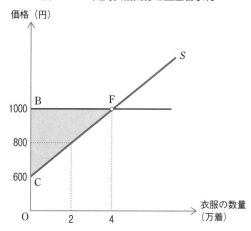

■Box 4.12　生産者余剰を求めてみよう■

　図4-10で，衣服の価格が1000円のときの生産者余剰を，次のようにして求めることができます。

　生産者余剰＝価格を表す水平線と供給曲線に囲まれた部分の面積
　　　　　　＝△BFCの面積
　　　　　　＝BFの長さ×BCの長さ÷2
　　　　　　＝4万着×（1000円－600円）÷2＝800万円

自由貿易下の輸入国の利益

自由貿易の下で，輸入国にどれだけの総余剰が生じるかを考えてみましょう（Box 4.13参照）。ここでは，国際取引に関わる輸送費や保険料などの費用はかからないとしておきます。このとき，国内の消費者と生産者は，世界市場での取引価格である国際価格で取引ができます。つまり，国内価格と国際価格は一致します。

なお，国際価格がどのようになるかは，自国が小国か大国かで異なります。小国は，その国の輸出量や輸入量が変化しても，世界市場における国際価格が変化しないような国のことをいいます。（Web補論 レッスンS1.1 参照。）これに対して，大国は，その国の輸出量や輸入量が変化すると，国際価格が変化するような国のことをいいます。本レッスンでは，自国が小国であれ大国であれ，均衡の国際価格が与えられたとして余剰を見ていきます。

衣服を輸入している国（輸入国）の総余剰を考えてみましょう。図4-11には，図4-1と同じ国内需要曲線 D と国内供給曲線 S を描いています。衣服の価格は円で表示され，横軸の1単位を1万着とします。輸入国になるのは，国際価格が，国内需要曲線 D と国内供給曲線 S の交点に対応する価格（自給自足の価格）よりも低いときです。

今，自由貿易下で，衣服の国際価格が1000円になっているとしましょう。このとき，国内価格も1000円なので，図4-11より，衣服の国内需要（消費）量は12万着で，国内供給（生産）量は4万着になります。したがって，この国は，両者の差の8万着（＝12万着－4万着）の衣服を輸入します。

では，このときの輸入国の余剰はどうなるでしょうか。この国の消費者は，1000円の価格で12万着消費するので，消費者余剰は△AEBの面積になります。また，国内の生産者は，1000円の価格で4万着の供給を行うので，生産者余剰は△BFCの面積になります。したがって，自由貿易下で価格が1000円のときの総余剰は，これら2つを足し合わせた金額なので，AEFCで囲まれた図形の面積になります。（金額の導出はBox 4.14を参照。）

なお，輸出国の場合についてはWeb補論 レッスンS4.2を参照してください。

国際価格の変化と輸入国の利益

国際価格の変化は，国内需要量，国内供給量，貿易取引量などに影響を与え，

　後の第5章と第6章では，関税や補助金などによって，政府が市場に介入する
ケースを扱います。

　課税の場合，政府に税収が入ってきます。その税収を何らかの形で国内の人々に
還元するとすれば，税収は国全体の利益の一部になります。よって，総余剰の計算
の際に，税収を加える必要があります。

　他方，政府が補助金を支出する場合，補助金を国内の人々が何らかの形（補助金
分だけ追加の課税など）で負担しなくてはなりません。よって，総余剰の計算の際
に，補助金を差し引く必要があります。

図4-11　自由貿易と総余剰：輸入国の場合

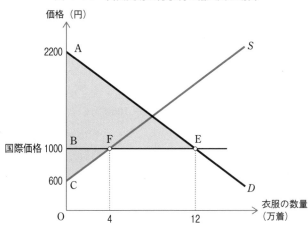

　図4-11で，衣服の価格が1000円のとき，消費者余剰は△AEBの面積，生産
者余剰は△BFCの面積なので，総余剰の大きさは次のようになります。

　　総余剰＝△AEBの面積＋△BFCの面積
　　　　　＝（BEの長さ×ABの長さ÷2）＋（BFの長さ×BCの長さ÷2）
　　　　　＝[12万着×（2200円－1000円）÷2]＋[4万着×（1000円－600円）÷2]
　　　　　＝7200万円＋800万円＝8000万円

総余剰も変化します。以下では，自由貿易の下で，国際価格の変化が輸入国の総余剰にどのような影響を与えるかを見ていきます。（輸出国の場合については Web 補論 レッスン S4.2 を参照。）

　衣服（輸入財）の国際価格が，1000 円から 900 円に下落したときの余剰の変化を，図 4-11 を再掲した図 4-12 で考えてみましょう。衣服の国際価格が 900 円になると，国内価格も 900 円になり，図 4-12 から，衣服の国内需要（消費）量は 13 万着，国内供給（生産）量は 3 万着になります。このときの総余剰は，消費者余剰（△AHL の面積 = 8450 万円）と生産者余剰（△LKC の面積 = 450 万円）を足し合わせた金額で，AHKC に囲まれた図形の面積 8900 万円になります。総余剰は，価格が 1000 円のときの 8000 万円（Box 4.14 参照）と比べると，900 万円増加しています。

　この総余剰の増加分は，図 4-12 において，FEHK に囲まれた台形の面積で表されます。それを，□FEIJ の面積，△EHI の面積，△FJK の面積の 3 つに分けることができます。以下では，それぞれについて詳しく見てみましょう。

　1 つ目の □FEIJ の面積で表された総余剰の増加は，衣服の国際価格が下落して，もともと輸入していた衣服を安く購入できるようになったことで生じています（Box 4.15 参照）。衣服の国際価格が 1000 円のときに，線分 FE の数量（8 万着）の衣服を輸入し，消費していました。この消費分は，価格が 900 円になっても輸入し，消費しています。つまり，この消費分について，購入価格が安くなった分だけ消費者余剰は増加しています。

　2 つ目の △EHI の面積で表された総余剰の増加は，国内の消費者の消費量が，12 万着から 13 万着に増加したことによって生じています。国内需要曲線上の線分 EH における高さは，限界支払意思額を表していて，その金額は 900 円よりも大きくなっています。よって，価格が 900 円になって衣服の消費量が 1 万着増えたことで，消費者は △EHI の面積の純便益を得ることができます。

　3 つ目の △FJK の面積で表された総余剰の増加は，国内の生産者が生産量を 4 万着から 3 万着まで減らし，消費者がその差の 1 万着分をより低いコストで生産できる（効率的な）外国の生産者から購入したことから生じています。価格が 1000 円のとき，国内の生産者には，その 1 万着分の衣服の生産から △GFK の面積の生産者余剰がありました。しかし，価格が 900 円になると，国内生産者はその 1 万着分の生産をやめるので，△GFK の面積の生産者余剰が失

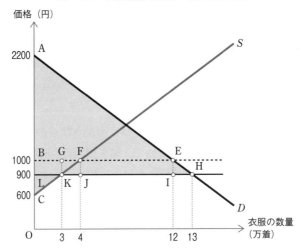

図4-12　国際価格の変化：輸入国の場合

■Box 4.15　交易条件効果■

　交易条件は，輸出財の価格を輸入財の価格で割った値です（交易条件＝輸出財の価格÷輸入財の価格）。部分均衡分析では，1つの輸入財（または輸出財）の市場しか考えません。ここでは，輸入財について考えているので，輸出財の価格を一定としてみましょう。このとき，輸入財の価格が下落すると，交易条件の値は大きくなり，交易条件は改善します。ある国で交易条件が改善すると，その国の経済厚生は高まります（Web補論 第1章参照）。ここでは，そのことが総余剰の増加として表れています。

　図4-12の□FEIJの面積に対応した効果は，交易条件効果と呼ばれています。□FEIJの面積は，「国際価格の変化の大きさ×当初の輸入量」です。もし当初は閉鎖経済で輸入量がゼロであれば，この効果もなくなります。しかし，当初の輸入量が多い場合，この効果も大きくなります（Web補論 レッスンS5.2とレッスン6.2を参照）。

われます。他方，その1万着分の衣服を，消費者は1000円ではなく900円で買えるので，図4-12の□GFJKの面積分だけ消費者の支払額は減ります。そして，その減った支払額と同じだけ消費者余剰は増加します。したがって，□GFJKから△GFKを差し引きすると，総余剰の増加分は△FJKになります。つまり，国内生産量の減少分を輸入で代替することによって，総余剰は△FJKの面積だけ増加します。

このように，輸入財の国際価格が安くなると，輸入国の貿易利益は増加します。これは，Web補論 レッスンS1.1で説明している交易条件の有利化による利益に相当します。

なお，輸入財の国際価格が高くなるときは，上記とは逆のこと（900円から1000円への価格上昇）が起きるときなので，輸入国の貿易利益は減少します。これは，交易条件の悪化による経済厚生の損失に相当します。

■■■■ 第4章 演習問題 ■■■■■■■■■■■■■■■■■■■■■■■■■■■■

1. 消費者余剰とは何か。また，（国内）需要曲線を用いると，その大きさをどのように表すことができるかを説明しなさい。
2. 生産者余剰とは何か。また，（国内）供給曲線を用いると，その大きさをどのように表すことができるかを説明しなさい。
3. 部分均衡分析では，国全体の利益（経済厚生）を表すのに，どのような尺度が使われるかを説明しなさい。
4. ［発展問題］　ある国における家電の国内需要量Dと国内供給量Sが，家電の国内価格をp（万円）として，それぞれ，$D = -2p + 18$，$S = 2p - 6$と表されるとする。なお，家電は自由貿易されているとする。
   (1) 横軸に家電の数量，縦軸に家電の価格をとり，家電の国内需要曲線Dと国内供給曲線Sを描きなさい。
   (2) 家電の国際価格が5万円であるとき，この国は家電を何単位輸入あるいは輸出するか。また，消費者余剰，生産者余剰，総余剰の値を求めなさい。（ヒント：上の(1)で描いた図に数値を入れて計算するとよい。）
   (3) 家電の国際価格が4万円に下がったときに，この国の総余剰はどれだけ増加あるいは減少するか。また，その理由を3つに分けて説明しなさい。

5 貿易政策の経済効果

個別の財の輸出や輸入は，貿易政策によってコントロールすることができます。本章では，輸入に関連する貿易政策として，関税政策と輸入数量制限を取り上げ，小国におけるそれらの経済効果について説明します。また，それらの貿易政策と国内生産補助金の経済効果を比較します。

Keywords

貿易政策，関税，輸入数量制限，国内生産補助金，従価関税，従量関税

レッスン5.1　輸入関連の貿易政策

　貿易政策とは何かを説明し，輸入に関連する貿易政策を紹介します。そのなかでも特に関税政策を取り上げ，関税のかけ方で関税政策を分類し，その違いについて説明します。

いろいろな貿易政策

　経済政策には様々なものがありますが，そのなかでも個別の財の貿易に対して適用される政策を貿易政策（trade policy）といいます。貿易政策には，輸入財や輸出財の価格の変化を通じて貿易取引量に間接的に影響を与えようとする政策と，貿易取引量を直接的にコントロールする政策とがあります。

　貿易政策以外にも貿易取引量に影響を与える経済政策があります。例えば，為替レートを操作することで，輸出量や輸入量に影響を与えることができます。ですが，為替レートの操作は，すべての財やサービスの輸出入に影響を与えるので，貿易政策には含まれません。同様のことは，マクロ的な財政・金融政策にも当てはまります。

　貿易政策のなかで輸入に関連する代表的な政策として，輸入に対して課税する関税（tariff）（あるいは輸入関税），輸入量の上限を決める輸入数量制限（あるいは輸入割当）があります。関税や輸入数量制限は，輸入を抑制することで国内産業を保護しようとする貿易政策です。また，貿易政策ではありませんが，国内生産を優遇して国内産業を保護する政策手段として，国内生産補助金があります。

　なお，輸出関連の貿易政策についてはWeb補論 第6章を参照してください。

関 税 政 策

　輸入を抑制する代表的な貿易政策である関税政策について紹介しましょう。関税とは，輸入国が輸入品に対して課す税のことです。関税は，そのかけ方によって，以下で説明する2種類に分けられます。

　輸入価格を基準にして課税する関税を従価関税といい，その大きさはパーセント（％）で表されます。例えば，ワイン（1リットル）の輸入価格（国際価

　輸入される商品は，日本の港や空港に到着後，税関を通ります。関税がかかっている商品は，関税を支払った後，国内に入って流通します。

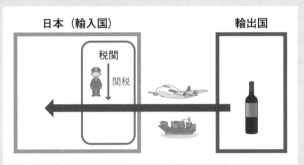

　本章で取り扱う貿易政策の対象は，商品に限られます。商品は，輸送されて税関を通るので，関税をかけることができます。

　なお，サービスも国際取引されますが，例えば，インターネットを通じたデータなどの輸入は税関を通らないので，関税を徴収していません。

　財の種類や加工度合い（HSコードによる分類）によって，関税は細かく設定されています。日本の現行の関税は，税関のホームページ「実行関税率表」や日本関税協会のホームページ「webタリフ」で調べることができます。

　例えば，コーヒーについては，煎ってあるものは12％の関税がかかりますが，煎っていないものは無税です。ワインを輸入するときに，一般には15％または1リットル当たり125円のいずれかの関税がかかります。ですが，2019年に発効した日・EU経済連携協定（EPA）を利用すれば，EU（欧州連合）からのワインの輸入については関税がゼロになります。また，豚肉には，差額関税制度と呼ばれる複雑な制度が用いられています（Web資料 第5章参照）。

■Box 5.1　非関税障壁■

　国内の様々な規制や制度なども，貿易取引に影響を与えます。例えば，ある国独自の自動車の排ガス規制などの環境・安全基準がある場合，その国の基準を満たさない自動車を輸入してその国の市場で販売することはできません。

　関税以外の貿易障壁は，非関税障壁といいます。非関税障壁には，輸入数量制限だけでなく，貿易を阻害する国内の規制や制度も含まれています。

格）が1000円で，15％の関税率の従価関税を課す場合，150円（＝1000円×0.15）の関税がかかります。そして，国内価格は，輸入価格（国際価格）に関税額を上乗せした値になります。この場合，1150円（＝1000円＋150円）になり，（1＋0.15）×1000円と表すこともできます。つまり，従価関税の場合，国内価格と国際価格の関係は，次のように表されます。

国内価格＝（1＋関税率÷100）×国際価格

なお，国際価格には，輸出国（輸出港）での船積み時点の価格であるFOB（free on board）価格と，輸送費や保険料を含んだCIF（cost, insurance and freight）価格があります。CIF価格は，輸送費や保険料が含まれているので，FOB価格よりも高くなります。したがって，同じ関税率でも，CIF価格を国際価格と見なしている方が，輸入1単位当たりの関税額は大きくなります。

他方，輸入数量を基準にして課税する関税を従量関税（じゅうりょう）といいます。例えば，ワイン1リットル当たり125円の関税を課すような場合です。この場合，国内価格と国際価格の関係は，

国内価格＝国際価格＋従量関税

となります。

従量関税の大きさは，従価関税の税率（％）で表すこともできます。すぐ上の従量関税の式は，次のように書き換えられます。

国内価格＝国際価格＋従量関税＝（1＋従量関税÷国際価格）×国際価格

上の従価関税の式と見比べると，「関税率÷100」が「従量関税÷国際価格」に対応していることが分かります。つまり，「関税率÷100＝従量関税÷国際価格」で，これを左辺が税率になるように書き換えると，次のようになります。

税率＝（従量関税÷国際価格）×100

これが従量関税を従価関税で表した税率（％）です。この式より，例えば，ワイン（1リットル）の国際価格が1000円で，従量関税を125円とすると，12.5％（＝（125円÷1000円）×100）が従価関税で表した税率になります。

従量関税の大きさが同じでも，それを従価関税の税率に換算するとき，国際価格が安いと税率は高くなり，逆に国際価格が高いと税率は低くなります。例えば，上の数値例で，従量関税は125円のままで，国際価格が500円になると，税率は25％（＝125÷500×100％＝0.25×100％）になります。また，国際価格が1250円になると，税率は10％（＝125÷1250×100％）になります。

■Box 5.2　適用される関税率■

　関税の大きさは，国内の法律や国際的な協定などで品目ごとに決められています。国内の法律で決められている税率は国定税率と呼ばれ，そのなかには開発途上国に対して特別に適用される特恵税率もあります。また，国際的な協定で決められている税率は，協定税率と呼ばれます。このなかには，WTO（世界貿易機関）で決められている上限の税率（譲許税率）や地域貿易協定を締結した国・地域からの輸入だけに適用可能な税率があります。

　基本的には，国定税率と協定税率のうち低い方の関税率が適用されます。実際に適用される関税率は，実行関税率と呼ばれます。ただし，特恵税率や協定税率を用いる場合には，一定の要件を満たす必要があります。

■Box 5.3　特 殊 関 税■

　通常は課されておらず，ある特別な事情が生じた場合に課すことができる関税は，特殊関税と呼ばれます。特殊関税には，相殺税，不当廉売関税（ダンピング防止税），緊急関税，報復関税があります。

　相殺関税は，輸出国の国内企業が輸出国から補助金を受けて安い価格で輸出した場合に，輸入国が課す追加の関税（割増関税）です。この関税は，輸出国の補助金によって，輸入国の産業が重大な損失を被るのを防ぐためのものです。

　不当廉売関税は，輸出国の企業が不当に安い価格で輸出（ダンピング）した場合に，輸入国が課す割増関税です。輸出国の国内で販売する価格よりも低い価格で輸出される場合，ダンピングとなります。この関税は，ダンピングによって，輸入国の産業に重大な損失が生じるのを防ぐためのものです。

　緊急関税は，何らかの事情で輸入が急増した場合に輸入国が課す割増関税です。これはセーフガード措置とも呼ばれます。輸入が急増した理由について限定はしていません。日本では，牛肉などの一部の農産品について，輸入の増加が一定の割合に達した場合，自動的に緊急関税を課すことができるようになっています。緊急関税は，輸入の急増によって，輸入国内の産業に損失が生じるのを防ぐための関税です。

　報復関税は，貿易相手国がWTOのルールに反する貿易措置を取り，自国に不利益が生じるような場合に課すことができる割増関税です。

多くの商品については，従価関税か従量関税の一方だけが決められています。日本のワインの場合には，従価関税と従量関税の両方があり，いずれか税率の低い方が適用されます。例えば，ワインの国際価格が1000円の場合には，従量関税は1リットル当たり125円なので，税率は12.5％になります。従価関税の税率は15％なので，税率が低い方の従量関税が適用されます。なお，1リットル当たりの税額で比較しても，どちらが適用されるかは同じになります。

　他の関税のかけ方として，一定の輸入量までは無税あるいは低率の関税を課し，その一定の輸入量を超えると高い関税を課すような制度もあります。これは関税割当と呼ばれます（Case Study 5.2 参照）。

レッスン5.2　関税の経済効果：小国の場合

　小国において，関税を課すこと（賦課）が，国内消費量，国内生産量，輸入量などの資源配分に及ぼす影響を図で表します。また，関税の賦課によって，その国の余剰がどのように変化するかを説明します。

国内消費・生産と輸入への影響

　自国は小国で，衣服（例えばシャツ）を輸入しているとして，関税が自国の経済に与える影響を考えてみましょう。衣服は，自国の国内生産者によって供給されるとともに，国内での不足分を外国から輸入しているとします。また，国内外の生産者は，同質的な衣服を生産し，競争的な市場で取引を行っているとします。さらに，衣服の国際取引には，輸送費や保険料などの費用はかからないとしておきます。（大国の場合はWeb補論 レッスンS5.2を参照。）

　図5-1には，自国の衣服の国内需要曲線 D と国内供給曲線 S が描かれています。衣服の価格は，国内価格だけでなく国際価格も円で表示され，衣服の国際価格を1000円としておきます。また，衣服1単位を1万着とします。小国なので，関税をかけて輸入量が変わっても国際価格は一定です。

　自由貿易が行われている場合，自国の消費者と生産者が直面する価格（国内価格）は，国際価格と同じ1000円になります（レッスン4.4参照）。このとき，図5-1より，自国の消費者は衣服を12万着需要（消費）し，自国の生産者は

図 5-1　関税賦課前（自由貿易下）の資源配分

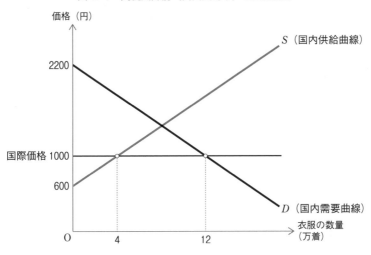

衣服を4万着供給（生産）します。そして，輸入量は，国内需要量から国内供給量を引いた8万着（＝12万着−4万着）になります。

　今，自国が衣服の輸入1単位当たり200円の従量関税を課すとしましょう。自国の国内価格は，国際価格に関税分を上乗せした1200円（＝1000円＋200円）となります。これは以下のように説明することができます。もし国内価格が1200円よりも高い1300円だとすると，関税を支払った後（関税控除後）に外国の生産者が受け取る価格は1100円（＝1300円−200円）となり，国際価格1000円よりも高くなります。このため，外国の生産者は，自国にいくらでも輸出しようとします。その結果，自国の衣服市場で超過供給が発生して，国内価格は下落してすぐに1200円になるはずです。（このときの関税控除後の価格は1000円です。）逆に，国内価格が1200円よりも低ければ，関税控除後の価格は1000円よりも低くなるので，外国の生産者は誰も自国に輸出しようとしません。よって，供給が不足し，国内価格は上昇するはずです。このような調整によって，自国の衣服の国内価格は1200円になります。

　図5-2では，図5-1と同じ図に，1200円の価格を表す水平線（実線）を追加しています。関税賦課後に，自国の国内価格が1200円になると，自国の消費者は衣服を10万着需要し，生産者は6万着供給するとしています。そして，輸入量は，両者の差の4万着（＝10万着−6万着）になります。このように，関税によって国内価格が上昇すると，国内需要量は減少し，国内供給量は増加するため，輸入量は減少します。

余剰の変化

　まず，自由貿易下の総余剰を，図5-1に記号を追加した図5-3で考えてみましょう（レッスン4.4参照）。自由貿易のとき，国内価格は1000円で，国内需要量が12万着，国内供給量は4万着です。よって，消費者余剰は△AEBの面積で7200万円（＝12万着×1200円÷2），生産者余剰は△BHCの面積で800万円（＝4万着×400円÷2）になります。したがって，自由貿易下の自国の総余剰は，消費者余剰と生産者余剰を足し合わせた8000万円（＝7200万円＋800万円）になります。

　次に，関税賦課後の総余剰を見てみましょう。関税賦課後には，関税が徴収され，その税収は自国の政府に入ってきます。簡単化のために，政府は関税収

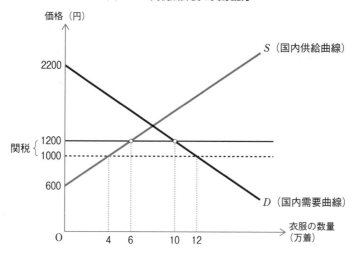

図 5-2　関税賦課後の資源配分

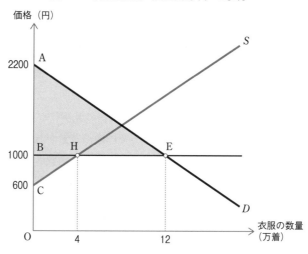

図 5-3　関税賦課前（自由貿易下）の余剰

入をそのまま一括して消費者に返還したとすると，それは国内の人々の利益になります。したがって，関税収入がある場合，

総余剰＝消費者余剰＋生産者余剰＋関税収入

となります（Box 4.13参照）。

　関税賦課後は，上述のように，自国における衣服の国内価格は1200円で，衣服の国内需要量は10万着，国内供給量が6万着，そして輸入量は4万着になります。このときの総余剰を，図5-2と同じ図を描いた図5-4で考えてみましょう。消費者余剰は△AILの面積5000万円，生産者余剰は△LJCの面積1800万円となります。また，関税収入は□JIFGの面積800万円です。よって，関税賦課後，この国の総余剰は7600万円（＝5000万円＋1800万円＋800万円）になります。（金額の導出はBox 5.4を参照。）

　したがって，関税の賦課によって，総余剰は自由貿易のときと比べて400万円（＝8000万円－7600万円）減少しています。自由貿易と関税賦課後の各余剰の大きさと総余剰の減少分を，表5-1にまとめています。一般的に，小国の場合には，関税の賦課によって総余剰は必ず減少します。つまり，国全体で見たときに，関税の賦課は小国にとって望ましくないといえます。

余剰の変化の要因

　自由貿易のときと関税賦課後の総余剰を表す図5-3と図5-4を比較すると，関税の賦課によって，総余剰が減少した部分は2つあることが分かります。図5-4で見ると，1つは△IEFで，もう1つは△JGHです。これらの総余剰の減少は，どのような要因によって生じたのかを以下で説明します。

　まず，図5-4の△IEFの面積で表された余剰の減少について見てみましょう。その余剰の減少は，関税の賦課によって国内消費量が減少したことから生じています。関税が課せられると国内価格は上昇し，消費者はより高い価格を支払わなくてはいけなくなり，消費量は減少します。自由貿易のときには，10万着から12万着までの2万着分について，消費者は△IEFの面積の純便益を得ていました。関税の賦課によって，2万着分の消費が減少し，その消費の減少分に対応する純便益△IEFが失われるため，総余剰が減少しています。つまり，関税により消費の非効率性（もっと消費できていたのに消費が減ったこと）が生じたことで，総余剰は減少します。

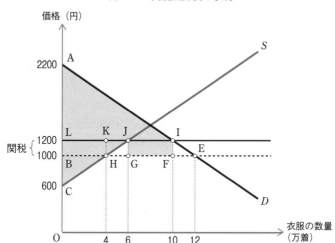

図 5-4　関税賦課後の余剰

■Box 5.4　総余剰を求めてみよう：関税の場合■

　図 5-4 で，衣服の国際価格が 1000 円で，200 円の従量関税が課せられている
とします。このとき，
　消費者余剰＝△AIL の面積＝10 万着×（2200 円－1200 円）÷2＝5000 万円
　生産者余剰＝△LJC の面積＝6 万着×（1200 円－600 円）÷2＝1800 万円
　関税収入＝□JIFG の面積＝（10 万着－6 万着）×200 円＝800 万円
となります。よって，総余剰は次のようになります。
　総余剰＝消費者余剰＋生産者余剰＋関税収入＝7600 万円

表 5-1　関税の賦課と余剰の変化

	消費者余剰	生産者余剰	関税収入	総余剰の変化分
自由貿易	△AEB	△BHC	なし	
関　税	△AIL	△LJC	□JIFG	－（△IEF＋△JGH）

次に，図5-4の△JGHの面積で表された余剰の減少は，関税の賦課によって，国内生産量が4万着から6万着に増加したことから生じています。自由貿易下では，国内生産者はこの2万着分を生産していません。関税賦課後，その2万着の国内生産の増加によって，△KJHの面積の生産者余剰が生じます。しかし，関税によって国内価格は200円高くなり，消費者はその2万着の衣服に対して□KJGHの面積分だけ支払いが多くなり，それだけ消費者余剰は減少します。したがって，□KJGHから△KJHを引くことで，△JGHの面積だけ総余剰が減少することが分かります。

一見すると，国内生産が増加することは，その国にとって望ましいことのように思えます。しかし，国全体で考えると，外国の生産者よりも高い価格でしか供給できない国内の生産者の生産が増えることで，総余剰は減少してしまいます。つまり，関税により生産の非効率性（高いコストでの生産への代替）が生じたことで，総余剰は減少しています（Close Up 5.1 参照。）

レッスン5.3　輸入数量制限の経済効果：小国の場合

小国における輸入数量制限が，国内消費量や国内生産量などの資源配分に及ぼす影響を図に表します。また，輸入数量制限によって，その国の余剰がどのように変化するかを説明します。

国内消費・生産と輸入への影響

輸入数量制限は，輸入量の上限（輸入枠）を決めて，直接的に輸入量を制限する政策です。レッスン5.1で紹介した関税割当も，一定量を超える輸入に対して非常に高い関税を課して，それ以上の輸入が行われないようにすることが可能です。その場合，関税割当は，実質的には輸入数量制限と同じ政策になるといえます。

以下では，レッスン5.2と同様に，衣服を輸入している小国を想定して，輸入数量制限の経済効果を見てみましょう。

衣服の国際価格を1000円とします。小国なので，この国際価格は常に一定です。レッスン5.2で示したように，自国における衣服の国内需要曲線Dと国

　ここでは，外国の生産者の限界費用と比べて自国の生産者の限界費用が高いとき，自国の生産は外国と比べて非効率と呼んでいます。この場合，外国からの供給が自国の生産者の供給に置き換わることで，総余剰は減少します。これは，以下のように説明することもできます。

　自由貿易下で，自国の消費者が外国の生産者から衣服を1着購入することによる総余剰は，消費者余剰だけになり，その大きさは「限界支払意思額 − 国際価格」となります。競争的な市場において，外国の生産者は価格と限界費用が等しくなるように生産しています（国際価格＝外国の生産者の限界費用）。よって，自国において，衣服1着を輸入したとき，

　　　衣服1着から生じる総余剰＝限界支払意思額 − 外国の生産者の限界費用

になります。

　他方，関税賦課後，自国の消費者が自国の生産者から衣服を1着購入することによる総余剰は，衣服1着分の「消費者余剰 + 生産者余剰」です。つまり，それは「（限界支払意思額 − 国内価格）+（国内価格 − 自国の生産者の限界費用）」になります。国内価格は相殺されるので，書き換えると，次のようになります。

　　　衣服1着から生じる総余剰＝限界支払意思額 − 自国の生産者の限界費用

　したがって，関税の賦課によって，衣服1着の供給が外国の生産者から自国の生産者の供給に置き換わると，総余剰は，上の2本目の式から1本目の式を引いた分だけ変化します。つまり，その総余剰の変化は，「（限界支払意思額 − 自国の生産者の限界費用）−（限界支払意思額 − 外国の生産者の限界費用）」となります。限界支払意思額は相殺されるので，書き換えると，

　　　総余剰の変化＝外国の生産者の限界費用 − 自国の生産者の限界費用

となります。

　つまり，自国の生産が外国と比べて非効率であるとき（外国の生産者の限界費用 < 自国の生産者の限界費用），外国の生産者からの供給が自国の生産者の供給に置き換わると，衣服1着当たり両者の限界費用の差だけ総余剰は減少します。そして，両者の差が大きいほど，総余剰の減少幅は大きくなります。

内供給曲線 S（点線）が描かれた図5-5より，自由貿易の場合，自国の衣服の国内消費量は12万着，国内生産量は4万着なので，輸入量は8万着になります。

　今，自国が輸入量の上限を4万着とする輸入数量制限を行ったとします。もし国内価格が1000円のままだとすると，消費者は12万着消費したいのですが，国内で生産された4万着と上限の輸入量4万着を合わせた8万着しか国内に供給されません。8万着は図5-5の実線 S' の水平部分の長さに相当します。よって，国内市場では超過需要が生じ，国内価格は上昇するでしょう。

　自国の国内価格が1000円（＝国際価格）よりも高くなると，外国の生産者は，自国にできるだけ多く輸出してもうけようとします。しかし，輸入数量制限下で外国の生産者が輸出できる量は，4万着までです。このため，自国市場には，国内供給量に輸入量の上限を加えた分だけしか供給されません。つまり，図5-5において，1000円よりも高い国内価格については，国内供給曲線 S（点線）を輸入数量制限分だけ右に平行移動した実線 S' の右上がりの部分が，自国市場における総供給量（＝国内供給量＋輸入量）を表すことになります。

　なお，自国の国内価格が国際価格1000円よりも低い場合，外国の生産者だけでなく自国の生産者も，自国市場に供給するよりも国際市場に供給する方が高い価格で販売できるので，誰も自国市場に供給しようとしません。よって，国際価格1000円よりも低い国内価格では，自国市場の総供給量はゼロになります（図5-5の実線 S' の垂直部分）。

　輸入数量制限下では，国内需要量と総供給量が等しくなるところで国内市場は均衡します。図5-5には，国内価格と総供給量の関係を表した輸入数量制限下の供給曲線 S'（実線）を描いています。このとき，国内需要曲線 D と輸入数量制限下の供給曲線 S' が交わる点 I が均衡点になります。均衡での国内価格は1200円になり，国内消費量は10万着，国内生産量は6万着，そして輸入量は輸入数量制限で設定した4万着になります。

　輸入数量制限が行われると，国内価格は国際価格よりも高くなります。両者の差額は誰が受け取るのでしょうか。自国内の輸入業者に輸入枠の割当が行われたとすると，その自国の輸入業者が輸入する権利を持ちます。このとき，自国の輸入業者は，外国から国際価格1000円で衣服を輸入して，自国市場において1200円で販売できます。つまり，自国の輸入業者は，輸入する衣服1着当たり200円（＝1200円－1000円）の利益を得られます。

◆ *Case Study 5.3* **輸入数量制限（輸入割当）とGATT/WTOのルール**

　輸入数量制限は，GATT/WTOのルールで，原則として禁止されているため，日本で対象となる品目は限られています。（GATT/WTOについてはレッスン6.1を参照。）例えば，身近な水産物（アジ，サバ，イカ，ノリなど18品目）が対象に含まれています。輸入数量制限では，輸入できる数量（または金額）の上限を定め，その限度内において，個々の輸入業者に輸入の限度数量（または金額）を割り当てます。詳しくは経済産業省のホームページ「水産物の輸入割当て」を参照してください。

　日本のコメの場合，一定の数量のMA（ミニマム・アクセス）米については無税で輸入でき，国家貿易（国が管理する貿易）になっています。ところが，それ以上の輸入に対しては，1キロ当たり341円の関税が課せられています（2023年現在）。MA米を超える輸入に対しては非常に高い関税がかかるため，実際にはMA米を超える輸入はほとんど行われていません。このような場合，関税化されたといっても，実質的には輸入数量制限と同じになっているといえます。

図5-5　**輸入数量制限後の資源配分**

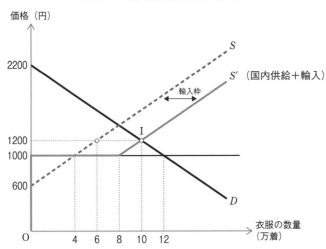

余剰の変化とその要因

　輸入数量制限が行われているときの総余剰を考えてみましょう。自国の輸入業者は，自国の経済主体の1つなので，輸入業者の利益を総余剰に加えなければなりません。（外国の貿易会社に輸入枠の割当が行われる場合，外国の貿易会社は自国の経済主体ではないので，外国の貿易会社の利益は自国の総余剰には含めません。）つまり，輸入数量制限下の総余剰は，輸入の権利を自国の輸入業者が持つ場合，次のようになります。

総余剰＝消費者余剰＋生産者余剰＋輸入業者の利益

　図5-5と同じ図5-6では，輸入数量制限後，自国の消費者は1200円で衣服を10万着消費するので，消費者余剰は△AILの面積5000万円になります。自国の生産者は1200円で衣服を6万着生産するので，生産者余剰は△LJCの面積1800万円になります。また，自国の輸入業者は，輸入1単位当たり国内価格と国際価格の差額の200円だけ利益を得ており，輸入量は4万着なので，輸入業者の利益は□JIFGの面積800万円になります。よって，輸入数量制限の下で，自国の総余剰は7600万円になります。（金額の導出はBox 5.5を参照。）

　前レッスンの図5-3より，自由貿易のときの総余剰は8000万円なので，輸入数量制限によって総余剰は400万円（＝8000万円－7600万円）減少します。なお，自由貿易のときと比べた総余剰の変化とその要因は，関税の場合と同様に説明することができます（表5-2参照）。

　それでは，輸入数量制限後と従量関税賦課後の余剰の大きさを比較してみましょう。ただし，従量関税は，輸入数量制限後の国内価格と国際価格の差額200円に等しいとしておきます。関税賦課後の図5-2の国内価格，国内消費量，国内生産量，輸入量の値は，いずれも図5-6の輸入数量制限のときと同じになっています。したがって，消費者余剰も生産者余剰も同じ大きさになります。

　関税と輸入数量制限の違いは，国内価格と国際価格の差額を受け取る主体が異なることです。関税の場合，その差額は関税なので政府の収入になります。他方，輸入数量制限の場合，その差額は国内の輸入業者の利益になります。

　このような違いはありますが，関税収入と輸入業者の利益は，それぞれ総余剰に加算されます。どちらも同じ金額なので，総余剰も同じになります。つまり，輸入数量制限によって生じる国内価格と国際価格の差額と同額の従量関税を課す場合，輸入数量制限と関税では同じ総余剰になります。

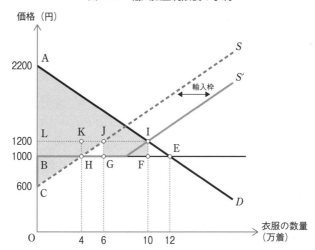

図 5-6　輸入数量制限後の余剰

■Box 5.5　総余剰を求めてみよう：輸入数量制限の場合■

図5-6で，衣服の国際価格が1000円で，4万着の輸入数量制限が行われているとします。このとき，国内価格は1200円になるので，
　消費者余剰＝△AILの面積＝10万着×（2200円－1200円）÷2＝5000万円
　生産者余剰＝△LJCの面積＝6万着×（1200円－600円）÷2＝1800万円
　輸入業者の利益＝□JIFGの面積＝（10万着－6万着）×200円＝800万円
となります。よって，総余剰は次のようになります。
　総余剰＝消費者余剰＋生産者余剰＋輸入業者の利益＝7600万円

表 5-2　輸入数量制限の導入と余剰の変化

	消費者余剰	生産者余剰	輸入業者の利益	総余剰の変化分
自由貿易	△AEB	△BHC	なし	
輸入数量制限	△AIL	△LJC	□JIFG	－（△IEF＋△JGH）

レッスン5.4 国内生産補助金の経済効果：小国の場合

　自由貿易の下で国内産業を保護する政策として，国内生産補助金を取り上げます。関税や輸入数量制限と同じ国内生産量を達成する国内生産補助金が，余剰に及ぼす影響を示し，関税や輸入数量制限との違いを説明します。

国内消費・生産と輸入への影響

　国内生産補助金が，国内消費量・生産量や輸入量に与える影響を考えてみましょう。これまでのレッスンと同様に，自国は小国で，衣服の輸入国とします。国内生産補助金の効果に焦点を当てるので，関税や輸入数量制限は課されておらず，自由貿易が行われているとします。

　図5-7には，これまでと同じ衣服の国内需要曲線Dと国内供給曲線Sを描いています。自由貿易なので，衣服の国際価格を1000円とすると，自国の国内価格も1000円になります。

　今，自国の政府が，国内生産1着当たり200円の国内生産補助金を支出するとします。自国の生産者は，衣服を1着生産して販売すると，国内価格1000円に補助金200円を上乗せした1200円を受け取れます。言い換えると，国内生産者が直面する（補助金込みの）価格は1200円です。したがって，自国の生産者は，6万着まで衣服を供給（生産）します。他方，自国の消費者が直面する価格は国内価格1000円なので，12万着需要（消費）します。このときの輸入量は両者の差の6万着になります。

　このように，国内生産補助金の支給後の国内生産量は，200円の関税（レッスン5.2）や4万着の輸入数量制限（レッスン5.3）のときと同じになります。つまり，これら3つの政策によって，すべて同じ国内生産量を達成することができます。

余剰の変化とその要因

　国内生産補助金が支出されたときの総余剰を考えてみましょう。政府が国内生産補助金を支出するためには，国内の誰かからその原資を調達してくる必要があるので，その分だけ国内の人々の利益は減少します。そこで，国内生産補

■Box 5.6　WTOにおける補助金の取り扱い■

　補助金には様々なものがあります。WTOで禁止されている補助金（禁止補助金）には，輸出補助金と国内産品優先補助金があります。輸出補助金とは，文字通り，輸出するともらえる補助金のことです。また，国内産品優先補助金は，国内で生産された部品のみを用いて製品を生産した場合などにもらえる補助金のことです。

　上の2つの補助金以外に，特定の企業や産業に限定された補助金（特定性のある補助金）もあります。例えば，自国の特定の産業を保護するために，その産業の国内企業にだけ補助金を与えるような場合です。この補助金については，他国に悪影響を及ぼしたときには，WTOから補助金の廃止や損害などの悪影響を取り除くように勧告されることがあります。

　なお，詳しくは経済産業省のホームページ「不公正貿易報告書」を参照してください。

図 5-7　国内生産補助金後の資源配分

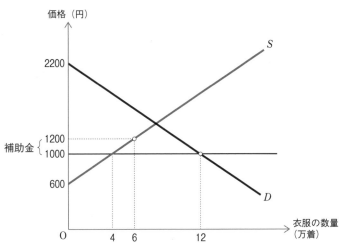

助金がある場合の総余剰は,

総余剰＝消費者余剰＋生産者余剰－補助金総額

となります。

　図5-7と同じ図5-8において, 自国の消費者は1000円の価格で12万着を消費するので, 消費者余剰は△AEBの面積7200万円になります。自国の生産者は, (補助金込みの) 価格1200円で6万着を生産するので, 生産者余剰は△LJCの面積1800万円になります。また, 補助金総額は□LJGBの面積1200万円です。よって, 国内生産補助金の場合, 自国の総余剰は7800万円 (＝7200万円＋1800万円－1200万円) になります。(金額の導出はBox 5.7を参照。)

　重要なことは, 同じ国内生産量6万着を達成する関税あるいは輸入数量制限のときの総余剰7600万円と比べると, 国内生産補助金の場合では, 総余剰が200万円 (＝7800万円－7600万円) 多くなっているということです。

　国内生産補助金がある場合とない場合を比べると, 総余剰は, 国内生産補助金の支給後に図5-8の△JGHの面積だけ減少しています。国内生産補助金の場合, 消費者が直面する価格は自由貿易のときと同じなので, 関税や輸入数量制限のときの消費の減少による余剰の損失 (△IEF) は出てきません。つまり, 国内生産補助金は, 関税や輸入数量制限よりも少ない余剰の損失で, 同一の国内生産量を達成することができます。

　表5-3には, 関税と国内生産補助金の場合について, 各余剰の大きさと総余剰の変化分をまとめています。

　総余剰の変化の要因は以下の通りです。関税や輸入数量制限の場合には, 消費と生産の非効率性が生じていました。これに対して, 国内生産補助金の場合には, 生産の非効率性だけが生じていて, 消費の非効率性は生じていません。なぜなら, 自由貿易なので, 消費者が支払う価格は変わっておらず, 消費量も変化していないからです。このため, 総余剰の減少は△JGHの面積だけになっています。

　総余剰の大きさの観点からは, 輸入国にとって, 関税や輸入数量制限よりも国内生産補助金の方が望ましいといえます。国内生産量の拡大という目的を達成するには, 消費と生産の両面に影響を与える貿易政策よりも, その目的に直接的に効く国内生産補助金の方が総余剰の減少を抑えられるのです。

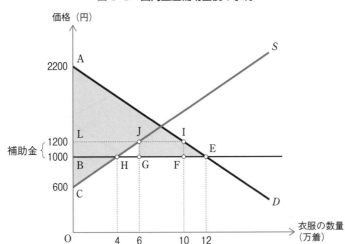

図 5-8　国内生産補助金後の余剰

■Box 5.7　総余剰を求めてみよう：国内生産補助金の場合■

　図 5-8 で，衣服の国際価格が 1000 円で，国内生産 1 単位当り 200 円の国内生産補助金が支給されているとします。このとき，消費者は 1000 円で衣服を購入でき，国内生産者にとって補助金込みの価格は 1200 円になるので，
　消費者余剰＝△AEB の面積＝ 12 万着×（2200 円－1000 円）÷2 ＝ 7200 万円
　生産者余剰＝△LJC の面積＝ 6 万着×（1200 円－600 円）÷2 ＝ 1800 万円
　補助金総額＝□LJGB の面積＝ 6 万着× 200 円＝ 1200 万円
となります。よって，総余剰は次のようになります。
　総余剰＝消費者余剰＋生産者余剰－補助金総額＝ 7800 万円

表 5-3　関税と国内生産補助金の余剰の比較

	消費者余剰	生産者余剰	政府の税収（＋） 政府の支出（－）	総余剰の変化分 （関税との比較）
関　税	△AIL	△LJC	＋□JIFG	
国内生産補助金	△AEB	△LJC	－□LJGB	＋△IEF

1. 従価関税と従量関税について，それぞれ国内価格と国際価格がどのような関係
で表わされるかを説明しなさい。

2. 輸入国が小国の場合，関税を賦課するとその国の総余剰が減少する要因を2つ
説明しなさい。

3. 図には，ある小国のバイクの国内需
要曲線 D と国内供給曲線 S が描か
れている。縦軸にバイクの価格（万
円），横軸にバイクの数量（台）を
とっている。自由貿易のときの国際
価格は90万円で，輸入1台当たり
10万円の従量関税を課すとする。

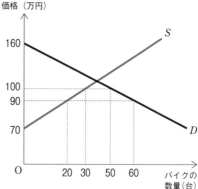

(1) 関税の賦課によって，輸入量
は自由貿易のときと比べて何
台増加あるいは減少するか。

(2) 関税の賦課によって，消費者余剰，生産者余剰，総余剰は，自由貿易のと
きと比べて，それぞれいくら増加あるは減少するか。

(3) 10万円の従量関税を課したときと同じ輸入量を上限とする輸入数量制限
を行った場合，国内価格，国内需要量，国内供給量はいくらになるか。ま
た，そのときの消費者余剰，生産者余剰，総余剰の値を求めなさい。

(4) 同量の輸入量をもたらす関税と輸入数量制限は，余剰の面で何が違うか。

4. [発展問題]　ある小国における家電の国内需要量 D と国内供給量 S が，家電の
国内価格を p（万円）として，それぞれ，$D = -2p + 18$，$S = 2p - 6$ と表さ
れるとする。なお，家電の国際価格は5万円とする。

(1) 自由貿易のときの消費者余剰，生産者余剰，総余剰の値を求めなさい。
（ヒント：第4章 演習問題4(2) で描いた図を参考にするとよい。）

(2) 家電の輸入1単位当たり1万円の従量関税を課したとする。このときの消
費者余剰，生産者余剰，総余剰の値を求めなさい。
（ヒント：上の(1)で用いた図に数値を入れて計算するとよい。）

6

貿易・投資の自由化

　本章では，貿易や投資の自由化の経済効果について説明します。貿易の自由化は，多角的貿易自由化から，地域貿易協定による特定の国・地域内での貿易自由化に中心が移ってきています。GATT／WTO の原則に触れつつ，その２つの貿易自由化の経済効果を比較します。また，世界では，財やサービスの取引だけでなく，資本の取引（移動）も行われています。そこで，国際的な資本取引の自由化の経済効果についても説明します。

Keywords

GATT，WTO，最恵国待遇，地域貿易協定，貿易創出効果，貿易転換効果，国際資本移動，対外直接投資，対内直接投資，資本の限界生産物（価値）

レッスン6.1　多角的貿易自由化

　GATT/WTOの無差別原則を紹介し，GATT/WTOによる輸入品の多角的貿易自由化の経済効果について説明します。

GATT/WTOの無差別原則

　戦後の貿易自由化は，GATT（General Agreement on Tariffs and Trade：関税及び貿易に関する一般協定）の下で，多国間による貿易交渉を通じて行われてきました。多国間による貿易自由化を多角的貿易自由化といいます。1995年にはWTO（World Trade Organization：世界貿易機関）が設立され，GATTの原則に基づいて貿易の自由化を行おうとしています。

　GATT/WTOでは，最も有利な待遇をすべてのWTO加盟国に与えるという最恵国待遇の原則が用いられています。この原則に従うと，例えば，WTO加盟のA国，B国，C国の3カ国の間で，A国がある財に関税を課す場合，B国からの輸入に10％の関税，C国からの輸入には20％の関税を課すことは認められません。このとき，最も有利な待遇は10％の関税で，これをC国からの輸入にも適用しなくてはなりません。つまり，最恵国待遇の原則の下では，輸入国がある財に対して設定する最も低い関税率を，すべてのWTO加盟国に適用することになります。したがって，この原則に従って貿易自由化が行われると，多国間での貿易自由化，すなわち多角的貿易自由化が達成されることになります。

多角的貿易自由化の経済効果

　最恵国待遇の原則に従った関税の引き下げの効果を，次のような例で考えてみましょう。A国は，B国とC国から衣服を輸入できるとします。これら3カ国はWTOの加盟国とします。よって，3カ国は最恵国待遇の原則に従います。3カ国の生産者は，同質的な衣服を生産し，競争的な市場で取引を行っているとします。また，衣服の国際取引には，輸送費や保険料などの費用はかからないとしておきます。

　ここでは，A国に対して，B国の生産者は衣服を900円で供給でき，C国の生産者は1000円で供給できるとします。つまり，B国の生産者の方が，低いコ

◆ Case Study 6.1　WTO（世界貿易機関）とは

GATTは1948年に発効し，日本は1955年に加盟しました。

WTOは，GATTの貿易交渉（ウルグアイ・ラウンド）で創設が決まり，1995年に設立されました。WTO本部（右の写真）は，スイスのジュネーブにあります。

2023年現在で，164の国や地域がWTOに加盟しています。WTOは，商品貿易の自由化だけでなく，サービス貿易，知的所有権，環境と貿易など，幅広い分野の貿易ルールも扱っています。また，加盟国間で生じた貿易紛争を解決するための制度も設けられています。

レマン湖のほとりにあるWTO本部
（出所）　Wikimedia Commons
（撮影：Photo Lightmotif/Blatt.）

◆ Case Study 6.2　GATT/WTOの貿易交渉

GATTやWTOの貿易交渉はラウンドと呼ばれ，各ラウンドで多国間による貿易自由化の交渉が行われます。第1回の貿易交渉は，1947年に23カ国が参加して行われました。その後のケネディー・ラウンド（1964年-1967年）や東京ラウンド（1973年-1979年）では，鉱工業品の関税が大幅に引き下げられました。また，ウルグアイ・ラウンド（1986年-1994年）では，日本の農産物の自由化（関税化）などが決まりました。

WTOの下で，2001年からドーハ・ラウンド（ドーハ開発アジェンダ）が始まりました。交渉が難航するなか，2017年には「貿易円滑化協定」（税関手続きの迅速化・簡素化など）が発効しました。2022年には「漁業補助金協定」（違法な漁業，報告されていない漁業および規制されていない漁業につながる補助金の禁止など）が採択されました。その他の分野では，2023年現在でもまだ交渉が続いています。

なお，GATT/WTOの貿易交渉が長期化するなかで，1990年代からは，特定の国・地域の間で貿易自由化を行う地域貿易協定の締結が急増しています（レッスン6.2参照）。

■Box 6.1　輸出の制限と促進■

輸入だけでなく，輸出もすべて自由に行われているわけではありません。つまり，輸出を禁止・制限するような規制・政策や，逆に輸出を促進する規制・政策もあります。これらについては，Web補論 第6章を参照してください。

ストで生産でき，C国の生産者と比べて効率的です（図6-1参照）。なお，両国の供給価格（国際価格）は一定であるとします。

　まず，A国は，最恵国待遇の原則に従って，両国からの衣服1着当たりに200円の関税を課す場合を考えてみましょう。B国から衣服を輸入すると，A国での国内価格は，輸入価格に関税を足し合わせて1100円（＝900円＋200円）になります。他方，C国から衣服を輸入すると，A国での国内価格は1200円（＝1000円＋200円）になってしまいます。よって，C国から輸入するよりもB国から輸入する方が安いので，A国はB国から衣服を輸入し，C国からは輸入しません。

　A国の衣服の国内需要曲線Dと国内供給曲線Sは，図6-2のように描かれるとします。A国はB国から衣服を輸入するので，A国での衣服の国内価格は1100円になります。よって，A国の国内消費量は11万着，国内生産量は5万着となり，両者の差の6万着をB国から輸入します。このとき，A国の消費者余剰は△AIKの面積6050万円（＝11万着×1100円÷2），生産者余剰は△KJCの面積1250万円（＝5万着×500円÷2）になります。また，関税収入は□JIMNの面積1200万円（＝6万着×200円）となります。したがって，総余剰は，これら3つを足し合わせた8500万円となります。

　次に，A国がC国に対する関税を撤廃し，最恵国待遇の原則に従う場合を考えてみます。このとき，C国だけでなく，B国に対する関税も撤廃することになります。その結果，A国での衣服の国内価格は，B国から輸入すると900円，C国から輸入すると1000円になるので，引き続き安いB国から輸入します。

　このとき，A国での衣服の国内価格は900円で，図6-2より，A国の国内消費量は13万着，国内生産量は3万着なので，輸入量は10万着になります。消費者余剰は△ALRの面積8450万円（＝13万着×1300円÷2），生産者余剰は△RQCの面積450万円（＝3万着×300円÷2）となります。関税収入はないので，総余剰はこれらを足し合わせた8900万円になります。したがって，関税撤廃によりA国の総余剰は400万円（＝8900万円－8500万円）増加します。

　この総余剰の増加分は，△ILMと△JNQを足し合わせた面積になります。これらは，小国における関税賦課とは逆方向（関税賦課から自由貿易）の効果に対応しているので，その要因についてはレッスン5.2を参照してください。

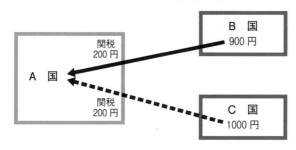

図 6-1　3 国からなる経済の設定

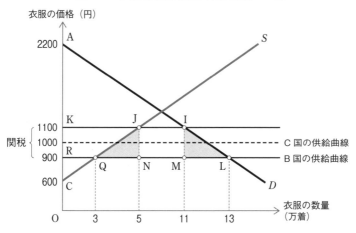

図 6-2　多角的貿易自由化の経済効果：A 国

■Box 6.2　GATT／WTO の無差別原則■

　GATT／WTO には，2 つの無差別原則があります。1 つは本文中で紹介した最恵国待遇で，もう 1 つは内国民待遇です。

　内国民待遇は，自国の国内において，外国からの輸入品や外国の企業などに対して，自国で生産された商品や自国の企業などと同じ待遇を与えることです。例えば，国内の税や商品の環境基準は，国内で生産された商品と輸入品に対して同じように適用されます。（関税は輸入品にしか課されないので，関税の場合には，国内で生産された商品と輸入品を差別的に扱うことになりますが，それは認められています。）

レッスン6.2　地域貿易協定による貿易自由化

　GATT/WTOでの地域貿易協定の取り扱いについて紹介し，地域貿易協定による貿易自由化の経済効果を説明します。

地域貿易協定と無差別原則

　1990年代に入り，世界では特定の国・地域内での貿易自由化を進める地域貿易協定（RTA：regional trade agreement）が急増し，それに基づく貿易の自由化が行われるようになりました。日本でも2000年代に入り，地域貿易協定が締結されています。

　近年，地域貿易協定には，財・サービスの貿易自由化だけでなく，投資，国内の制度やルールの調和，経済協力などの項目も含まれていることが多いです。日本では，このような深化した地域貿易協定を経済連携協定（EPA：Economic Partnership Agreement）と呼んでいます（Case Study 6.3参照）。

　地域貿易協定の場合，協定を締結した特定の国・地域（域内国）の間でのみ貿易の自由化が行われます。域内国だけでなく，協定を締結していない国・地域（域外国）もWTOに加盟しているとすると，域内国と域外国は差別的に取り扱われることになり，GATT/WTOの最恵国待遇の原則が満たされなくなります。しかし，WTOでは，(i)域内国の間で実質的にすべての貿易障壁をなくすこと，(ii)域外国に対して協定締結前よりも貿易障壁を高めないこと，などを条件に，地域貿易協定の締結を認めています（Box 6.3参照）。

地域貿易協定による貿易自由化の経済効果

　地域貿易協定による関税引き下げの効果を，レッスン6.1と同じ例で考えてみましょう。地域貿易協定を締結する前は，最恵国待遇の原則に従って，A国は，B国とC国の両国からの衣服の輸入に対して，1着当たり同一の200円の従量関税を課しているとします。このとき，A国の国内消費量，国内生産量，輸入量，および各余剰は，上述した関税撤廃前と同じで，総余剰は8500万円になります。

　今，A国は，C国と地域貿易協定を締結し，C国からの輸入に対する関税を

　日本の最初の経済連携協定（EPA）は，シンガポールとの「日・シンガポール経済連携協定」（2002 年発効）です。その後，2005 年にはメキシコ，2006 年にはマレーシアと経済連携協定が結ばれました。

　近年では，2018 年に日本を含む環太平洋の 11 カ国の間の TPP（Trans-Pacific Partnership）協定（「環太平洋パートナーシップ協定」），2019 年に日本と EU（欧州連合）の間の「日・EU 経済連携協定」，2022 年に日本と中国，韓国やオーストラリアなどの 10 カ国の間の RCEP（Regional Comprehensive Economic Partnership）協定（「地域的な包括的経済連携協定」）など，経済規模の大きな国や地域などとの間の経済連携協定が発効しています。

　その結果，日本の FTA カバー率（対世界の貿易額に占める EPA/FTA 署名・発効済国との貿易額の割合）は，およそ 8 割になっています（2022 年現在）。

　なお，日本の経済連携協定の取り組みや締結された経済連携協定の内容については，外務省のホームページ「我が国の経済連携協定（EPA/FTA）等の取組」を参照してください。

■Box 6.3　地域貿易協定■

　特定の国・地域の間での貿易協定は，地域貿易協定と呼ばれます。GATT 第 24 条に基づく地域貿易協定は，本文で述べたように，一定の要件を満たすことを条件に，最恵国待遇の原則の例外として認められます。

　域外国に対する貿易措置（関税率など）の取り扱いによって，地域貿易協定は，自由貿易協定（FTA：free trade agreement）と関税同盟（CU：customs union）に分けられます。FTA では，各域内国は，独自に域外国に対する貿易措置を決めることができます。例えば，日本の経済連携協定（EPA）や米国・メキシコ・カナダ協定（USMCA）は FTA です。他方，関税同盟では，域内国は，域外国に対して共通の貿易措置を取らなくてはなりません。例えば，EU や南米南部共同市場（MERCOSUR）は関税同盟です。

　なお，世界の地域貿易協定の数の推移に関する最新情報は，WTO のホームページ Regional Trade Agreements Database を参照してください。

撤廃したとしましょう。B国からの輸入には，協定締結前と同じ衣服1着当たり200円の関税を課すとします。このとき，A国での衣服の国内価格は，B国から輸入すると関税があるので1100円，C国から輸入すると関税はゼロなので1000円になります。そこで，図6-3のように，A国は，衣服を安く輸入できるC国（域内国）から輸入し，B国（域外国）からは輸入しません。

　図6-4には，図6-2と同じA国の国内需要曲線Dと国内供給曲線Sを描いています。地域貿易協定の締結後，C国から輸入するので，A国の衣服の国内価格は1000円になります。よって，国内消費量は12万着，国内生産量は4万着，輸入量は8万着となります。このとき，A国の消費者余剰は△AEBの面積7200万円（＝12万着×1200円÷2），生産者余剰は△BHCの面積800万円（＝4万着×400円÷2）になります。C国（域内国）に対する関税はゼロなので，関税収入はありません。よって，A国の総余剰は8000万円となります。

　この数値例では，A国がC国と地域貿易協定を締結すると，その締結前よりも総余剰は500万円（＝8500万円－8000万円）少なくなっています。協定締結によって，図6-4の△IEFの面積と△JGHの面積だけ余剰が増加する一方，他方で□GFMNの面積だけ余剰は減少しています。なお，これらの余剰の変化は，大国の場合での関税賦課を関税撤廃に置き換えて考えたときと全く同じなので，以下の説明の参考にWeb補論 レッスンS5.2を見てください。

　まず，総余剰を増加させる要因について説明します。△IEFの面積は，協定締結後の国内価格の下落によって，国内消費が増加したことから生じた総余剰の増加分です。また，△JGHの面積は，A国で国内生産されていた線分JHに対応する1万着が，より効率的なC国からの供給に代替されたことによる総余剰の増加分です。この国内消費量の増加と国内生産量の減少は，輸入量の増加をもたらします。したがって，これらの変化は，域内の貿易取引が増加したことから生じているため，貿易創出効果と呼ばれます。

　次に，総余剰が□GFMNの面積だけ減少する理由を説明します。線分GFに対応する5万着から11万着までの衣服6万着は，協定の締結前も締結後も輸入されています。協定締結前は，900円で供給できるB国からの輸入でした。しかし，協定締結後は，1000円で供給するC国からの輸入に変わりました。各国の供給価格を国際価格と見なせば，協定締結後に国際価格は上昇したことになります。このことは，A国では輸入財の価格が上昇し，交易条件が悪化したこ

図 6-3　地域貿易協定の設定

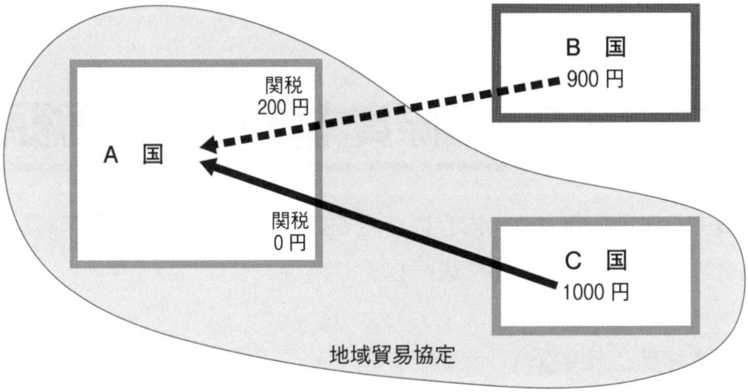

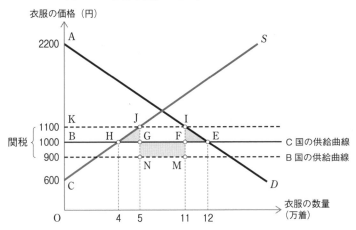

図 6-4　地域貿易協定の経済効果：A 国（域内国）

とを意味します。Box 4.15では輸入国における交易条件の改善の効果を説明しましたが，逆に交易条件の悪化は，経済厚生を引き下げてしまいます。□GFMNの面積に対応する余剰の減少が生じたのは，B国と比べると非効率なC国と地域貿易協定を締結して，輸入財である衣服の国際価格が上昇したからです。この変化は貿易転換効果と呼ばれています。

レッスン6.3　国際資本移動と国民総所得

国際資本移動の種類とその内容について紹介します。また，国際的な投資がある場合の国民総所得について説明します。

国際資本移動と直接投資

国と国の間で，財やサービスが取引されるだけでなく，生産要素である資本や労働なども移動します。資本の国際移動には，その目的に応じて，以下のようなものがあります。

資金の貸し借りは，国内だけでなく，国と国の間でも行われています。国際的な資金の貸し借りは，国際資本移動といわれます。そのなかでも，外国で経営に関与するような投資は直接投資と呼ばれます。投資の収益だけを目的とした資金の貸し借りである間接投資とは区別されます。（詳しくはレッスン7.1を参照。）

直接投資は，以下のように分類されます。ある国から外国に行われる投資は対外直接投資（FDI：foreign direct investment），逆に外国から受け入れる投資は対内直接投資といいます。直接投資の形態には，外国の企業を買収したり，自国の企業が買収されたりするようなM&Aと，海外に新規に自社工場を建設したり，海外子会社を新たに設立したりするようなグリーンフィールド投資があります。

投資収益と国民総所得

ある国（自国）の人々が生産活動によって得る所得の総計を，国民総所得（GNI：gross national income）といいます。自国の国民総所得には，国内の生

　地域貿易協定では，域内の国・地域だけで貿易の自由化が行われます。企業が域内国で生産した財に，地域貿易協定で定められた低い関税率を適用してもらうには，その財が域内で生産されたことを証明する原産地証明書を提出する必要があります。

　域外国から部品（中間財）を輸入して，その中間財を使って域内国で最終的な製品（最終財）を生産するような場合，その最終財の一部分は域外国で生産されているとみなすことができます。そこで，どれくらいの割合を域内国で生産した場合に，その製品を域内国で生産されたものとみなすかについての規則（あるいは基準）がなければなりません。その規則は原産地規則と呼ばれます。原産地規則を満たせば，原産地証明書を発行してもらえます。日本の場合については，経済産業省のホームページ「原産地規則の確認」を参照してください。

　2000年代以降，企業はグローバル化して，生産工程を複数の国に分散させており，複数の国から調達した部品を用いて，最終的な製品を生産することが多くなっています。このような状況では，地域貿易協定を利用できるかどうかに関わる原産地規則は，重要な意味を持ちます。

　ただ，品目ごとの細かい原産地規則は，地域貿易協定ごとに異なっていて，原産地証明書を取得するのにも手間や費用がかかります。したがって，地域貿易協定があるにもかかわらず，それを利用しないケースも見られます。

■Box 6.5 　多国籍企業■

　ある製品（またはサービス）の生産工程を複数に分割して，複数の場所に分散させることをフラグメンテーションと呼びます。また，企業の一部の活動を外国に分散させることをオフショアリングといいます。オフショアリングには，外国にある他の企業に外注（アウトソーシング）する場合と，対外直接投資を行って設立した海外子会社に業務を担ってもらう場合とがあります。後者の場合，対外直接投資を行う企業（親会社）は多国籍企業となります。

　生産活動が細かい業務（タスク）に分けられ，それらが複数の国・地域で行われて全体としてつながっていることは，グローバル・サプライチェーン（global supply chain：GSC），あるいはグローバル・バリューチェーン（global value chain：GVC）と呼ばれます。このようなことは，多国籍企業が生産する航空機，自動車や情報機器などで見られます。詳しくはアジア経済研究所のホームページ「グローバル・バリューチェーン・レポート」を参照してください。

産から得られる収益だけでなく，自国の人々が所有する資本が外国に移動した場合に外国で得られた投資収益も含まれます。逆に，外国から資本が流入してきた場合は，投資収益を外国の人々が得るので，その投資収益は自国の国民総所得には含まれません。（詳しくはレッスン7.2を参照。）

　レッスン6.1，6.2では，財の貿易に焦点を当てて貿易の自由化の経済効果を示しました。この後のレッスンでは，資本の国際取引（国際移動）のなかの直接投資に焦点を当てて，その自由化が国民総所得に及ぼす影響を考えます。

レッスン6.4　資本市場の需要と供給

　資本の需要量がどのように決まるかを説明し，資本の供給量が一定である場合の資本市場の均衡について見ていきます。

資本投入量と生産量・収入の関係

　以下では，自国と外国は家庭用電気製品（以下では「家電」と表記）しか生産していないとして，国際資本移動と国民総所得の関係を考えます。その準備として，資本の需要量がどのように決まるかを見てみましょう。ここでの資本は，第3章でも紹介したような工場や機械設備のような実物資本のことで，それを用いて家電の生産が行われるとします。また，家電の市場も資本市場も競争的な市場であるとします。

　資本が生産や収入にどれくらい貢献するかを表す方法があります。資本の投入量を1単位増加させたときの家電の生産量の増加分を，資本の限界生産物といいます。資本の投入量が多くなればなるほど，資本の限界生産物は小さくなるとします（Box 6.8参照）。また，資本の限界生産物に家電の価格を掛けた値は，資本の限界生産物価値と呼ばれます（資本の限界生産物価値＝資本の限界生産物×家電の価格）。資本の限界生産物価値は，生産者が資本の投入量を1単位増加させたときの収入の増加分を表します。

　資本の投入量と資本の限界生産物価値の関係を描いた曲線を，資本の限界生産物価値曲線といいます。資本の限界生産物は資本の投入量とともに減少するとしているので，家電の価格を一定とすると，資本の限界生産物価値も資本の

■Box 6.6　直接投資としての国際資本移動■

　レッスン6.4，6.5では，国際資本移動のなかの直接投資を取り上げます。

　ここでの資本は資本ストックを表します。ストックは，ある時点で貯まっている量を表します（Box 6.7 参照）。資本ストックを金額で表すこともありますが，ここでは，第3章と同じように，資本の投入量を1単位や5単位というように数量で表すことにします。また，国内で供給されている資本の量は一定とします。

　この場合，自国から外国への直接投資（対外直接投資）は，下のイメージ図のように，自国にある工場が外国に移転するようなことであるといえます。

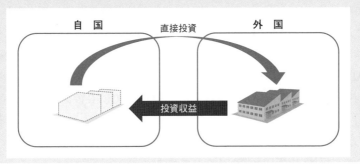

■Box 6.7　フローとストック■

　直接投資の例でフローとストックの意味を説明してみます。日本の企業がタイにおいて，2022年に1つの工場を新たに建設し，2023年にも1つの工場を建設したとします。ある期間（例えば1年）に行われた経済活動を表すのはフローです。この例では，毎年の工場建設がフローで，投資と呼ばれます。他方，ある時点における経済状態を表したのがストックで，ある時点までのフローを積み重ねたものです。2023年には2つの工場が建っているので，2つの工場が2023年時点のストックになります。

■Box 6.8　資本の限界生産物の逓減■

　資本と労働を使って，家電が生産されるとしましょう。資本を機械設備とすると，労働の投入量が一定の下で機械設備の投入量だけを増やしていくと，生産量は増えますが，労働者1人がうまく扱える機械設備には限度があるので，生産効率（機械設備1単位当たりの生産量）は落ちてくるでしょう。このような場合，資本の投入量が多くなるにつれて，資本の限界生産物は逓減（次第に減少）するといえます。

投入量とともに減少します。

　次のような数値例を考えてみましょう。資本の投入量は「何単位」と表すことにします。ある1人の生産者は，資本を全く投入していない状態から最初の1単位の資本を投入すると，ある量の家電が生産でき，それを売って10万円の収入が得られるとします。そして，1単位の資本を投入した状態から1単位の資本を追加すると，生産量が増えて収入が9万円増加し，さらに追加の1単位の資本を投入すると，生産量が増えて収入が7万円増加するとしましょう。図6-5には，横軸に資本の投入量，縦軸に資本の限界生産物価値（万円）をとり，この数値例に対応した資本の限界生産物価値曲線 K を描いています。

　資本の限界生産物価値曲線を使って，資本の投入量と収入の関係を導くことができます。資本の最初の1単位の投入から得られる収入10万円は，図6-5の□ABGO の面積10万円（＝10万円×1）に等しくなっています。同様に，2単位目の資本投入から得られる収入9万円は，□CEFG の面積9万円（＝9万円×1）で表されます。したがって，資本を2単位投入したときの生産者の収入19万円（＝10万円＋9万円）は，資本の限界生産物価値曲線の下の領域 ABCEFO の面積19万円と等しくなっています。

　図6-6では，資本の量を細かい単位で変えられるとして，ある1人の生産者の資本の限界生産物価値曲線 K を直線で描いています。資本の投入量が4単位のとき，資本の限界生産物価値を6万円とします。上の説明を踏まえると，このときの収入は，限界生産物価値曲線の下の領域の面積になります。つまり，4単位の資本を投入したときの収入は，台形 ABCO の面積32万円（＝（10万円＋6万円）×4÷2）になります。

資本の需要曲線

　財市場も資本市場も競争的な市場の場合，生産者は，財の価格やレンタル（資本の価格）を所与として利潤を最大化しようとします。個々の生産者は，資本の限界生産物価値とレンタルが等しくなるように資本を投入することで，利潤を最大化できます。以下では，その理由を数値例と図で説明します。

　今，レンタルは6万円であるとしてみましょう。ある生産者の資本の投入量が3単位のとき，資本の限界生産物価値を7万円とします。このとき，その生産者が資本の投入量を1単位増やすと，収入は7万円増加しますが，費用はレ

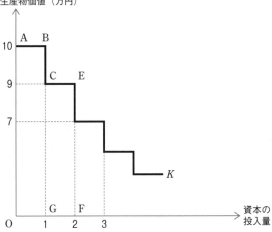

図6-5　資本の限界生産物価値曲線：1人の生産者

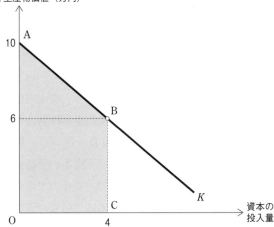

図6-6　スムーズな資本の限界生産物価値曲線：1人の生産者

ンタルの6万円しか増えません。よって，利潤は1万円（＝7万円−6万円）増えます。資本の投入量が5単位のときの資本の限界生産物価値を5万円とすると，それはレンタルよりも低くなっています。このとき，資本の投入量を1単位減らすと，より高い利潤を得ることができます。図6-7には，ここでの数値例に対応した資本の限界生産物価値曲線Kが描かれています。上述した調整によって，資本の投入量が4単位のときに，資本の限界生産物価値とレンタルは6万円で等しくなり，利潤が最大になります。

　このように，利潤を最大化する生産者は，あるレンタルの水準が与えられたとき，そのレンタルと資本の限界生産物価値が等しくなる資本の投入量を選びます。図6-7で資本の限界生産物価値曲線Kを縦軸から横軸の方に読むと，レンタルと資本の投入量（需要量）の関係が分かります。よって，資本の限界生産物価値曲線Kは，資本の需要曲線Dになります。なお，レンタルが6万円のとき，資本を4単位投入するので，生産者の収入は資本の需要曲線の下（台形ABCO）の面積32万円になります。

　国全体の資本の需要曲線はどのようになるでしょうか。競争的な市場では，国内には多数の生産者がいて，同質の家電を生産しています。このとき，国全体の資本の需要量は，その国の個々の生産者の資本需要量を集計した大きさになります。つまり，個々の生産者の資本の需要曲線を水平方向に足し合わせた曲線が，その国全体の資本の需要曲線になります。また，国全体の資本の需要曲線の下の面積が，生産から得られる国全体の収入（所得）になります。

資本市場の需給バランス

　ある国の資本市場の均衡を考えてみましょう。資本市場で需給が一致している状態が，資本市場の均衡です。なお，国際資本移動はないものとします。

　図6-8には，ある国の資本の需要曲線Dを描いています。また，この国の資本の供給量は6単位で一定であるとして，資本の供給曲線Sを描いています。レンタルの水準にかかわらず供給量は常に一定なので，資本の供給曲線Sは垂直になります。なお，計算の簡単化のために供給量の値を小さくしています。（ここでの資本1単位は図6-7のそれよりも量が多いと考えてください。）

　このときの資本市場の均衡は，資本の需要曲線Dと供給曲線Sが交わる点Eで表されます。均衡ではレンタルは4万円になります。

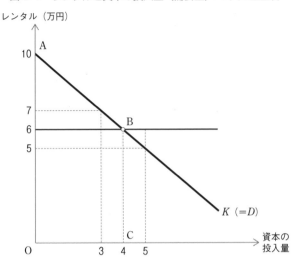

図6-7　レンタルと資本の投入量（需要量）：1人の生産者

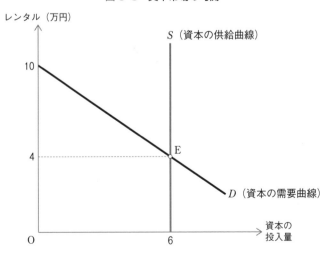

図6-8　資本市場の均衡

レッスン6.5　国際資本移動の自由化と国民総所得

国際資本移動が認められていない場合と自由な場合とを考え，国際資本移動の自由化が国民総所得に及ぼす影響を説明します。

国際資本移動が認められていない経済

自国と外国の2国が，それぞれ資本を用いて同質の家電だけを生産している状況を考えてみましょう。家電の価格は，世界市場での価格と同じで，一定としておきます。資本の供給量（賦存量）は，自国で6単位，外国では2単位としましょう。ここでは，まず国際資本移動がない場合を考えます。

図6-9の横軸の長さは，世界全体の資本の供給量（賦存量）に等しく，自国と外国の資本の供給量を足し合わせた8単位となっています。横軸の左端のO_Hを自国の原点として，右方向に自国の資本量を測ります。左側の縦軸には，自国の資本の限界生産物価値をとります。右下がりの直線ABは，横軸から縦軸の方に読むと，自国の資本の限界生産物価値曲線を表しています。他方，横軸の右端のO_Fを外国の原点として，左方向に外国の資本量を測ります。右側の縦軸には外国の限界生産物価値をとっています。左下がりの直線GHは，外国の資本の限界生産物価値曲線を表しています。

国際資本移動がない場合，両国とも国内の資本市場で資本の取引が行われます。自国では，資本の需要曲線は直線ABで表され，資本の賦存量は6単位なので，資本の供給曲線は6単位のところで垂直になります。自国の資本市場の均衡点は点Eとなり，自国でのレンタルは4万円になります。他方，外国では，直線GHが資本の需要曲線で，資本の賦存量は2単位です。よって，外国の資本市場の均衡点は点Fで，外国でのレンタルは8万円になります。

このときの生産から得られる所得を見てみましょう。自国では，6単位の資本を用いて生産が行われます。その生産からの所得は，図6-9の台形$AENO_H$の面積42万円（＝（10万円＋4万円）×6÷2）となり，それが自国の国民総所得になります。また，外国では，2単位の資本を用いて生産が行われます。その生産から台形$GFNO_F$の面積18万円（＝（10万円＋8万円）×2÷2）の所得が生じ，それが外国の国民総所得になります。

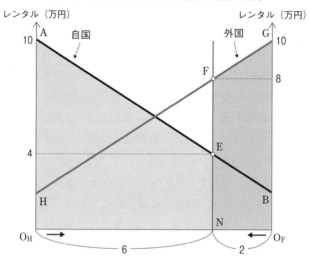

図6-9　国際資本移動がない場合の均衡と所得

Close Up 6.1　企業の生産性と直接投資

　企業が商品を外国で販売したい場合，国内で生産して輸出することで供給する方法と，直接投資をして現地で生産して供給する方法とがあります。そこで，企業は，輸出あるいは直接投資のいずれにするのかを決める必要があります。

　同一産業の企業を見ると，輸出や直接投資を行ってる企業はわずかであることが知られています。国際経済学者であるメリッツ（Melitz, M.）の論文に端を発する一連の研究では，独占的競争市場と企業の異質性（生産性の違い）を想定して，どのような企業が国内市場だけに供給するか，輸出もするか，直接投資もするかを考察しています。

　輸出するには，社内に貿易担当の部署や輸出のための海外拠点を設けるなどの固定費用が追加でかかると考えられます。直接投資をするには，現地に工場を建設したり，海外支店を設立したりするなど，さらに追加の固定費用がかかります。よって，輸出に関連する固定費用を支払っても採算が合う企業は輸出して，直接投資に関連する固定費用を負担してももうかる企業は直接投資も行うといえます。つまり，これらの固定費用を支払えるのは，生産性の高い（収益性の高い）企業ということになります。このことは，様々な国を対象とした実証分析（データを用いた統計的分析）で観察されています。

国際資本移動が自由な経済

　自由な国際資本移動が認められた場合を考えてみましょう。国際的な資本の移動には，実際には諸費用がかかりますが，ここでは費用は一切かからないとします。上述したように，国際資本移動が認められていない状態では，外国のレンタル8万円は自国のレンタル4万円よりも高くなっています。このため，国際資本移動が自由ならば，自国の資本保有者は，資本を外国に投資した方が高い収益を得られるので，外国に投資しようとします。つまり，自国から外国に資本は流出（移動）します。

　国際資本移動の影響を図6-10で見てみましょう。2単位の資本が自国から外国に移動すると，資本の供給量は，自国で4単位（＝6単位−2単位），外国でも4単位（＝2単位＋2単位）になります。このときのレンタルは点Iのときの値で，自国で6万円，外国でも6万円で等しくなります。よって，自国の資本保有者は，それ以上に外国に投資する誘因がなくなり，国際的な資本移動は止まります。つまり，国際資本移動を自由化すると，自国から外国に2単位の資本が移動する（あるいは直接投資が行われる）ことになります。

　国際資本移動が自由化された後，自国と外国の国民総所得はどう変化するでしょうか。まず，自国の場合を見てみます（表6-1参照）。自国には4単位の資本が残っており，その資本を使って生産が行われます。その国内生産によって生じる所得は，図6-10の台形 $AIMO_H$ の面積32万円（＝（10万円＋6万円）×4÷2）になります。また，自国の資本所有者は，外国に2単位の資本を投資しています。外国でのレンタルは6万円なので，その投資によって，自国の資本所有者は□IJNMの面積の収益12万円（＝6万円×2）を得ます。これらの所得を合わせると，自国の資本から得られる国民総所得は44万円（＝32万円＋12万円）になります。したがって，国際資本移動の自由化後に，自国の国民総所得は△IJEの面積2万円（＝2×2万円÷2）だけ増加します。

　次に，外国の場合を見てみます（表6-2参照）。外国では，自国から2単位の資本が流入するので，国内で4単位の資本が利用可能になります。その資本を使って外国の国内で生産を行うと，図6-10の台形 $GIMO_F$ の面積の所得32万円（＝（10万円＋6万円）×4÷2）が生じます。しかし，外国に流入した2単位の資本は，自国の資本所有者のものなので，外国の企業は，□IJNMの面積12万円を自国の資本所有者に支払わなければなりません。このため，外国の国

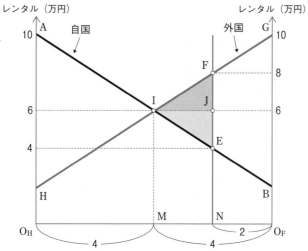

図6-10　国際資本移動の自由化と所得の変化

表6-1　自国（資本流出国）の所得とその変化

国際資本移動	レンタル	国内生産からの所得	国際資本移動による投資収益	国民総所得の変化（自由化後）
不可	4万円	台形 AENO$_H$	なし	
自由	6万円	台形 AIMO$_H$	+□IJNM	+△IJE

表6-2　外国（資本流入国）の所得とその変化

国際資本移動	レンタル	国内生産からの所得	国際資本移動による投資収益	国民総所得の変化（自由化後）
不可	8万円	台形 GFNO$_F$	なし	
自由	6万円	台形 GIMO$_F$	−□IJNM	+△FJI

民総所得は，国内生産からの所得32万円から自国への支払い分12万円を引いた20万円になります。よって，国際資本移動が自由化されると，外国の国民総所得は△FJIの面積2万円（＝2×2万円÷2）だけ増加します。

このように，国際的な資本移動を自由化することで，資本が流出した国と資本が流入した国の国民総所得は，ともに高まります。その理由は以下の通りです。資本が流出した国では国内生産は減少し，いわゆる「産業の空洞化」が起こりますが，その損失を上回る国外での投資収益が得られるからです。逆に，資本が流入した国では，投資を行った国への収益の支払が生じますが，それ以上に国内生産の拡大に伴う所得の増加があるからです。

第6章　演習問題

1. 最恵国待遇の原則とは何かを説明しなさい。
2. A国が工業品をB国あるいはC国から輸入できるとする。工業品をB国は11万円，C国は10万円で供給できるとする。A国における国内需要曲線と国内供給曲線は直線で表され，国内需要量と国内供給量は表のようになっているとする。なお，市場は競争的であるとする。

国内価格	国内需要量	国内供給量
10万円	110単位	20単位
11万円	90単位	40単位
12万円	70単位	60単位

   (1) A国が最恵国待遇の原則に従って，工業品1単位当たり2万円の従量関税を課すとき，A国はどの国から何単位の工業品を輸入するか。
   (2) A国がB国と地域貿易協定を締結し，両国間の関税を撤廃したとする。C国に対しては引き続き2万円の従量関税を課すとする。このとき，A国はどの国から何単位の工業品を輸入するか。
   (3) 上の(2)と(1)の場合を比べて，A国の総余剰はどれだけ増加あるいは減少するか。
      （ヒント：図を描いて余剰を計算するとよい。）
   (4) 上の(3)で得られた総余剰の変化を，2つの効果に分けて説明しなさい。
3. 自国と外国の2国の間で自由な国際資本移動があり，自国は資本流出国，外国は資本流入国になっているとする。国際資本移動が認められていない場合と比べて，両国の国民総所得が高まる理由を，それぞれの国について説明しなさい。

第Ⅱ部

国際金融・
国際マクロ経済

7

国際収支とGDP

　一国の対外的な経済取引を体系的に記録した国際収支統計を見ることで，その国の国際貿易や国際投資の構造を把握することができます。本章では，まず，国際収支統計の構成と記録の仕方について説明します。次に，密接に関連する国際収支とGDP，対外不均衡の意味について説明します。

Keywords
国際収支統計，経常収支，資本移転等収支，金融収支，貿易・サービス収支，第一次所得収支，第二次所得収支，外貨準備，対外資産負債残高，国内総生産（GDP），国民総所得（GNI），アブソープション（内需），財政収支，貯蓄超過

レッスン7.1　国際収支統計

国際貿易や国際投資などの大きさや構造を知ることができる統計があります。ここでは，国際的な経済取引を記録した国際収支統計について説明します。

国際収支統計の項目

世界では国際的にいろいろな経済取引が行われています。一国全体のあらゆる対外経済取引を分類して，一定の期間中に取引された金額を体系的に記録したものが国際収支統計です。対外経済取引は，ある国の人や企業（両者はその国の「居住者」といいます）と他国の人や企業（両者は「非居住者」といいます）の間での経済取引のことです。

なお，ある国で長期間（基本的には1年以上）にわたって経済活動を行う者は，国籍とは関係なく，その国の居住者として基本的に扱われます。例えば，外資系企業の日本支社は日本の居住者で，訪日外国人旅行者は日本の非居住者です。

各国は，国際通貨基金（IMF）が定める国際収支マニュアルに沿って，国際収支統計を作成しています。表7-1は2019年の日本の国際収支です。国際収支統計を見ると，その国の国際貿易や国際投資などの構造が分かります。

国際収支統計は3つの大項目に分けられています。これらは，財・サービスの取引などに伴う受け取りと支払いの差の額である経常収支（current account），対価を伴わない資本移転と非金融・非生産資産の取得処分を計上する資本移転等収支，そして対外的なお金の貸し借りなどにかかわる取引を計上する金融収支（financial account）です。また，統計上の誤差は，誤差脱漏という別項目に計上されます。

経常収支と金融収支はこの後で詳しく説明しますが，資本移転等収支には，対価を伴わない無償の取引（移転）のうち，資本の形成に関連した取引（資本移転）などが記録されます。例えば，政府開発援助（ODA）の無償資金協力のうちの施設整備（学校の教室や図書館など）を支援するための資金援助，外国政府の債務免除，天然資源の鉱業権や商標権等の売買などが計上されます。

表 7-1　日本の国際収支（2019 年）

（単位：億円）

経常収支					192,513
	貿易・サービス収支				−9,318
		貿易収支			1,503
			輸　　出	757,753	
			輸　　入	756,250	
		サービス収支			−10,821
	第一次所得収支				215,531
	第二次所得収支				−13,700
資本移転等収支					−4,131
金融収支					248,624
	直接投資				238,591
	証券投資				93,666
	金融派生商品				3,700
	その他投資				−115,372
	外貨準備				28,039
誤差脱漏					60,242

（出所）　財務省「国際収支状況」より作成。
・最新の統計については Web 資料 第 7 章「日本の国際収支」を参照。

■Box 7.1　国際収支関連統計の見直し■

　日本の国際収支関連統計は，2008 年に IMF が公表した国際収支マニュアル第 6 版に準拠して，2014 年 1 月の取引計上分から大幅な見直しが行われました。

経常収支

経常収支は，貿易・サービス収支，第一次所得収支，第二次所得収支の３項目に区分され，それぞれ，財・サービスの取引，所得の受け払い，経常移転が記録されます。さらに，貿易・サービス収支は，財の輸出入を計上する貿易収支と，サービスの輸出入を計上するサービス収支に分けられます。

経常収支では，貸方（かしかた）に財・サービスの輸出，所得や経常移転の受け取り，借方（かりかた）に財・サービスの輸入，所得や経常移転の支払いが記録されます。収支尻は「貸方−借方」で算出します（表7-2参照）。日本の経常収支の推移は，図7-1に示してあります。

貿易収支とサービス収支を，日本の主な貿易品目で見てみましょう。貿易収支には，原油や液化天然ガスなどの鉱物性燃料，自動車や船舶等の輸送用機器，半導体等製造装置や建設用・鉱山用機械などの一般機械，通信機（スマートフォン等）や半導体等電子部品（太陽電池等）などの電気機器といった財の取引が記録されます。サービス収支では，インバウンド（外国から自国に訪れること）とアウトバウンド（自国から外国へ出かけること）の旅行，旅客の運搬や財の移動等の輸送，法務や会計・経営コンサルティングなどの専門的な業務サービス，通信や保険サービス，特許などの知的財産権等使用料の受け払いなどのサービス貿易が記録されます。

なお，貿易・サービス収支は，輸出額の方が輸入額よりも大きいとき，プラスで黒字です。逆に，輸出額の方が輸入額よりも小さいとき，収支はマイナスで赤字です。

第一次所得収支には，雇用者報酬（居住者の労働者が外国で稼いだ報酬の受け取りと非居住者の労働者への報酬の支払い）と投資収益（居住者と非居住者の間での金融資産の提供から生じる利子・配当金等の受け払い）が記録されます。投資収益は，直接投資収益（直接投資から生じる配当金・利子所得等の受け払い），証券投資収益（配当金や利子所得のうち直接投資収益に該当しないもの）などに区分されます。なお，直接投資と証券投資については，次の金融収支のところで詳しく説明します。第一次所得収支は，自国の受取額の方が支払額よりも大きい場合に黒字，逆に自国の受取額の方が支払額よりも小さい場合に赤字になります。

第二次所得収支では，対価を伴わない無償の取引（移転）のうち，財・

表 7-2　経常収支の内容と記載の形式

	貸　方	借　方	収　支
経常収支	経常取引の受取	経常取引の支払	貸方－借方
貿易・サービス収支	財・サービスの輸出	財・サービスの輸入	
貿易収支	財の輸出	財の輸入	
サービス収支	サービスの輸出	サービスの輸入	
第一次所得収支	雇用者報酬・投資収益の受取	雇用者報酬・投資収益の支払	
第二次所得収支	対価を伴わない経常取引の受取	対価を伴わない経常取引の支払	

図 7-1　日本の経常収支の推移

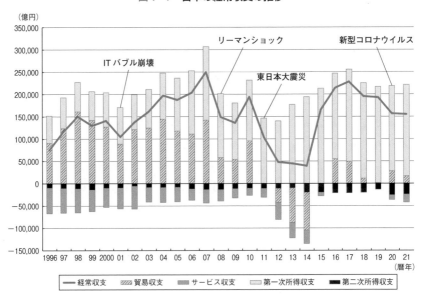

（出所）　財務省「国際収支状況」より作成。

[近年の傾向]

・直接投資収益の黒字拡大によって，第一次所得収支の黒字が拡大。
・訪日外国人旅行者の増加による旅行収支の黒字拡大，および知的財産権使用料収支の黒字拡大によって，サービス収支の赤字が縮小。ただし，2020 年の新型コロナウイルス感染症拡大に伴う入国制限により訪日外国人旅行者は激減し，旅行収支の黒字は大幅に縮小したため，サービス収支の赤字は拡大。
・最新の動向については Web 資料 第 7 章「日本の経常収支の推移」を参照。

サービス，金融資産などの経常的な取引に関連するもの（経常移転）を記録します。具体的には，政府が関わる移転（食料品等の無償援助や国際機関分担金など），個人間移転（外国の居住者となって稼いだ報酬を出身国の家族などに送金する労働者送金等）などを計上します。なお，自国の居住者が外国で働いて得た報酬を自国の家族に送金することは，上述した第一次所得収支の雇用者報酬に該当します。自国向けの経常移転の方が外国向けのそれよりも大きい（小さい）とき，第二次所得収支は黒字（赤字）になります。

金融収支

　対外金融資産と対外金融負債に関わる取引を，資産（非居住者に対する債権）と負債（非居住者に対する債務）に分けて計上したものが金融収支です。金融収支は，直接投資，証券投資，金融派生商品，その他投資，および外貨準備の5項目に区分されます（表7-3参照）。

　金融収支では，貸方に対外資産の減少や対外負債の増加を，借方に対外資産の増加や対外負債の減少を記録します。例えば，日本では，日本の居住者による外国株式の売却は対外資産の減少，外国株式の購入は対外資産の増加になります。他方，非居住者による日本株式の購入は対外負債の増加，日本株式の売却は対外負債の減少になります（表7-3 イメージ図参照）。

　金融収支の算出方法は「借方－貸方」で，経常収支の場合と逆になります。つまり，収支は，対外資産の純増（資金流出）から対外負債の純増（資金流入）を差し引いた金額になります。したがって，金融収支の黒字は対外純資産（＝対外資産－対外負債）の増加，逆に金融収支の赤字は対外純資産の減少を意味します。

　以下では，上の5つの項目を順に説明します。直接投資とは，ある国の居住者が，外国の企業の経営に参加することを目的とした投資のことです。具体的には，外国での自社工場建設（対外直接投資）や外国企業による国内企業の合併・買収（対内直接投資）などです。国際収支統計上は，10％以上の株式を取得するような投資と定義しています。

　証券投資では，株式や債券（国債や社債等）などの証券取引のうち，直接投資や外貨準備に該当しないものを計上します。民間部門，中央銀行や政府等による経営権の獲得を目的としない株式取得や債券取引が記録されます。

表7-3 金融収支の内容と記載の形式

	資産 (非居住者に対する債権)		負債 (非居住者に対する債務)		収支
	貸 方	借 方	貸 方	借 方	(資産・負債の) 借方－貸方
金融収支	対外資産の減少	対外資産の増加	対外負債の増加	対外負債の減少	対外資産の純増 － 対外負債の純増
直接投資	外国にある 自国の子会社の 撤退	自国の子会社を 外国に 設立	外国の子会社を 自国に 設立	自国にある 外国の子会社の 撤退	
証券投資	居住者による 外国株式・債券の 売却	居住者による 外国株式・債券の 購入	非居住者による 自国株式・債券の 購入	非居住者による 自国株式・債券の 売却	
金融派生 商品	居住者による 外国の金融派生 商品の売却	居住者による 外国の金融派生 商品の購入	非居住者による 自国の金融派生 商品の購入	非居住者による 自国の金融派生 商品の売却	
その他 投資	居住者の 現金と預金の減少・ 外国への貸付減少	居住者の 現金と預金の増加・ 外国への貸付増加	非居住者の 現金と預金の増加・ 自国への貸付増加	非居住者の 現金と預金の減少・ 自国への貸付減少	
外貨準備	通貨当局の外貨 売却	通貨当局の外貨 購入			

(株式取引の場合のイメージ図)

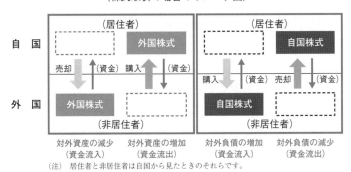

(注) 居住者と非居住者は自国から見たときのそれらです。

[収支の算出]
・資産：対外資産の増加－対外資産の減少＝対外資産の純増
・負債：対外負債の減少－対外負債の増加＝－(対外負債の増加－対外負債の減少)
　　　　　　　　　　　　　　　　　　　　＝－対外負債の純増

金融派生商品は，株式や債券などの金融商品やそれらの指数を使って生み出された金融商品です。その他投資には，他のいずれの項目にも該当しない金融取引がすべて計上され，例えば，現金と銀行預金（現預金），貸付や借入などの取引が含まれます。

外貨準備には，通貨当局（各国の中央銀行や通貨政策を担当する政府部局）の管理下にあり，為替介入等のためにすぐに利用できる対外資産の増減を計上します。日本の場合，日本銀行と財務省が通貨当局です。そして，外貨準備は，日本銀行の資産や外国為替資金特別会計の内，外貨準備として保有されているもので，金，外貨，特別引出権（SDR）などからなります。SDRは，IMF加盟国が出資割当額に比例して配分される権利で，IMF加盟国は，国際収支が悪化した場合にSDRと引換えに外貨を入手できます。

対外経済取引の複式計上の例

国際収支統計は，複式簿記の原理に基づいて作成されます。つまり，1つの経済取引が，該当する収支の貸方と借方に別々に同額で計上されます。よって，貸方の項目の合計と借方の項目の合計が，原則として一致します。しかし，統計上の誤差があるため，誤差脱漏という項目で調整します。

以下の具体例で，国際収支の記録方法を見てみましょう（Box 7.2参照）。

例1. 財貿易：日本のメーカーが，1億円の産業用ロボットを輸出して，代金1億円を日本にある銀行の口座に送金をしてもらったとします。複式計上なので，経常収支の貸方（財の輸出）と金融収支の資産の借方（その他投資）にそれぞれ1億円を記録します。

例2. サービス貿易：日本の居住者が，海外旅行先で飲食費3万円と土産物代2万円をクレジットカードで支払ったとします。経常収支の借方（サービスの輸入）と金融収支の資産の貸方（その他投資）に，それぞれ5万円が計上されます。土産物代は，貿易収支ではなく，サービス収支（旅行収支）に記録されます。

例3. 対外投資：日本の居住者が，外国の自動車会社の新規発行株200万円分を購入して，代金を証券会社の口座から支払ったとします。金融収支の資産の借方（証券投資）と金融収支の資産の貸方（その他投資）にそれぞれ200万円が計上され，金融収支はゼロとなります。

■Box 7.2　対外経済取引の複式計上の例■

●例1. 財貿易：産業用ロボットの輸出

項目	貸方	借方	収支
経常収支（財の輸出）	1億円		＋1億円
金融収支（資産・その他投資）		1億円	＋1億円

●例2. サービス貿易：海外旅行

項目	貸方	借方	収支
経常収支（サービスの輸入）		5万円	－5万円
金融収支（資産・その他投資）	5万円		－5万円

●例3. 対外投資：外国企業の株式購入

項目	貸方	借方	収支
金融収支	200万円	200万円	±0
	（資産・その他投資）	（資産・証券投資）	

●例4. 投資収益：海外子会社からの配当金

項目	貸方	借方	収支
経常収支（直接投資収益）	500万円		＋500万円
金融収支（資産・その他投資）		500万円	＋500万円

●例5. 所得移転：海外送金

項目	貸方	借方	収支
経常収支（第二次所得収支）		100万円	－100万円
金融収支（資産・その他投資）	100万円		－100万円

●例6. 無償援助：政府の医薬品援助

項目	貸方	借方	収支
経常収支	1億円	1億円	±0
	（財の輸出）	（第二次所得収支）	

●例7. 無償資金協力：学校の建設

項目	貸方	借方	収支
資本移転等収支（資本移転）		10億円	－10億円
金融収支（資産・その他投資）	10億円		－10億円

例4. 投資収益：日本の自動車会社（親会社）が，海外子会社から配当金500万円を受け取った場合，経常収支の貸方（第一次所得収支の直接投資収益）と金融収支の資産の借方（その他投資）に，それぞれ500万円を計上します。

例5. 所得移転：日本で長年にわたって働く外国人労働者（日本の居住者）が，出身国の家族の銀行口座に海外送金を100万円したとします。経常収支の借方（第二次所得収支の個人間移転）と金融収支の資産の貸方（その他投資）に，それぞれ100万円を計上します。

例6. 無償援助：日本政府が，外国政府に医薬品（1億円相当）を無償援助したとします。経常収支の貸方（財の輸出）と経常収支の借方（第二次所得収支の無償資金協力）に，それぞれ1億円が記録され，経常収支はゼロになります。

例7. 無償資金協力：日本政府が，途上国での学校の建設のために，10億円の無償資金協力（2国間援助で返済義務のない贈与）を実施したとします。資本移転等収支の借方（資本移転の無償資金協力）と金融収支の資産の貸方（その他投資）に，それぞれ10億円を記録します。なお，資本移転等収支は「貸方－借方」で算出されるので，資本移転等収支は10億円の赤字になります。

国際収支の各項目の収支の計算式を，Box 7.3にまとめています。また，すべての取引で貸方と借方に同額が計上されるので，貸方の合計と借方の合計は等しくなります。経常収支と資本移転等収支は「貸方－借方」，金融収支は「借方－貸方」で算出されています。したがって，誤差脱漏（統計上の誤差）を無視すれば，必ず次のようになります。

経常収支＋資本移転等収支＝金融収支

対外資産負債残高

過去の対外経済取引の結果として，各年末において存在している対外金融資産・負債の価値・構成を表したものが対外資産負債残高です。これは，過去の対外資産や負債を累積した金額と等しくなります。表7-4に2019年末の日本の対外資産負債残高を示しています。

資産については，直接投資，証券投資，金融派生商品，その他投資，および外貨準備の5項目から構成されます。他方，負債に関しては，それら5項目から外貨準備を除いた4項目からなります。なぜなら，外貨準備は，その性質上，資産のみだからです。

経常収支＝貿易・サービス収支＋第一次所得収支＋第二次所得収支

貿易・サービス収支＝貿易収支＋サービス収支

貿易収支＝財の輸出－財の輸入

サービス収支＝サービスの輸出－サービスの輸入

第一次所得収支＝外国からの所得の純受け取り（＝受け取り－支払い）

第二次所得収支＝外国からの経常移転の純受け取り

資本移転等収支＝外国からの資本移転の純受け取り＋その他

金融収支＝対外資産の純増（資金流出）－対外負債の純増（資金流入）

複式簿記の原理：

経常収支の貸方＋資本移転等収支の貸方＋金融収支の貸方

＝経常収支の借方＋資本移転等収支の借方＋金融収支の借方

➡ （経常収支の貸方－経常収支の借方）＋（資本移転等収支の貸方－資本移転等収支の借方）

＝金融収支の借方－金融収支の貸方

経常収支＋資本移転等収支＝金融収支

表7-4　日本の対外資産負債残高（2019 年末）

(単位：10 億円)

資　産		負　債	
直接投資	202,833	直接投資	33,871
証券投資	503,134	証券投資	396,302
金融派生商品	34,300	金融派生商品	33,304
その他投資	212,941	その他投資	269,728
外貨準備	144,521		
資産合計	1,097,731	負債合計	733,206
		純資産合計	364,525

（出所）　財務省「本邦対外資産負債残高」より作成。

・最新の統計については Web 資料 第 7 章「日本の対外資産負債残高」を参照。

ある国の対外資産負債残高の「資産−負債」がプラスのとき，純資産はプラスで，その国は純債権国と呼ばれます。逆に，対外資産負債残高の「資産−負債」がマイナスのとき，純資産はマイナスで，純債務国と呼ばれます。

　先述したように，ある年の金融収支が黒字（赤字）の場合には，対外純資産が黒字分（赤字分）だけ増加（減少）します。資本移転等収支と誤差脱漏を無視すれば，金融収支の黒字（赤字）は，経常収支の黒字（赤字）と一致します。つまり，経常収支の黒字は外国への貸し付け，経常収支の赤字は外国からの借り入れを意味します。よって，累積の経常収支が黒字の国は純債権国に，累積の経常収支が赤字の国は純債務国になります。

レッスン7.2　開放経済のGDPとGNI

　開放経済下の一国全体の経済活動を測るには，いろいろな方法があります。ここでは，国内総生産と国民総所得と呼ばれる代表的な指標を説明します。

GDPとは

　国の経済活動を測る代表的な指標として，国内総生産と国民総所得があります。いずれも経済活動を金額表示したものです。国際連合の定める国際基準に従って作成されます。

　国内総生産（GDP：gross domestic product）とは，一定の期間にある国の国内で新たに生産された最終財の生産額の合計です。別の言い方をすると，国内の生産活動において，財・サービスの産出から原材料などの中間投入を控除した付加価値の合計がGDPです。中間投入を引くのは，各財・サービスの生産額には中間財の投入額が含まれており，中間財が重複して計算されることを避けるためです。

　例として，10万円分の小麦が生産され，小麦は製粉されて40万円分の小麦粉になり，小麦粉から100万円分のパンが作られる単純な経済で，GDPを考えてみましょう（図7-2参照）。最終財であるパンの生産額がGDPで，GDPは100万円になります。また，小麦の付加価値は10万円，小麦粉の付加価値はその生産額から中間財である小麦の投入額（生産額）を引いた30万円（＝40万

図 7-2　GDP の数値例

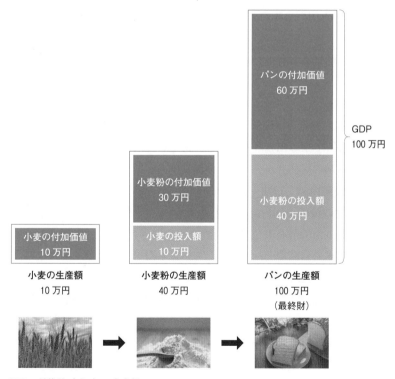

・GDP = 最終財（パン）の生産額
　　　 = すべての財（小麦，小麦粉，パン）の付加価値の合計
　　　 = 100 万円

円−10万円），パンの付加価値はその生産額から中間財である小麦粉の投入額
（生産額）を引いた60万円（＝100万円−40万円）になります。小麦，小麦粉，
パンの付加価値の合計は100万円（＝10万円＋30万円＋60万円）となり，最
終財であるパンの生産額，すなわちGDPと一致します。

　生産活動の所得面を見てみましょう。GDPは，雇用者報酬（労働者への賃
金）や営業余剰（法人企業が得た所得で株主への配当，債権者への利払い等）
などとして分配され，家計など誰かの所得になります。上の例では，小麦の生
産額10万円は小麦の生産に関わっている誰かに分配されます。また，小麦粉
の生産額のうち10万円は小麦の生産者に支払われますが，残りの付加価値30
万円は，小麦粉の生産に関わっている誰かに分配されます。さらに，パンの生
産額のうち40万円は小麦粉の生産者に支払われますが，残りの付加価値60万
円は，パンの生産に関わっている誰かに分配されます。よって，GDPは，一国
内での生産活動による所得を表してもいます。

GDPとGNI

　GDPは，国内あるいは国外の生産者にかかわらず，国内での財やサービスの
生産活動によって生み出された価値額，あるいは所得を表しています。これに
対して，ある国の居住者が，一定の期間に国内と国外で行った生産活動による
所得は，国民総所得（GNI：gross national income）と呼ばれます。つまり，
GNIは，生産の場所が国内であれ国外であれ，その国の居住者（労働者や企
業）が受け取った所得を表しています。

　例えば，日本の自動車会社が投資して建設したアメリカの工場の収益は，ア
メリカでの生産活動による収益なのでアメリカのGDPに算入され，日本の
GDPには含まれません。ところが，日本の自動車会社（日本の居住者）は，そ
の生産活動の収益の一部を投資収益（所得）として得ているので，工場がアメ
リカにあっても，投資収益の分は日本のGNIに算入されます。逆に，イタリア
のオペラ歌手の日本公演での収益は，日本で生み出されたサービスの収益なの
で，日本のGDPに算入され，イタリアのGDPには含まれません。そして，そ
のオペラ歌手（イタリアの居住者）への報酬は，イタリアのGNIの一部になり，
日本のGNIには含まれません。

　GNIは，GDPに外国からの所得の純受取（第一次所得収支）を足すことで得

■Box 7.5　GNI と GNP■

　現在の日本の政府統計では，国民総生産（GNP：gross national product）は使われていません。同様の概念として，国民総所得（GNI）が使われています。詳しくは内閣府のホームページ「国民経済計算」を参照してください。

Close Up 7.1　直接投資収益の行き先

　直接投資で稼いだ収益（直接投資収益）は，投資国の GNI の一部になります。では，親会社が所得として得た直接投資収益は，どのように使われているのでしょうか。

　直接投資収益は，配当金や再投資収益などからなっています。再投資収益とは次のようなものです。海外子会社の直接投資収益のうち親会社に支払われない分は，海外子会社の内部留保となります。そして，その内部留保のうち親会社の持分比率に対応する分を形式上，親会社の直接投資収益として計上します。その収益は，実際には親会社に支払われておらず，海外子会社に残っています。それを親会社が海外子会社に再投資したものと見なすので，再投資収益と呼びます。

　近年，日本では直接投資収益は増加傾向にありますが，その半分程度は再投資収益です。つまり，日本の海外子会社の収益は，日本の GNI に含まれているものの，実際にはその一部は親会社の手元にはありません。

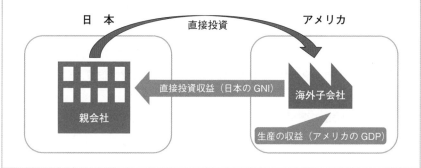

られます。例えば，対外直接投資による配当金や外国への出稼ぎによる報酬の受け取りが多く，第一次所得収支が黒字になる場合，GNIはGDPよりも大きくなります。図7-3には，数値例として，GDPが95，外国からの所得受取が10，外国への所得支払が5の場合が描かれています。このとき，第一次所得収支（外国からの所得純受取）は5（＝外国からの所得受取－外国への所得支払＝10－5）でプラスです。よって，GNIは100（＝GDP＋第一次所得収支＝95＋5）になります。この数値例からも分かるように，開放経済において，GDPとGNIは一般に等しくありません。

レッスン7.3　経常収支の関連式

　経常収支について成り立つ式を説明します。経常収支は，GNIと内需，あるいは貯蓄，投資，および財政収支を使って表すことができます。

経常収支，GNI，および内需の関係

　国内で生産された財・サービスと輸入された財・サービスは，国内の誰かが購入（需要）するか，あるいは外国の誰かによって購入（需要）されます。国内で財・サービスを需要する主体は，家計，企業，および政府の3つに分けられます。そして，家計の需要は消費，企業の需要は投資，政府の需要は政府支出と呼んで区別します。これら3つの需要の合計は，国内の需要に起因するので，アブソープションまたは内需（国内需要）と呼ばれます。他方，外国の家計，外国の企業，および外国の政府による財・サービスの需要は，まとめて輸出として扱います。つまり，GDPと輸入の合計は，消費，投資，政府支出，および輸出の合計に等しくなります（Box 7.6の(a)式）。

　経常収支とGNIの関係を見てみましょう。Box 7.6の(a)式は，「輸出－輸入＝GDP－（消費＋投資＋政府支出）」と書き換えられます。ここで，「輸出－輸入」は純輸出と呼ばれ，右辺の括弧内はアブソープションなので，「純輸出＝GDP－アブソープション」となります。この式の両辺に第一次所得収支と第二次所得収支を足して，第二次所得収支はゼロで無視できるとします。「純輸出＋第一次所得収支＝経常収支」なので，その式の左辺は経常収支になりま

図 7-3 　開放経済の GDP と GNI の数値例

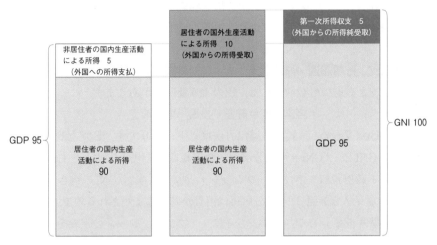

（注）　外国からの所得純受取＞0 の場合。

■Box 7.6　GDP，GNI，および経常収支の関連式■

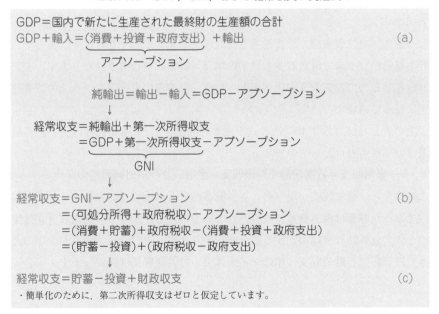

GDP＝国内で新たに生産された最終財の生産額の合計
GDP＋輸入＝（消費＋投資＋政府支出）＋輸出　　　　　　　　　　（a）
　　　　　　　アブソープション
　　　　　　　　　↓
　　　　　純輸出＝輸出−輸入＝GDP−アブソープション
　　　　　　　　　↓
　　経常収支＝純輸出＋第一次所得収支
　　　　　＝GDP＋第一次所得収支−アブソープション
　　　　　　　　GNI
　　　　　　　　　↓
経常収支＝GNI−アブソープション　　　　　　　　　　　　　　　（b）
　　　　＝（可処分所得＋政府税収）−アブソープション
　　　　＝（消費＋貯蓄）＋政府税収−（消費＋投資＋政府支出）
　　　　＝（貯蓄−投資）＋（政府税収−政府支出）
　　　　　　　　　↓
経常収支＝貯蓄−投資＋財政収支　　　　　　　　　　　　　　　　（c）
・簡単化のために，第二次所得収支はゼロと仮定しています。

す。また，「GDP＋第一次所得収支＝GNI」を用いると，その式の右辺は「GNI－アブソープション」になります。したがって，Box 7.6の(b)式「経常収支＝GNI－アブソープション」が導出されます。経常収支が黒字（赤字）のとき，GNIはアブソープションよりも大きく（小さく）なります。

経常収支，貯蓄超過・財政収支，および対外純資産の関係

経常収支と政府の財政収支には，次のような関係があります。

経常収支＝貯蓄－投資＋財政収支

この式（Box 7.6の(c)式）の導出方法は以下の通りです。Box 7.6の(b)式の右辺のGNIに，「GNI＝可処分所得＋政府税収」を代入すると，右辺は「可処分所得＋政府税収－アブソープション」となります。（GNIの書き換えについてはBox 7.7を参照。）可処分所得は消費か貯蓄にまわされるので，「可処分所得＝消費＋貯蓄」となります。さらに，アブソープションの定義を代入すると，その右辺は「貯蓄－投資＋政府税収－政府支出」となります。最後に「財政収支＝政府税収－政府支出」を使って書き換えることで，上の式（Box 7.6の(c)式）が得られます。ここで，「貯蓄－投資」は貯蓄超過と呼ばれます（図7-4参照）。

つまり，経常収支は，貯蓄超過と財政収支の和に等しくなります。よって，貯蓄超過がプラスで財政収支も黒字の場合，経常収支は黒字になります。また，財政赤字なのに経常収支が黒字のときには，財政赤字を上回るプラスの貯蓄超過になっています。

上の式とBox 7.3より，次の式が成り立ちます。（資本移転等収支と誤差脱漏はいずれもゼロとしています。）

経常収支＝貯蓄超過＋財政収支＝金融収支＝対外純資産の変化

この式から，経常収支が黒字のとき，貯蓄超過と財政収支の和はプラスで，国内で余った貯蓄は海外資産に投資されています。したがって，経常収支が黒字のとき，対外純資産は増加することが分かります。逆に，経常収支が赤字のとき，貯蓄超過と財政収支の和はマイナスで，対外純資産は減少します。

■Box 7.7　GNIと可処分所得■

　ある国の人々や企業（居住者）が，国内外から受け取る所得の合計がGNIです。GNIから政府税収（税金として取られた分）を差し引くと，可処分所得になります。つまり，「可処分所得＝GNI－政府税収」です。書き換えると，「GNI＝可処分所得＋政府税収」となります。

　なお，厳密に言うと，可処分所得は，GNIに年金などの給付を加え，それから直接税（所得税など）と社会保険料等を差し引くことで得られます。本書では，簡単化のために，社会保険料や年金などはゼロと仮定し，政府の直接税の税収を「政府税収」と表記することにします。

図7-4　GDP，GNI，および経常収支の数値例

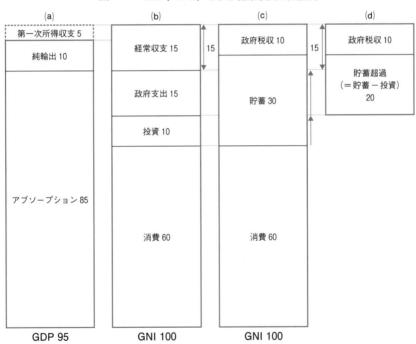

（注）　外国からの所得純受取＞0，純輸出＞0，経常収支＞0，財政収支＜0の場合。
- ・図(a),(b)：　経常収支 ＝ 純輸出 ＋ 第一次所得収支 ＝ 10 ＋ 5 ＝ 15
- ・図(b),(c),(d)：貯蓄超過 ＝ 貯蓄 － 投資 ＝ 30 － 10 ＝ 20
　　　　　　　　財政収支 ＝ 政府税収 － 政府支出 ＝ 10 － 15 ＝ －5
- ・図(b),(d)：　経常収支 ＝ 貯蓄超過 ＋ 財政収支 ＝ 20 ＋（－5）＝ 15

1. 2020年の日本の国際収支を表7-1と同じように作成しなさい。統計データは，財務省のホームページ「統計表一覧（国際収支状況）」から入手できる。表7-1と比較して，なぜサービス収支の赤字が大きいかを説明しなさい。

2. 国際収支の3つの大項目は何か。それらに関わる対外的な経済取引の例をあげて，Box 7.2と同じような形式で国際収支に記録しなさい。

3. 誤差脱漏はないとする。経常収支が13兆円，資本移転等収支が－2兆円のとき，金融収支はいくらになるか。

4. 「経常収支＝貯蓄－投資＋財政収支」を導出しなさい。

5. 財政赤字で経常収支が黒字のとき，貯蓄超過はどのようになっているかを答えなさい。

8
外国為替市場と為替レート

　貿易取引や対外投資などに伴って，自国通貨と外国通貨の交換が必要となります。本章では，各国の通貨が交換（取引）される場である外国為替市場と，外国為替市場で決まるいろいろな為替レートについて説明します。また，為替レートの変化が，経常収支に与える影響についても見ていきます。

Keywords
外国為替市場，名目為替レート，直物レート，先渡レート，変動相場制，固定相場制，マーシャル＝ラーナー条件，弾力性アプローチ

レッスン8.1　外国為替市場とは

　貿易取引や対外投資などに伴って，売買や投資の代金の支払いと受け取りが発生するため，いろいろな国の通貨を交換する必要があります。各国の通貨が交換される場である外国為替市場について説明します。

外国為替市場はどんな市場

　日本円，米ドル，ユーロや英ポンドなどの異なる通貨の取引が行われる場を外国為替市場といいます。単に為替市場と呼ぶこともあります。グローバル経済の今日，様々な場面で異なる通貨の交換が必要になるので，とても重要な市場です。

　例えば，日本からタイに海外旅行に行くとき，現地で現金の支払いもできるように，空港の外貨両替所で円をバーツに交換しておきます。日本の自動車会社がアメリカに車を輸出して，代金をドル建てで受け取る場合，日本の自動車会社はドルを円に換えて，円建ての経費などが支払えるようにします。また，日本の投資家が，フランスのユーロ建て金融資産を売買するために，円とユーロを交換することもあります。

　外国為替市場の特徴は，魚市場のように特定の場所や建物で取引が行われるわけではなく，また株式市場のように公的な組織（例えば東京証券取引所）があるわけではない点です。多くの取引は，電話回線や電子機器を通じて行われます。そして，外国為替市場は，ウェリントン，シドニー，東京，香港，シンガポール，フランクフルト，ロンドン，ニューヨークといった主要都市の順に開き，24時間，世界各国で取引が行われています。つまり，外国為替市場とは，市場参加者を通信機器でつないで取引が行われる市場です。

為替レートとは

　異なる通貨の交換比率のことを為替レート（exchange rate）または為替相場といいます。より正確に言えば，異なる2つの通貨の交換比率は名目為替レートと呼ばれます。通常のニュースなどで出てくる為替レートは，名目為替レートのことです。例えば，為替レートが1ドル＝100円の場合，1ドルを得

■Box 8.1　世界の主要な国の通貨■

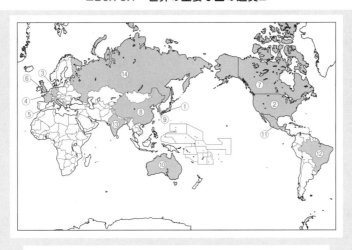

地図の番号	通貨記号	国　名	通貨単位（通貨コード）
①	¥	日　本	日本円（JPY）
②	$	アメリカ	米ドル（USD）
③	€	ドイツ	ユーロ（EUR）
④	€	フランス	ユーロ（EUR）
⑤	€	イタリア	ユーロ（EUR）
⑥	£	英　国	英ポンド（GBP）
⑦	Can $	カナダ	カナダ・ドル（CAD）
⑧	¥	中　国	中国元（CNY）
⑨	₩	韓　国	韓国ウォン（KRW）
⑩	A $	オーストラリア	豪ドル（AUD）
⑪	Mex $	メキシコ	メキシコ・ペソ（MXN）
⑫	R $	ブラジル	ブラジル・レアル（BRL）
⑬	₹	インド	インド・ルピー（INR）
⑭	₽	ロシア	ロシア・ルーブル（RUB）

■Box 8.2　外国との取引の決済■

　海外旅行のときのように，外貨両替所で自国通貨を外国通貨（外貨）に交換して，現地で現金で支払い（決済）をすることもあります。ですが，国際間の取引の多くは，現金を実際にやりとりせずに代金の支払いや受け取りができる仕組みを使います。この便利な仕組みについては，Web補論 レッスンS8.1 を見てください。

るために100円を支払えばよく，逆に1ドルを売れば100円が手に入ります。

　本書では，特に断らない限り，為替レートというときは名目為替レートを指すことにします。

　為替レートの表示方法は，自国通貨建てと外国通貨建ての2通りあります。自国通貨建てとは，外国通貨1単位に対して自国通貨が何単位必要かという表示方法です。例えば，1ドル＝100円（100円/ドル）と示すとき，円建てレートと呼ばれます。日頃よく耳にするのは円建てレートです。逆に，外国通貨建てとは，自国通貨1単位に対して外国通貨（外貨）が何単位必要かという表示方法です。例えば，1円＝0.01ドル（0.01ドル/円）と示す場合，ドル建てレートといいます。

通貨の増価と減価

　通貨の価値が増すことを増価，逆に通貨の価値が減ることを減価といいます。例えば，当初の為替レートを1ドル＝100円としましょう。1ドル＝120円になった場合，1ドルを得るために払う円の量が増えるので，円の価値が低くなっています。つまり，円は減価しています。このとき円安・ドル高になったともいいます。逆に，1ドル＝90円になった場合，1ドルを得るために払う円の量が減るので，円は増価した，または円高・ドル安になったといいます。

　上の数値例で，アメリカにおいて1000ドルで売られているスマートフォンは，1ドル＝100円のときは円換算で10万円（＝100円/ドル×1000ドル）です。円安で1ドル＝120円になると，12万円（＝120円/ドル×1000ドル）に値上がりします。逆に，円高で1ドル＝90円になると，9万円（90円/ドル×1000ドル）に値下がりします。このように，外貨で表された価格が同じでも，為替レートが変化すると，円建て価格は変化します。

レッスン8.2　いろいろな外国為替取引

　外国為替市場の主な特徴と，外国為替市場で決まるいろいろな為替レートについて説明します。

■Box 8.3　円安・ドル高と円高・ドル安■

　為替レートを円建てレートで「1ドル＝何円」と表した場合，その値（何円）が大きくなったときに円安・ドル高で，その値（何円）が小さくなったときに円高・ドル安であることに注意しましょう。

<u>━━</u>　*Close Up 8.1*　**実効為替レート**

　実効為替レートは，自国通貨が，複数国の通貨全体に対してどの程度の価値があるかを測るための総合的な指標です。つまり，自国通貨の総合的な実力を表します。具体的には，対象となる複数国の通貨と自国通貨の間の名目為替レートを，相手国との貿易額などでウエイト付けして求めます。

　実効為替レートを計算するときには，基準となる時点を決めて為替レートを指数化します。指数化とは，基準時点の値を100とすることです。基準時点よりもある通貨の価値が上がった（下がった）とき，指数の値は大きく（小さく）なるように定義します。

　日本の場合について数値例で見てみましょう。簡単化のために，日本の貿易相手国はアメリカとユーロ圏の国々だけとして，貿易額の比率はアメリカが60％でユーロ圏は40％とします。

　基準時点で，1ドル＝100円，1ユーロ＝110円とします。この基準時点でのドルとユーロの為替レートの指数の値を，それぞれ100とします。基準時点での実効為替レートは，貿易比率でウエイト付けをして，「実効為替レート＝0.6×100＋0.4×100＝60＋40＝100」となります。

　その後，1ドル＝140円，1ユーロ＝132円になったとします。このとき，円は対ドルで40％の減価（(100−140)÷100×100％＝−0.4×100％＝−40％），対ユーロでは20％の減価（(110−132)÷110×100％＝−0.2×100％＝−20％）になります。よって，為替レートを指数で見ると，ドルは100から40％減少して60，ユーロは100から20％減少して80になります。円はいずれの通貨に対しても減価しているので，指数の値は小さくなります。このときの実効為替レートを求めると，「実効為替レート＝0.6×60＋0.4×80＝36＋32＝68」になります。つまり，基準時点と比較して，円は総合的に見て32％減価（(68−100)÷100×100％＝−0.32×100％＝−32％）したといえます。

　実効為替レートは，各国の中央銀行や国際決済銀行（BIS）が公表しています。日本円の実効為替レートは，日本銀行のホームページ「時系列統計データ検索サイト」の「マーケット関連」から調べることができます。

外国為替市場の参加者

　外国為替市場の取引は，市場参加者の種類によって，対顧客取引とインターバンク（銀行間）取引の2つに大別されます。

　対顧客取引では，個人や輸出入を行う企業と銀行などの金融機関が取引を行います。この取引の場は対顧客市場と呼ばれます。

　他方，インターバンク取引においては，金融機関同士や通貨当局（各国の中央銀行や通貨政策を担当する政府部局）が，直接または仲介業者（外為ブローカー）を通じて取引を行います。この取引の場はインターバンク（銀行間）市場と呼ばれます。外為ブローカーは，多くの参加者の注文を受けることで，注文条件（通貨，売値と買値，金額，受け渡し時期の違いなど）が合う取引相手を探して，取引が円滑になるように手助けをします。

直物取引と直物レート

　インターバンク市場において，通貨の売買が成立してから2営業日以内に，実際に通貨の受け渡し（通貨と対価の交換）が行われる取引のことを直物取引といいます。その際に適用される為替レートは，直物レートまたはスポット・レートと呼ばれます。つまり，直物レートは，通貨の受け渡しが最も早く完了する取引での為替レートです。

　直物レートには，通貨を売ってくれる値段である売値（オファー）と，通貨を買い取ってくれる値段である買値（ビッド）があります。両者の差は手数料を反映して決まり，売値の方が買値よりも高くなります。例えば，取引における円の最小単位は1銭（100銭＝1円）で，ドルの売値は1ドル＝105.66円，買値は1ドル＝105.65円といった値段になります。

　売値の方が買値よりも高い理由は以下の通りです。もし売値の方が買値よりも低い（売値＜買値）とすると，高い買値でドルを買い取って，低い売値でドルを売ることになります。売値と買値の差額（＝売値－買値）はマイナスで，損することになるので，誰もそのような取引の仲介をしようとしません。実際には，売値の方が買値よりも高く，両者の差額（＝売値－買値）はプラスで，その差額は金融機関の手数料収入になります。

　直物レートは，インターバンク市場での取引に適用されるもので，個人が銀行などの窓口で外貨を売買するときの対顧客為替レートとは異なります。対顧

◆ *Case Study 8.1*　**話題のデジタル通貨**

　インターネット上でデジタルデータに変換されてやり取りできる通貨は，デジタル通貨と呼ばれています。デジタル通貨を使うことで，銀行などの仲介者を介することなく，代金の支払いと受け取り（国内・国際間の決済），安い手数料での国際送金などが可能になるので，注目を集めています。

　最近では，米フェイスブック（現メタ）がデジタル通貨「リブラ」の構想を2019年に明らかにしました。それに対して，各国の金融当局は，世界規模での全く新しい金融サービスにより国際金融システムを動揺させる可能性があるなどの理由から，強い懸念を示して話題になりました。

　すでに様々な種類のデジタル通貨が使われています。例えば，クレジットカードや銀行口座を登録するなどしてスマートフォンで決済ができる「PayPay」や「楽天ペイ」，暗号通貨の「ビットコイン」や「イーサリアム」などは，いずれもデジタル通貨です。

　民間銀行のなかには，独自のデジタル通貨の発行を検討しているところもあります。また，法定通貨（中央銀行が発行する通貨）をデジタル化した通貨（中央銀行発行デジタル通貨（CBDC））の発行について，日本などの主要国の中央銀行の多くは，調査研究や実証実験などの取り組みを始めています。諸外国のなかには，発行を準備したり，世界で初めて2020年に発行したカリブ海の島国バハマのような国もあります。

　デジタル通貨には，発行の裏付けとして，法定通貨の資産を持つもの（CBDCなど）と持たないものがあります。ビットコインなどの暗号通貨は，裏付け資産を持っていません。

　近年，デジタル通貨の普及を後押しするフィンテック（FinTech）の発展は目覚ましいです。フィンテックとは，金融（finance）と技術（technology）を組み合わせた造語で，金融サービスと情報通信技術を結びつけた革新的な動きのことをいいます。国際金融システムに影響を与えうるデジタル通貨の行方から目が離せません。

客為替レートは，インターバンク市場の取引に基づいて決められます。また，銀行の店頭などで表示されているように，対顧客為替レートにも売値と買値があり，この場合も売値の方が買値よりも高くなります。

　以下では，簡単化のために，売値と買値は等しいとしておきます。

先渡取引と先渡レート

　将来，外貨を受け取る予定があって，その将来の時点で外貨を自国通貨に交換したいような場合があります。

　例えば，輸出企業が1年後に受け取るドル建ての輸出代金1億ドルを円に換える場合を考えてみましょう。1年後の為替レートが1ドル＝110円とすると，円換算の輸出代金は110億円（＝110円/ドル×1億ドル）になります。もし1年後はそれよりも円高・ドル安で，1ドル＝100円になるならば，円換算の輸出代金は100億円（＝100円/ドル×1億ドル）に減ってしまいます。

　そこで，輸出企業は，1年後に円高・ドル安になって円建ての金額が目減りするリスク（危険）を回避するために，銀行との間で1年後にいくらでドルを円に交換するかを現時点で決めて予約しておきます。この取引をすれば，輸出企業は，1年後に受け取る円建ての金額を現時点で確定できます。

　この例のように，為替取引のなかには，取引が成立してから3営業日以降に通貨の受け渡しが行われる先渡取引（フォワード取引）と呼ばれるものがあります。言い換えれば，将来のある時点で通貨の交換を行う約束を現時点でする取引のことです。実務では，先渡取引は先物予約と呼ばれています。

　先渡取引での為替レートは，先渡レートまたはフォワード・レートと呼ばれます。直物レートと先渡レートは必ずしも等しくなく，その差は直先スプレッドといわれます。

　本書では，為替レートというときは直物レートを指すものとします。いろいろな為替レートを区別する必要があるときは明記します。

レッスン8.3　為替相場制度の種類と概要

　為替相場制度には，大きく分けると変動相場制と固定相場制があります。そ

◆ *Case Study 8.2*　**巨額のお金が動く外国為替市場**

　外国為替市場は巨大な市場です。国際決済銀行（BIS）の3年ごとの報告書によると，2022年4月における世界全体の1日当たりの直物レートの平均取引額は，7.5兆ドルにもなります（2004年においては1.9兆ドル）。たった1日でその金額です。世界銀行の統計によると2022年の世界全体の名目GDPは100.6兆ドルであり，日々いかに巨額の取引が行われているかがよく分ります。

　その取引の88パーセントを米ドルが占めています。米ドルを介して通貨を交換した方が，直接交換するよりも交換したい人を探しやすいからです。例えば，円から英ポンドに交換する場合，まず円から米ドルに交換して，米ドルから英ポンドに交換する方が容易なのです。

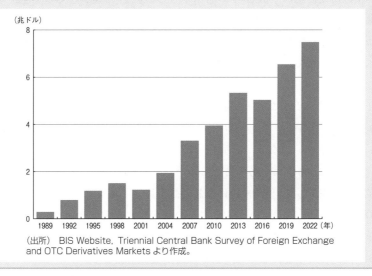

（出所）　BIS Website, Triennial Central Bank Survey of Foreign Exchange and OTC Derivatives Markets より作成。

■Box 8.4　**その他の外国為替取引**■

　本文で説明した以外の為替取引として，先物取引（フューチャーズ取引），オプション取引やスワップ取引などのようなデリバティブ取引（金融派生商品取引）があります。これらについては上級の教科書を参照してください。

れらの制度の概要と，各制度での為替レートの決定について説明します。

変動相場制とは

　日本など主要国が採用している為替相場制度は変動相場制と呼ばれ，通貨の売買が自由に行われて，通貨の需給バランスで為替レートが決まります。本章では，主に変動相場制に基づいて説明します。

　変動相場制の下で，ドルの為替レートは，ドルの需要と供給が一致するところで決まります。図8-1では，ドルの需要曲線と供給曲線を使って，ドルの為替レートの決定を示しています。ドルの需要は「ドル買い」，ドルの供給は「ドル売り」を意味します。

　ドルの需要曲線は，図8-1の右下がりの直線Dで表されています。つまり，円建て為替レートが小さいほど，つまり円高・ドル安であるほど，ドルの需要量は増えるとしています。ドルの需要はいろいろな要因で生じるため，そうなるとは限りませんが，ドルの需要曲線が右下がりになるような例を以下で紹介しておきます。

　日本からアメリカに5泊で旅行することを考えてみましょう。宿泊費の予算を6万円とします。1ドル＝120円の場合，予算はドル換算で500ドル（＝6万円÷120円/ドル）になり，1泊100ドルのホテルに宿泊するでしょう。この場合，支払いに500ドルが必要になるので，その分のドル需要が生じます。もし円高・ドル安で1ドル＝100円になると，予算はドル換算で600ドル（＝6万円÷100円/ドル）になり，1泊120ドルのホテルに宿泊できます。この場合，5泊分の支払いに600ドルが必要になるので，その分のドル需要が生じます。つまり，円高・ドル安になると，ドルの需要量は増加しています。

　ドルの供給曲線は，図8-1の右上がりの直線Sで表されています。これは，円建て為替レートが大きいほど，つまり円安・ドル高であるほど，ドルの供給量が増えることを示しています。ドルの供給もいろいろな要因で生じるため，必ずしもそうなるとは限りませんが，ドルの供給曲線が右上がりになる例を以下で紹介しておきます。

　アメリカの人が，日本から輸入された日本車を購入（需要）する場合を考えてみましょう。この日本車は120万円で輸出され，アメリカでの価格は，そのときの為替レートでドルに換算された値とします。1ドル＝100円のとき，日

　日本などの主要な国々が変動相場制に移行するまでには，紆余曲折がありました。

　第二次世界大戦後，米ドルと金（きん）の交換比率を固定して，アメリカは米ドルと金の交換を保証し，さらに各国の通貨は米ドルとの交換比率をほぼ固定することになりました（Web補論 Case Study S12.1 参照）。つまり，戦後しばらくは固定相場制でした。

　アメリカで中央銀行の役割を担うFRB（Federal Reserve Board：連邦準備制度理事会）は，米ドルと金の交換を保証しているので，大量の金を保有する必要がありました。ところが，国際収支の悪化と金の保有量の不足などから，アメリカは1971年8月に米ドルと金の交換を停止しました。当時のニクソン大統領が発表したので，ニクソン・ショックといわれます。これによりドルの信認が揺らぎ始めます。

　その後，1971年12月の先進10カ国蔵（ぞうしょう）相会議で，ドルの切り下げなどが合意されました。なんとか固定相場制は維持されましたが，それはつかの間で，1973年2月に日本は変動相場制に移行しました。同時期に，他の主要通貨も変動相場制に移行しました。

図 8-1　**通貨の需給と為替レート：需給のバランス**

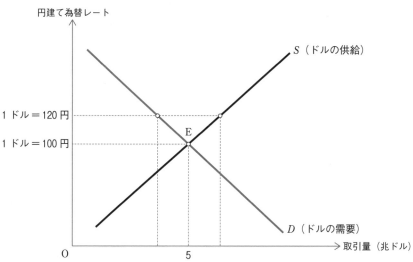

本車のドル建て価格は1万2千ドル（＝120万円÷100円/ドル）になります。日本車が売れると，支払われた代金1万2千ドルは輸出した日本企業に入り，日本企業はその代金を円に換えるので，ドルが供給されます。計算しやすいように10台売れたとすると，12万ドルのドル供給が生じます。もし円安・ドル高で1ドル＝120円になると，日本車のドル建て価格は安くなり，1万ドル（＝120万円÷120円/ドル）になります。そこで，この日本車の購入台数が増えて13台になったとすると，13万ドルのドル供給が生じます。つまり，円安・ドル高になると，より多くのドルが供給されます。

　為替レートは，ドルの需要曲線とドルの供給曲線が交わり，ドルの需給がバランスするように決まります。図8-1では，為替レートが1ドル＝100円のときに，ドルの需要量と供給量は5兆ドルで等しくなっています（点E）。

　ドル需要が変化するとどうなるでしょうか。図8-2では，何らかの理由で，以前と同じ為替レートであったとしても，ドルを前より多く持とうとする場合が描かれています。このドル需要の増加によって，ドルの需要曲線はDからD'のように右に移動（シフト）します。例えば，1ドル＝100円のとき，以前だと需要量は5兆ドルでしたが，需要の増加後の需要曲線D'で見ると，需要量は7兆ドルに増えています。そして，為替レートは，供給曲線Sと需要増加後の需要曲線D'の交点Fで決まり，1ドル＝120円になります。つまり，ドル需要の増加によって，円安・ドル高になります。これに対して，ドルの需要が減少するときは，逆に円高・ドル安になります（各自で考えてみてください）。

　このように，変動相場制の下では，ドルに対する需要が増加したり，逆に減少したりすると，為替レートは変動します。

その他の為替相場制度

　上で説明したような変動相場制以外にも，いろいろな為替相場制度があります。特定の外貨に対する自国通貨の価値が一定の水準になるように，通貨当局が外国為替市場に介入する固定相場制があります。また，変動相場制と固定相場制の間の中間的な制度もあります。

　国・地域によって様々な為替相場制度が採用されています。固定相場制を採用している国だけでなく，変動相場制の国でも，外国為替市場に何らかの形で介入して，為替相場の急激な変動を抑え，その安定化を図っています。また，

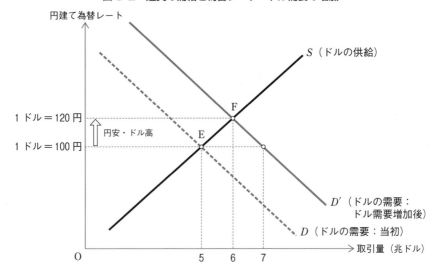

図 8-2　通貨の需給と為替レート：ドル需要の増加

円建て為替レート

S（ドルの供給）

F

1 ドル＝120 円

円安・ドル高　E

1 ドル＝100 円

D'（ドルの需要：
　　　ドル需要増加後）

D（ドルの需要：当初）

O　　　　5　6　7　　　　取引量（兆ドル）

◆ *Case Study 8.4*　ドル売りの協調介入

　1980 年代の前半，米ドル高が続き，アメリカの貿易収支の赤字は拡大していました。そこで，1985 年 9 月，ニューヨークのプラザホテルで先進 5 カ国蔵相・中央銀行総裁会議が開催され，ドル高を是正するためのプラザ合意が発表されました。この合意の参加 5 カ国（日本，アメリカ，西ドイツ，フランス，イギリス）は，為替市場でドル売りの協調介入を行い，ドルを減価させようとしました。実際に，日本円は，その協調介入後の 1 年程度で，1 ドル＝230 円台から 1 ドル＝150 円台となり，急激な円高・ドル安になりました。

　協調介入の効果を図 8-2 で考えてみましょう。ドル売りの協調介入を行うと，ドルの供給量が増加し，ドルの供給曲線は右にシフトします。その結果，ドルの需要曲線とシフトしたドルの供給曲線との交点（均衡点）は，当初の均衡点よりも右下になります。つまり，協調介入の前よりも円高・ドル安になります（各自で図を描いて考えてみてください）。

EU（欧州連合）のなかで，欧州経済通貨同盟（EMU）に参加している国は単一の通貨ユーロを導入しており，それらの国々の間では固定相場制のような状況になっています。よって，固定相場制も学ぶ意義があります（Case Study 8.5参照）。

レッスン8.4　為替レートと経常収支

　そのときどきの経済状況によって，経常収支はゼロ（経常収支の均衡）になったり，黒字や赤字（経常収支の不均衡）になったりします。ここでは，為替レートと経常収支の関係を説明します。

　なお，簡単化のために，経常収支のなかの2つの項目（第一次所得収支と第二次所得収支）は無視できるほど小さな値とし，経常収支は貿易・サービス収支を表すとします。

為替レートと輸出入量の変化

　為替レートが変化すると，輸出量と輸入量は影響を受けます。日本の例で見てみましょう。

　当初，1ドル＝100円で，日本の輸出品の価格を1万2千円とし，アメリカに輸出するとします。このときのドル建て価格は120ドル（＝1.2万円÷100円/ドル）になります。その後，円安（円の減価）になって，1ドル＝120円になるとします。このとき，ドル建て価格は100ドル（＝1.2万円÷120円/ドル）になります。ドル建て価格が下がることで，アメリカにおける日本の輸出品は，アメリカの国内品や他国の輸出品よりも相対的に安くなります。その結果，日本の輸出品に対する需要は増えて，日本の輸出量は増加します。

　日本の輸入について見ると，円安になっても外国企業が日本への輸出品のドル建て価格を維持する場合，円安になった分だけ円建て価格（日本での販売価格）は高くなります。価格が高くなるので，日本の輸入量は減少します。

　このように，自国通貨が減価すれば，外国での輸出品の価格は低下して輸出量が増加し，自国での輸入品の価格は上昇して輸入量が減少します。逆に，自国通貨が増価すれば，それらの価格は逆方向に動くので，輸出量は減少し，輸

◆ *Case Study 8.5* **いろいろな為替相場制度**

国際通貨基金（IMF）による10分類の内，主な6つを紹介します。

<table>
<tr><td colspan="2"></td><th>為替相場制度</th><th>分類方法</th><th>国・地域数：
主な国・地域</th></tr>
<tr><td rowspan="3">固定</td><td>カレンシー・ボード制
(currency board)</td><td>固定の為替レートで通貨を
交換する場合（法的義務あり）</td><td>11：ジブチ，ブルガリ
ア，ブルネイ，香港</td></tr>
<tr><td>固定相場制
(conventional peg)</td><td>固定の為替レートで通貨を
交換する場合（法的義務なし）</td><td>42：イラク，サウジア
ラビア，ネパール</td></tr>
<tr><td>クローリング・ペッグ制
(crawling peg)</td><td>固定の為替レートをルール
に従って調整する場合</td><td>3：ニカラグア，ホン
ジュラス</td></tr>
<tr><td rowspan="3">変動</td><td>緩やかなクローリング・
ペッグ制（crawl-like
arrangement)</td><td>為替レートの変動を狭い範
囲内でのみ認める場合</td><td>18：シンガポール，ス
リランカ，バングラデ
シュ</td></tr>
<tr><td>変動相場制（floating)</td><td>為替介入はあるが，為替レート
は市場でほぼ決まる場合（為替
介入を公表するとは限らない）</td><td>35：インド，韓国，ス
イス，ブラジル，マレー
シア，南アフリカ</td></tr>
<tr><td>自由な変動相場制
(free floating)</td><td>例外的な最低限の為替介入
だけで，そのことを通貨当
局が公表</td><td>31：日本，アメリカ，
EMU，イギリス，カナ
ダ，メキシコ，ロシア</td></tr>
</table>

（注）　10分類のなかには，「その他通貨管理」もあります。中国は，2018年のIMF報告書
では上から4つ目の「緩やかなクローリング・ペッグ制」に分類されていましたが，2019年
には「その他通貨管理」に分類されています。
（出所）　International Monetary Fund (2020) *Annual Report on Exchange
Arrangements and Exchange Restrictions 2019*, IMFより作成。

入量は増加します（各自で考えてみてください）。

為替レートの変化と経常収支の調整

為替レートの変化によって輸出入量は影響を受けて，その結果，経常収支は変化します。日本とアメリカの場合で，円安（円の減価）になるときの経常収支の変化を見てみましょう。以下では，円建てで経常収支を計算することにします。（ドル建てでも同様の結果になります。）

日本の輸出品の価格は1万2千円で一定とします。また，アメリカからの輸入品の価格は200ドルで一定とします。

当初の為替レートを1ドル＝100円とし，日本の輸出量を100単位，輸入量も100単位であるとします。このとき，日本の輸出額は120万円（＝1.2万円×100）となります。他方，輸入品の円建て価格は2万円（＝100円/ドル×200ドル）になるので，輸入額は200万円（＝2万円×100）になります。よって，日本の経常収支は−80万円（＝120万円−200万円），つまり80万円の赤字です。この状況は図8-3の左図に描かれています。

ここで円安になって，為替レートが1ドル＝120円になるとします。当初，日本の輸出品のドル建て価格は120ドル（＝1.2万円÷100円/ドル）でしたが，それが100ドル（＝1.2万円÷120円/ドル）に低下するので，輸出量が120単位に増えるとします。輸出品の価格は1万2千円で一定なので，輸出額は144万円（＝1.2万円×120）になります。他方，アメリカからの輸入品の円建て価格は，2万円（＝100円/ドル×200ドル）から2万4千万円（＝120円/ドル×200ドル）に上がるので，日本の輸入量は80単位に減るとします。このときの輸入額は192万円（＝2.4万円×80）です。よって，経常収支は−48万円（＝144万円−192万円），つまり48万円の赤字です。この状況は図8-3の右図に描かれています。したがって，円安になることで，経常収支の赤字は縮小（48万円＜80万円）しています。

同様にして，円高（円の増価）によって，経常収支が悪化する数値例を考えることができます（各自で考えてみてください）。

上の例のように，経常収支を円建てで見たとき，「輸出額＝円建て輸出価格×輸出量」，「輸入額＝円建て為替レート×ドル建て輸入価格×輸入量」なので，経常収支は，

［自国通貨建て為替レートの上昇（自国通貨の減価）］
　・外国での輸出品の価格の低下 → 輸出量の増加
　・自国での輸入品の価格の上昇 → 輸入量の減少

［自国通貨建て為替レートの低下（自国通貨の増価）］
　・外国での輸出品の価格の上昇 → 輸出量の減少
　・自国での輸入品の価格の低下 → 輸入量の増加

図 8-3　円安による経常収支の改善：数値例

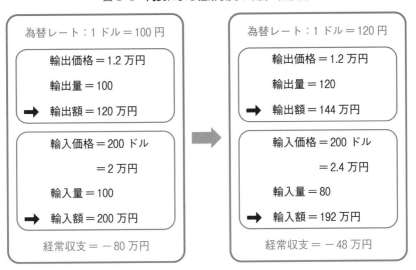

経常収支＝円建て輸出価格×輸出量

－円建て為替レート×ドル建て輸入価格×輸入量

となります。円建て輸出価格やドル建て輸入価格を一定としても，為替レートの変化によって，円建てで見た輸入価格が変化するだけでなく，その価格変化に伴って輸出入量も変化することで，経常収支は調整されます。

　上の数値例では，円安になって輸出量が増大し，円建ての輸出額が増加しています。他方，円建て為替レートの値が大きくなるので，ドル建ての輸入額（＝ドル建て輸入価格×輸入量）が同じであれば，円建ての輸入額は多くなります。しかし，円安によって輸入量が大きく減少したため，ドル建ての輸入額は大きく減少し，円建ての輸入額も減少しています。そのため，経常収支が改善しています。

　自国通貨の減価によって，純輸出の額（＝輸出額－輸入額）が増加して経常収支が改善（黒字の拡大あるいは赤字の縮小），逆に，自国通貨の増価によって，純輸出の額が減少して経常収支が悪化（赤字の拡大あるいは黒字の縮小）するための条件は，マーシャル＝ラーナー条件（Marshall-Lerner condition）と呼ばれます。

　マーシャル=ラーナー条件が成立する下では，自国通貨が減価するならば，価格変化に対して，経常収支の改善を引き起こすくらい輸出量が増加し，輸入量が減少します（上の数値例ではそうなっています）。逆に，自国通貨が増価する場合は，経常収支の悪化を引き起こすくらい輸出量が減少し，輸入量が増加します。

　価格変化に対して輸出入量が変化する程度は，弾力性（だんりょくせい）を使って測ることができます。弾力性の値は，価格が1パーセント変化したときに輸出量（あるいは輸入量）が何パーセント変化するかを表しています。弾力性を用いて経常収支の調整をとらえる方法は，弾力性アプローチと呼ばれます。

　自国通貨が減価しても，自国の経常収支は，短期的には輸出量や輸入量があまり調整されないために悪化し，長期的に改善することがあります。この調整経路は，図に描くとアルファベットのJの形に似ているので，Jカーブ効果と呼ばれます（図8-4参照）。なぜJカーブ効果が生じるかについては，Web補論 レッスンS8.2で説明します。

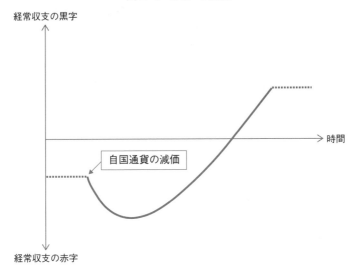

図 8-4　J カーブ効果

経常収支の黒字

時間

自国通貨の減価

経常収支の赤字

≡ *Close Up 8.2*　**為替レートと輸出入価格の変化**

　本文の数値例では，日本とアメリカの企業は，それぞれ円建てとドル建ての輸出（出荷）価格を一定としていました。そのため，輸出先の国内での販売価格は，為替レートの変化と同率で変化することになります。しかし，実際には，輸出国の通貨建ての輸出（出荷）価格を変えることで，為替レートの変化を，輸出先の国内での販売価格に完全には反映させないようにするかもしれません。

　日本とアメリカの場合で見てみましょう。10％の円高・ドル安が起きたとします。日本の企業が，円高に合わせて，アメリカでのドル建ての販売価格（アメリカ国内での日本製品の価格）を 10％まるまる引き上げると，価格の上昇が大きく，今後の販売量の大幅な減少が懸念されます。そこで，日本の企業は，ドル建ての販売価格の上昇を 10％よりも少なく抑えるかもしれません。逆に，アメリカの企業は，円建ての販売価格（日本国内でのアメリカ製品の価格）を 10％まで引き下げなくても，販売量は伸びると考えるでしょうから，日本国内での販売価格の引き下げ幅を 10％よりも小さくするかもしれません。

　為替レートの変化に対して輸入国内でどのくらい価格が変化するかは，為替レートのパススルー（exchange rate pass-through）と呼ばれます。為替レートの変化が，価格にきちんと反映されるときにパススルー率は高く，価格にあまり反映されないときにパススルー率は低くなります。

1. 為替レートが1ドル＝120円から1ドル＝140円になったとする。これは円高・ドル安になったのか，円安・ドル高になったのかを答えなさい。

2. 直物レートと先渡レートとは何か。それぞれ説明しなさい。

3. 変動相場制と固定相場制の違いを説明しなさい。

4. マーシャル=ラーナー条件が満たされているとき，自国通貨が減価すると，自国の経常収支はどうなるかを答えなさい。

9

為替レートの決定

本章では，通貨の需要と供給がどのような要因で決まり，為替レートがどのような水準に決まるのかについて見ていきます。代表的な考え方として，まず，国際間の金利差に着目して，短期の為替レートの水準を説明しようとする金利平価説を紹介します。次に，国際間の物価に着目して，長期の為替レートの水準を説明しようとする購買力平価説を見ていきます。

Keywords
金利平価説，金利平価条件，カバー付き金利平価，カバーなし金利平価，一物一価の法則，物価水準，絶対的購買力平価，購買力平価説，相対的購買力平価

レッスン9.1　金利と為替レート

　為替レートの決定の基本的な考え方の1つである金利平価説について説明します。これは，国際間の金利差に着目して，短期の為替レートの水準を説明しようとしています。

異なる通貨の運用収益率

　投資家が，自国通貨あるいは外国通貨で資金運用を考えているとします。このとき，より高い運用収益率（以下では「収益率」と表記）になる通貨で資金を運用するでしょう。そこで，異なる2つの通貨の収益率の求め方を，まず数値例で見てみましょう。

　投資家が，円資金100万円を，円またはドルで1年間運用するとします。円金利は1％，ドル金利は3％で，現在と1年後の為替レートはいずれも1ドル＝100円である場合を考えます。

　円あるいはドルで運用したときの流れは，図9-1に描かれています。円で運用（円預金）すると，1年後に円金利分の1万円（＝0.01×100万円）増えて，101万円（＝100万円＋1万円）になります。つまり，円での収益率は，円金利と同じ1％（＝1万円÷100万円×100％）です。

　ドルで運用するときには，まず円をドルに換える必要があります。投資家は，円資金100万円を1ドル＝100円でドルに換えて，1万ドル（＝100万円÷100円/ドル）を手に入れます（図9-1 ①）。その1万ドルを運用することで，1年後にはドル金利分の300ドル（＝0.03×1万ドル＝0.03万ドル）増えて，1.03万ドル（＝1万ドル＋0.03万ドル）になります（図9-1 ②）。

　ドルでの収益率を知るためには，円資金を運用しているので，円建てでの収益を求める必要があります。1年後にドル預金を解約して円に換えるには，1年後の為替レートでドルを円に戻すことになります。1年後の為替レートを1ドル＝100円としているので，ドル預金は円建てで103万円（＝100円/ドル×1.03万ドル）になります（図9-1 ③）。つまり，ドルで運用したときの円建ての収益は3万円（＝103万円－100万円）で，ドルでの収益率は3％（＝3万円÷100万円×100％）になります。

◆ *Case Study 9.1* **各国の金利**

　日本の金利は，長い間とても低くなっていますが，本文では計算しやすい仮の値にしています。最近（2022年），諸外国の金利は高くなっています。

　主要な国（通貨）の預金金利は，銀行のホームページに載っている外貨預金金利を見ることで知ることができます。例えば，定期預金の金利（1年満期）は，ある日本の銀行において右の表（金利の低い順）のようになっています。

　なお，ある通貨の金利は1つだけではありません。預金金利以外にも，短期貸出金利や長期国債の金利といったように，いろいろな金利があります。

通　貨	定期預金の金利
日本円	0.01%
シンガポール・ドル	0.2%
ノルウェー・クローネ	1%
ユーロ	1.2%
中国人民元	1.5%
英ポンド	2%
カナダ・ドル	3.1%
豪ドル	3.1%
ニュージーランド・ドル	3.5%
米ドル	4%
トルコ・リラ	5%

（出所）　SBI 新生銀行 HP（2022 年 10 月 17 日時点）

　世界の国々（通貨）のいろいろな金利の推移は，国際通貨基金（IMF）の International Financial Statistics という統計で見ることができます。

図 9-1　**円とドルでの運用の数値例**

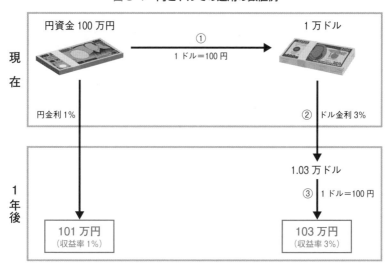

1年後の為替レートと現在の為替レートの関係

　上の数値例では，現在と1年後の為替レートは同じにしていました。以下では，1年後の為替レートが他の値である場合についても，各通貨での収益率を求めてみます。また，投資家は，収益率が異なると，収益率の高い通貨で運用しようとするので，各通貨の需給が変化します。それによって，現在の為替レートがどのように変化するかを考えてみます。

　ここでは，円金利を1％，ドル金利を3％，現在の為替レートを1ドル＝100円としておきましょう。この数値例で，1年後の為替レートと各通貨での収益率の関係を図9-2に描いてみます。上述したように，円での収益率は，1年後の為替レートに依存せず1％で一定なので，水平な直線になります。

　ドルでの収益率は，1年後の為替レートが1ドル＝100円の場合，上述したように3％です（図9-2点B）。また，1年後の為替レートが1ドル＝98円のとき，ドル預金は1年後に円建てで101万円（≅98円/ドル×1.03万ドル）になります。（≅ は「ほぼ等しい」という意味の記号です。）つまり，ドル預金の円建ての収益は1万円（＝101万円－100万円），収益率は1％（＝1万円÷100万円×100％）になります（図9-2点A）。このように，1年後の為替レートが低下すると，ドルでの収益率は低くなります。したがって，1年後の為替レートとドルでの収益率の関係は，図9-2の右上がりの直線として表されます（Box 9.1参照）。

　図9-2より，1年後の為替レートが1ドル＝98円よりも大きいとき，投資家の誰もが収益率の高いドルで運用しようとします。そこで，投資家は，円を売ってドルを買う（円からドルに交換する）ので，現在の為替レートは，1ドル＝100円から上昇し，円安・ドル高になるでしょう。そうすると，円資金をドルに換えたときの金額は少なくなるので，ドルでの収益率は低下します。逆に，1年後の為替レートが1ドル＝98円よりも小さいときには，収益率の高い円で運用しようとするので，ドル売り・円買いが起きます。よって，現在の為替レートは1ドル＝100円から低下し，円高・ドル安になるでしょう。そうなると，円資金をドルに換えたときの金額は多くなるので，ドルでの収益率は上昇します。

　現在の為替レートの変化が止まるのは，円とドルでの収益率が等しくなるときです。したがって，円金利，ドル金利，および1年後の為替レートが与えら

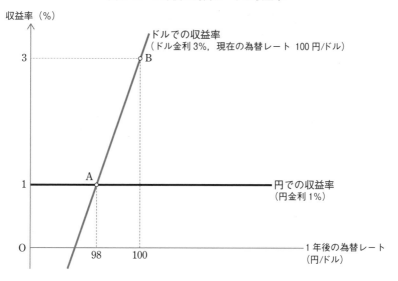

図 9-2　1 年後の為替レートと収益率

■Box 9.1　ドルでの収益率を表す直線■

　ドル金利が 3%のときに，円資金 100 万円をドルで運用するときの収益率（%）は，現在と 1 年後の為替レートに依存して，次の式で表されます。

ドルでの収益率

$$= \frac{1 年後の為替レート × [(100 万円 ÷ 現在の為替レート) × 1.03] - 100 万円}{100 万円} × 100$$

$$= 1 年後の為替レート × [(100 ÷ 現在の為替レート) × 1.03] - 100$$

　本文での数値例のように，「現在の為替レート＝100」のときには，

　　　　ドルでの収益率＝1 年後の為替レート × 1.03 - 100

となります。これを図に描いたのが図 9-2 の右上がりの直線です。

　「1 年後の為替レート＝0」のときには，現在の為替レートがプラスのどんな値でも，ドルでの収益率は－100%になります。つまり，ドルでの収益率を表す直線の縦軸の切片の値は－100 になります。

　現在の為替レートが上昇（低下）すると，1 年後の為替レートの係数（＝(100 ÷ 現在の為替レート) × 1.03）が小さく（大きく）なり，ドルでの収益率を表す直線の傾きの大きさは小さく（大きく）なります。

れると，円で運用するときの収益率とドルで運用するときの収益率が等しくなるように，現在の為替レートが決まります。

　円とドルの金利，現在の為替レートが与えられたときには，円とドルでの収益率が一致するように，1年後の為替レートが決まると考えることもできます。一般的には，円金利，ドル金利，現在の為替レート，あるいは1年後の為替レートが，相互に影響を与え合って，円とドルでの収益率が等しくなるように調整されるとも考えられます。

　このように，異なる通貨の収益率が一致するように為替レートが決まると考えるのが金利平価（interest rate parity）説です。

異なる通貨の収益率が一致する条件

　円資金を1年間，円で運用したときの収益率と，ドルで運用したときの収益率とが一致する条件を導出してみましょう。ここでの金利は，パーセント（％）で表した金利を100で割った値とします。例えば，円金利が1％ならば「円金利＝0.01」となります。なお，円とドルでの収益が同じであれば，収益率も同じです。以下では，1万円を運用したときで見てみます。

　図9-3に運用の流れを描いています。1万円を円で1年間運用すると，円金利分（＝円金利×1万円）だけ増えて「1＋円金利」万円になります。つまり，円で運用すると「1＋円金利」万円が得られます。

　ドルで運用する場合は，次のようになります。現在，1万円をドルに換えると「1/現在の為替レート」万ドルになります（図9-3 ①）。それに「1＋ドル金利」を掛けることで，1年間運用して得られる金額「(1＋ドル金利)/現在の為替レート」万ドルが求まります（図9-3 ②）。1年後に円建てで得られる金額は，それに「1年後の為替レート」をかけた「1年後の為替レート×(1＋ドル金利)/現在の為替レート」万円になります（図9-3 ③）。

　したがって，円資金1万円を円とドルで運用したときの収益率が一致する条件は，次のように表すことができます。

$$1 + 円金利 = \frac{1年後の為替レート \times (1 + ドル金利)}{現在の為替レート} \qquad (9.1)$$

(9.1)式の左辺は，円資金1万円を円で運用したときに1年後に得られる金額（万円）です。右辺は，円資金1万円をドルで運用して，1年後に得られる円建

■Box 9.2　**金 利 裁 定**■

　なぜ異なる通貨の収益率が等しくなるかというと，価格や収益率の差から利益を
得ようとする裁定（さいてい）が働くからです。金利の差から生じる収益率の差で裁定が働くこ
とを金利裁定と呼びます。

図 9-3　**円とドルでの運用**

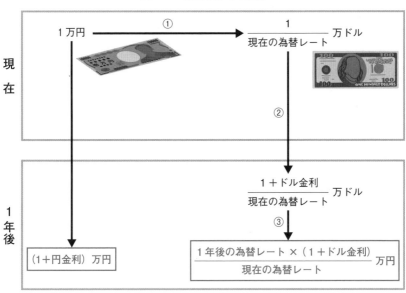

ての金額です。(9.1) 式で表された条件を金利平価条件といいます。

上の金利平価条件 (9.1) 式は，次のように表すこともできます。

$$円金利 ＝ ドル金利 ＋ \frac{1年後の為替レート － 現在の為替レート}{現在の為替レート} \tag{9.2}$$

これは (9.1) 式を変形して，無視できるほど小さな項を省略したものです。（導出方法は Web 資料 数学付録 1 を参照してください。）変化率（％）を 100 で割った値をここでの「変化率」とすると，

$$為替レートの変化率 ＝ \frac{1年後の為替レート － 現在の為替レート}{現在の為替レート} \tag{9.3}$$

と表されるので，(9.2) 式の右辺の第 2 項は為替レートの変化率です。

これ以降，金利平価条件として (9.2) 式を用いることにします。その方が，金利平価条件を満たす為替レートを計算しやすいからです。

金利平価条件 (9.2) 式から，現在の為替レートを求めてみましょう。例えば，円金利とドル金利を 1％，1 年後の為替レートを 1 ドル＝100 円とします。これらの値を (9.2) 式に代入すると，右辺の第 2 項はゼロでなくてはならないので，現在の為替レートは，1 年後の為替レート 1 ドル＝100 円と等しくなります。

(9.2) 式は，次のように書き換えることができます。

$$円金利 ＝ ドル金利 ＋ \frac{1年後の為替レート}{現在の為替レート} － 1$$

この式を使って，上の数値例でドル金利だけが 3％に上昇したときに，現在の為替レートがどう変化するかを見てみましょう。ドル金利 3％と円金利などの他の値を式に代入すると，「0.01 ＝ 0.03 ＋ 100 円/ドル ÷ 現在の為替レート － 1」となります。これを書き換えると，「100 円/ドル ÷ 現在の為替レート ＝ 0.01 － 0.03 ＋ 1 ＝ 0.98」となり，現在の為替レートは 1 ドル＝102 円（≅ 100 円/ドル ÷ 0.98）になります。つまり，ドル金利が高くなると，現在の為替レートは，円安・ドル高になります（Box 9.3 参照）。

このように，金利平価条件が成り立つ下では，(9.2) 式を使うことで，両国の金利と 1 年後の為替レートが分かれば，現在の為替レートがいくらになるかを知ることができます。

■Box 9.3　金利差と為替レートの変化■

(9.3)式を使って，金利平価条件(9.2)式を書き換えると，

　　　　為替レートの変化率＝円金利－ドル金利

となります。つまり，為替レートの変化率は，円とドルの金利差（＝円金利－ドル金利）で表すことができます。

　上の式と(9.3)式を用いることで，1年後の為替レートが与えられたときに，円金利とドル金利の大小関係に応じて，現在の為替レートがどのように変化するかを知ることができます。

　「円金利＝ドル金利」の場合には，上の式より「為替レートの変化率＝0」なので，(9.3)式の左辺はゼロです。(9.3)式の右辺もゼロでなくてはならないので，現在の為替レートは，所与の1年後の為替レートと等しくなります。

　「円金利＞ドル金利」になると，上の式より「為替レートの変化率＞0」なので，(9.3)式の左辺はプラスです。よって，(9.3)式の右辺もプラスでなければなりません。右辺がプラスになるには，「1年後の為替レート＞現在の為替レート」でなくてはなりません。したがって，現在の為替レートは，円金利とドル金利が等しいときと比べて，円高・ドル安になります。

　逆に，「円金利＜ドル金利」になると，本文で数値例を使って説明したように，現在の為替レートは，円金利とドル金利が等しいときと比べて，円安・ドル高になります。

　以上の結果を下の表にまとめてあります。なお，表の現在の為替レートの変化は，「円金利＝ドル金利」の場合と比べたときの変化を表しています。

金利差	現在の為替レート
円金利＞ドル金利	円高・ドル安
円金利＜ドル金利	円安・ドル高

レッスン9.2　為替リスクと為替レート

　現在の時点では，1年後の為替レートがどのような水準になるか分かりません。このレッスンでは，1年後の為替レートをどのように扱えばよいかを考えます。1年後の為替レートを，現在の時点で確定する（為替リスクを避ける）場合と，確定しない（為替リスクを避けない）場合について見ていきます。

為替リスクを回避する場合

　先渡取引を使って将来の為替レートを確定して，為替リスクを回避する場合の金利平価は，カバー付き金利平価といいます。金利平価条件(9.2)式の「1年後の為替レート」を「先渡レート」にすると，次のようになります。

$$円金利 = ドル金利 + \frac{先渡レート - 直物レート}{直物レート}$$

ここでは，(9.2)式の分母と分子の「現在の為替レート」を「直物レート」にしています。この式の右辺の第2項を書き換えて，次のように表すこともできます。

$$円金利 = ドル金利 + \frac{先渡レート}{直物レート} - 1 \qquad (9.4)$$

この式はカバー付き金利平価条件といいます。

　カバー付き金利平価条件(9.4)式が満たされないときには，金利裁定が働いて，両辺の値（収益率）が一致するようになります。ここでは，円とドルの金利は一定で，先渡レートが所与の場合に，直物レートがどうなるかを考えます。

　(9.4)式の左辺（円で運用したときの収益率）よりも右辺（ドルで運用したときの収益率）の方が大きい場合（左辺＜右辺），どのような調整が起きるかを見てみましょう。このとき，ドルで運用した方が得です。円資金を持っている投資家は，ドルで運用するために，円をドルに交換しようとします。投資家の円売り・ドル買いによって，直物レートは円安・ドル高（直物レートの上昇）になります。その結果，(9.4)式の右辺の第2項の値は，分母が大きくなるので，小さくなります。このような調整は，(9.4)式が成り立つまで続き，最終的にカバー付き金利平価条件が満たされるようになります。

　逆に，カバー付き金利平価条件(9.4)式の左辺の方が右辺よりも大きい場合も，

◆ *Case Study 9.2*　**内外金利差と円安**

　2022年3月初旬では1ドル＝115円くらいでしたが，2022年9月22日には1ドル＝145円台まで円安・ドル高が進みました。6ヶ月くらいの間に，約30円（約26％）もの円安・ドル高になりました。

　同日，日本の通貨当局は，24年ぶりの円買い・ドル売りの為替介入に踏み切り，一時，円相場は140円台になりました。ところが，その後，外国為替市場において1ドル＝147円台になり，円はドルに対して32年ぶりの円安となりました（2022年10月13日）。

　このように円安が急激に進行したのは，主要国のなかで日本だけが大規模な金融緩和を続けていて，円金利が諸外国の金利と比べて大幅に低くなったことが一因といわれています。

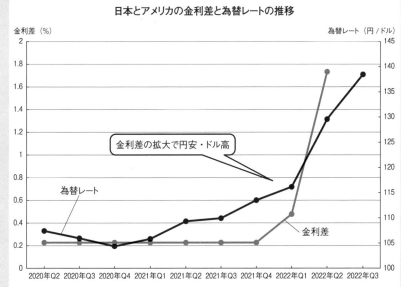

日本とアメリカの金利差と為替レートの推移

（注）　金利差は，日本とアメリカの政策金利（四半期）の差（＝アメリカの政策金利－日本の政策金利）です。2022年Q3（第3四半期）は為替レートのみ公表されています（2022年10月時点）。
（出所）　International Monetary Fund, *International Financial Statistics* より作成。

同様に考えることができます。各自で考えてみてください。

したがって，カバー付き金利平価条件(9.4)式より，円金利とドル金利が一定の下で，先渡レートが与えられると，直物レートが分かります。逆に，直物レートが与えられると，先渡レートが分かります（Box 9.4参照）。

為替リスクを回避しない場合

将来の為替レートが投資家の予想に基づいていて，為替リスクがある場合に成り立つ金利平価は，カバーなし金利平価といいます。金利平価条件(9.2)式の「1年後の為替レート」を「1年後の予想為替レート」にすると，

$$円金利 = ドル金利 + \frac{1年後の予想為替レート - 現在の為替レート}{現在の為替レート}$$

となります。左辺は円での収益率，右辺はドルでの予想収益率を表しています。分母を「現在の為替レート」のままにしているのは，いつの時点の為替レートなのかを分りやすくするためです。例えば，円金利，ドル金利，および1年後の予想為替レートが与えられると，現在の為替レートが分かります。

上の式は，右辺の第2項を書き換えて，

$$円金利 = ドル金利 + \frac{1年後の予想為替レート}{現在の為替レート} - 1 \qquad (9.5)$$

と表すこともできます。この式はカバーなし金利平価条件といいます。以下ではこの式を使って考えていきます。

カバーなし金利平価条件(9.5)式を使って，金利や予想為替レートの変化が，現在の為替レートに与える影響を見てみましょう。まず，ドル金利が上昇する場合を考えます。ここでは，円金利と1年後の予想為替レートは一定とします。ドル金利が上昇すると，(9.5)式の右辺（ドルでの予想収益率）は左辺（円での収益率）よりも大きくなります。そこで，投資家は，円をドルに換えて，ドルで運用しようとするので，現在の為替レートは上昇します（円安・ドル高になります）。そのため，(9.5)式の右辺の第2項は小さくなっていき，(9.5)式の両辺が等しくなるまでこの調整は続きます。したがって，ドル金利の上昇は，現在の円安・ドル高を引き起こします。

次に，1年後の予想為替レートが上昇する（円安予想の）場合を考えてみましょう。ここでは，円金利とドル金利を一定としてみます。1年後の予想為替

　直物レートが与えられて，先渡レートが決まると考えることもできます。円金利を1％，ドル金利を3％，直物レートを1ドル＝100円としましょう。(9.4)式にこれらの値を代入すると，

$$0.01 ＝ 0.03 ＋ 先渡レート ÷ 100円/ドル － 1$$

となります。この式を書き換えると，「先渡レート ÷ 100円/ドル ＝ 0.01 － 0.03 ＋ 1 ＝ 0.98」となり，「先渡レート ＝ 98円/ドル」が得られます。

■Box 9.5　予想と期待■

　「予想」のことを経済学では「期待」といいます。例えば，予想される物価上昇率は「期待物価上昇率」，予想される為替レートは「期待為替レート」，予想される収益率は「期待収益率」といいます。本書では分かりやすくするために，期待ではなく予想を使うことにします。

◆ *Case Study 9.3*　**為替リスクと企業収益**

　過度な為替レートの変動は，企業の収益に大きな影響を与えるといわれています。輸入仕入れを外貨で支払う場合，2022年の急激な円安（Case Study 9.2 参照）により，円換算の輸入仕入れ価格は上昇します。よって，海外で生産された商品を輸入して国内で販売する企業は，円安で収益が悪化することになります。日本経済新聞（2022年10月26日朝刊）によると，2022年の急激な円安時に明暗が分かれた以下のような例があります。

　ファーストリテイリング（ユニクロなどを傘下に持つ持株会社）は，海外から調達する商品の支払いのために，数年先までの為替予約（先渡取引を使って将来の為替レートを確定すること）をすでにしていました。よって，急激な円安になっても，前もって予約した円高の為替レートで円を売って外貨を買うことができました。

　これに対して，ニトリホールディングス（ニトリなどを傘下に持つ持株会社）は，商品のほとんどを海外で生産し，輸入して国内で販売していますが，為替予約の期間を短くしていたので，その急激な円安に対応できませんでした。つまり，急激な円安になったときの為替レートで，円を売って外貨を買うことになりました。

　なお，国内で生産した商品を海外へ輸出する輸出企業は，円安がもうこれ以上進まないと予想すると，その円安の為替レートで外貨を売って円を買う為替予約をしようとします。なぜなら，その為替予約を行うことで，円換算の輸出売上高を円安時の多い金額で確定できるからです。しかし，円安が予想以上に進行する場合には，為替予約をしなかった方が企業の収益はもっと増えることになるでしょう。

　このように，為替リスクに対する対処次第（為替予約をするかどうか，どのタイミングで為替予約をするか）で，企業の収益が大きく左右されることがあります。

レートが上昇すると，(9.5)式の右辺は大きくなります。投資家は，ドルで運用するために円をドルに換えるので，現在の為替レートは上昇します（円安・ドル高になります）。したがって，興味深いことに，円安予想は現在の円安をもたらします（Box 9.6 参照）。

金利平価説は，金利差によって為替レートがどのように決まるかを表しています。上述したように，為替レートと金利は，カバー付き（あるいはカバーなし）金利平価を満たすように変化します。本章の説明では金利を一定としていますが，金利は伸縮的で短期間に変化するため，それに合わせて為替レートも短期間に変化します。その意味において，金利平価説は，短期の為替レートを説明しようとする考え方といわれます。

レッスン9.3　物価水準と為替レート

為替レートの決定のもう1つの代表的な考え方である購買力平価説について説明します。これは，国際間の物価水準の違いに着目して，長期の為替レートの水準を説明しようとしています。

一物一価

同じような商品は，どこに行っても同じような価格で売られていることが多いです。同一の商品には同一の価格がつくという法則を一物一価の法則といいます（Box 9.7 参照）。

なぜ一物一価が成り立つのかを考えてみましょう。簡単化のために，貿易取引の際には輸送費や関税などの費用はかからないとします。もし同じスマートフォン（以下では「スマホ」と表記）が異なる価格で別々の国・地域で売られているならば，価格の低い所で買って高い所で売って，価格差から利益を出せます。この裁定取引によって，為替レートや価格が変化して，同一通貨で表したスマホの価格は，どこの国・地域でもいずれ同じになるでしょう。このような財（商品）の裁定は商品裁定と呼ばれます。

なお，ここで重要なことは，一物一価で考えているものは貿易財であるということです。貿易財とは，国際的に輸送ができて貿易取引が可能な財のことで

■Box 9.6　現在の為替レートを求めてみよう：カバーなし金利平価■

　円金利を1%，ドル金利を3%，1年後の予想為替レートを1ドル＝98円としましょう。(9.5)式にこれらの値を代入すると，

$$0.01＝0.03＋98円/ドル÷現在の為替レート－1$$

となります。この式を書き換えると，「98円/ドル÷現在の為替レート＝0.01－0.03＋1＝0.98」となり，「現在の為替レート＝100円/ドル」が得られます。

　なお，1年後の予想為替レートが上昇し，1ドル＝100円になるとすると，現在の為替レートはおよそ1ドル＝102円になります。

■Box 9.7　一物一価の法則■

　ここでの一物一価の法則は，価格を同じ通貨単位で表したときに，同一の財に同一の価格がつくというものです。例えば，日本とアメリカの場合で考えると，

$$日本での価格＝円建て為替レート×アメリカでの価格$$

または，

$$日本での価格×ドル建て為替レート＝アメリカでの価格$$

となっていることです。なお，前者は円建て，後者はドル建てで見ています。

■Box 9.8　一物一価と為替レートの関係■

　同一性能のスマートフォン（以下では「スマホ」と表記）が，日本では6万円，アメリカでは500ドルで販売されているとします。1ドル＝100円の場合，アメリカで販売されているスマホの価格は，円建てで5万円になり，日本より1万円安くなっています。この価格差は内外価格差と呼ばれます。

　内外価格差があるときにどのような調整が起きるかについて，貿易取引の際の輸送費や関税などの費用をゼロとして見てみましょう。1ドル＝100円の場合，5万円を持っている日本の人は，それをドルに換えて500ドル（＝5万÷100円/ドル）を手に入れて，アメリカでスマホを1台調達できます。それを日本に輸入して販売すれば，6万円を得ることができるので，1万円儲けることができます。この儲けをねらった取引が行われる場合，円を売ってドルを買うので，為替レートは円安・ドル高になるでしょう。

　円安・ドル高が進み，1ドル＝120円になったとしましょう。スマホの価格を一定とすると，アメリカで販売されているスマホの円建て価格は6万円になります。このとき，日本とアメリカでの内外価格差はなくなるので，儲けをねらった取引はなくなります。したがって，為替レートも1ドル＝120円で落ち着くことになります。つまり，一物一価が成り立つように為替レートが決まると考えられます。

す。貿易財には，文字通りの有形の財だけでなく，第7章で見た貿易可能なサービスも含まれます。輸送費用が高すぎたり，技術的に輸送するのが難しかったりして貿易取引されないものは，非貿易財といいます。非貿易財の典型例は理美容サービスなどで，生産される場所で消費するしかありません。国・地域間で非貿易財に価格差があっても，裁定取引は起きないので，非貿易財について一物一価の法則は一般に成立しません。

物価水準と為替レートの関係

　複数の財が取引される場合の一物一価を見てみましょう。例として，日本とアメリカの2国，スマホとワインの2財を考えます。両国の消費者は，スマホとワインを同じように買うとします。購入する財の組合せは，買い物かごにたとえて，消費バスケット（以下では「バスケット」と表記）と呼ばれます。つまり，両国のバスケットの中身（品目）は，スマホとワインです。このバスケットをあたかも1つの財とみなして，その価格を考えてみましょう。

　バスケットの価格を計算するとき，商品の価格に品目別の消費支出額を基に作成した重み（ウエイト）を付けて計算することにします。重み付けは，両国で等しく，2つの財で同じとしましょう。つまり，両財の重み付けを0.5とします。日本でスマホが5万円，ワインは1万円とすると，バスケットの価格は3万円（＝0.5×5万円＋0.5×1万円）になります。他方，アメリカにおいて，スマホは500ドル，ワインは100ドルとすると，バスケットの価格は300ドル（＝0.5×500ドル＋0.5×100ドル）になります。

　今，貿易取引の際の輸送費や関税などの費用はゼロで，為替レートは1ドル＝100円とします。このとき，アメリカにおけるバスケットの円建ての価格は3万円（＝100円/ドル×300ドル）になり，日本とアメリカのバスケットの価格は一致しています。つまり，バスケットを1つの財と見なすと，この財について両国の間で一物一価が成り立っています。

　そこで，バスケットという財について一物一価が成り立つように，バスケットの価格や為替レートが調整されるとしましょう。このとき，バスケットについて一物一価が成り立つように，各国でのバスケットの価格や為替レートが決まると考えることができます。そうすると，もし両国のバスケットの価格が与えられれば，為替レートが分かります。上の数値例では，日本とアメリカのバ

◆ *Case Study 9.4*　**一物一価：ビッグマックとiPhone**

　イギリスの週刊誌 The Economist は，マクドナルドのビッグマックの価格で計算したビッグマック指数（Big Mac index）を1986年から公表しています。これは，ある通貨が過大評価されているか，過小評価されているかを見る指標です。

　2022年1月時点で，日本においてビッグマック1個は390円で販売され，アメリカでは5.81ドルで売られていました。このとき，一物一価が成り立つには，1ドル＝67.13円（≅ 390円÷5.81ドル）でなければなりません。そのときの実際の為替レートは1ドル＝115.22円だったので，一物一価から計算された為替レートとの乖離の割合は41.7%（＝(115.22 − 67.13)÷115.22 × 100%）で，そのときのビッグマック指数は41.7%になります。

　つまり，ビッグマック指数によると，実際の為替レートは円安・ドル高で，円はドルに対して41.7%も過小評価されているといえます。他の時点では，逆に円が過大評価されていたこともあります。なお，ビッグマックは貿易財とはいえませんが，その材料は貿易財といえるので，その意味において一物一価を考えていると解釈することができます。

　ビッグマックのように世界共通で売られている商品やサービスの各国別価格は，Webサイトで調べられたりします。（ただし，地理的ブロッキングで見られないこともあります。）例えば，iPhone 13 Pro（下取りなし，ロックされていないSIMフリーの128GB）の場合，2021年9月時点において，アメリカのアップルストアでは999ドル，日本のアップルストアでは111636円で売られていました。一物一価が成立するならば，1ドル＝111.75円（≅ 111636円÷999ドル）になります。その当時の実際の為替レートは1ドル＝111円くらいだったので，このiPhoneについては一物一価が成立していたといえます。他にも世界中で販売されているものはあるので，調べてみると面白いでしょう。

（出所）The Economist website "Big Mac index"，米国 Apple Store Online，日本 Apple Store オンラインより作成。

スケットの価格が与えられており，1ドル＝100円のときに両国でバスケットの価格が同じなので，為替レートは1ドル＝100円になるといえます。

　現実には，多種多様な財やサービスが取引されています。そこで，それらが含まれたバスケットの価格を表す物価水準を使って，国の間のバスケットの価格を比較してみましょう。為替レートは円建ての為替レートとして，日本とアメリカを例にすると，

日本の物価水準＝為替レート×アメリカの物価水準

が成り立っているとき，円で測ったバスケットの価格は両国で等しくなります。（ドル建てで見てもバスケットの価格は両国で一致しています。）同じバスケットを異なる国でも同じ価格で買うことができるので，購買力が等しいといえます。そこで，上の式が成り立っているときには，絶対的購買力平価（absolute purchasing power parity: absolute PPP）が満たされているといい，上の式は絶対的購買力平価式と呼ばれます。両国の物価水準が与えられ，バスケットの価格（消費者の購買力）が国の間で等しくなるように為替レートが決まると考えるのが購買力平価説です。

　購買力平価説は，バスケットという財の一物一価が成り立つという考え方に基づいているため，両国のバスケットをあたかも1つの同じ財とみなしています。つまり，バスケットの中身が各国で同じでなければなりません。また，上述したように，裁定取引が働いて一物一価が成り立つためには，バスケットの中身は貿易財でなければなりません。

物価水準の変化率と為替レートの変化率の関係

　物価水準の大きさと為替レートではなく，物価水準の変化率と為替レートの変化率の関係を見たものは，相対的購買力平価（relative purchasing power parity: relative PPP）と呼ばれます。簡単に言えば，変化率で考えた購買力平価です。相対的購買力平価では，貿易取引の際にかかる輸送費や関税などの費用を考慮に入れて為替レートを考えることができるという利点があります。

　日本とアメリカの場合で相対的購買力平価が成り立っていることは，

為替レートの変化率＝日本の物価上昇率－アメリカの物価上昇率

と表され，これは相対的購買力平価式と呼ばれます。ここでの為替レートは円建ての為替レートです。物価上昇率は，1年間で考えると，「物価上昇率＝（1

　物価水準は，いろいろな財・サービスの価格の加重平均です。加重平均とは，財・サービスの重要度に応じて重み（ウエイト）を付けて平均を計算する方法です。

　物価水準を計算する基となる様々な財・サービスの組合せは，買い物かごにたとえて，バスケットと呼ばれます。したがって，物価水準はバスケットの価格と見なすことができます。

　バスケットの中身（品目）と数量を固定して，異なる時点（月次や年次）でバスケットの購入額がどう変化するかを計算することで，物価水準の変化を見ることができます。ある基準となる時点の年（基準年）の購入額を100として，指数化したものが物価指数です。バスケットの中身や基準年の取り方の違いによって，いくつかの物価指数があります。

　日本の消費者物価指数や企業物価指数では，5年ごとに基準年次を更新するとともに，必要に応じて品目を入れ替えています。消費者物価指数は総務省統計局，企業物価指数は日本銀行が公表しています。

Close Up 9.1　名目為替レートと実質為替レート

　名目為替レートは，2国の「通貨」の交換比率です。これに対して，2国の間の物価水準の違いを考慮に入れた為替レートは，実質為替レートと呼ばれ，2国の「バスケット」の交換比率を表します。バスケットとは，物価水準（消費者物価指数など）を計算する基となる財とサービスの組合せのことです（Box 9.9参照）。

　自国と外国があるとして，自国の通貨の実質為替レートは，次のように定義されます。

$$\text{実質為替レート} = \frac{\text{自国通貨建ての名目為替レート} \times \text{外国の物価水準}}{\text{自国の物価水準}}$$

なお，分子は自国通貨に換算した外国のバスケットの価格です。

　自国を日本，外国をアメリカとすると，実質為替レートは，アメリカのバスケットが日本のバスケット何個分に相当するかを表します。実質為替レートが1の場合，アメリカのバスケット1つで日本のバスケットを1つ手に入れられます。実質為替レートが2の場合，アメリカのバスケット1つで日本のバスケットを2つ得られます。

　つまり，実質為替レートの値が大きく（小さく）なることは，アメリカのバスケットの価値が相対的に上がり（下がり），逆に，日本のバスケットの価値が相対的に下がる（上がる）ことを意味します。

年後の物価水準－現在の物価水準)/現在の物価水準」で求められます。なお，輸送費や関税などの貿易取引にかかる費用があるのにそれが式に出てこない理由は，その費用は時間を通じて一定であるとしているので，その影響は変化率で考えると出てこないからです（Close Up 9.2 参照）。

上の相対的購買力平価式から，次のことが分かります。日本の物価上昇率を年2%，アメリカの物価上昇率を年5%としましょう。このとき，相対的購買力平価式の右辺は，両者の物価上昇率の差をとって-3%（$=2$%-5%）なので，左辺の為替レートの変化率も同じ-3%になります。為替レートの値が3%小さくなるということは，3%だけ円は増価（ドルは減価）することを意味します。例えば，現在の為替レートが1ドル$=100$円だとすると，日本とアメリカの物価上昇率の差の3%だけ円は増価して，1年後に1ドル$=97$円（$=100$円$\times(1-0.03)$）になります。

つまり，物価上昇率が高い国の通貨は減価して，逆に低い国の通貨は増価します。なぜなら，同じ中身のバスケットなので，どちらでも同じ出費になるように，物価水準の変化に合わせて為替レートが変化するからです。

なお，相対的購買力平価が成り立つからといって，絶対的購買力平価が成立するわけではないということに注意してください。なぜなら，相対的購買力平価は，為替レートの変化率が2国の物価上昇率の差と等しくなるといっているだけで，2国のバスケットの円建て（またはドル建て）価格自体が等しくなるとはいっていないからです。

逆に，絶対的購買力平価が成り立てば，必ず相対的購買力平価は成立します。なぜなら，絶対的購買力平価が成立する下で為替レートや物価水準が変化するとしても，それらは2国のバスケットの価格が等しくなるように変化しているからです。

以上で説明したように，購買力平価が成り立つには，バスケットについて一物一価が成り立っていなければなりません。ですが，多種多様な財やサービスの価格が調整され，バスケットの価格や為替レートが調整されるためには，ある程度の時間がかかります。そのため，購買力平価説は，長期の為替レートを説明する考え方であるといわれています。

資本（資金）が自由に国際移動するとき，円やドルなどの通貨は，資産（アセット）の1つとして投資の対象となります。Web補論 第9章では，金利平

⟰ *Close Up 9.2* 相対的購買力平価式の導出

　日本とアメリカの物価水準と円建て為替レートは，時間とともに変化します。他方，貿易取引をする際にかかる輸送費や関税などは，常に一定であるとします。
　貿易取引の際に輸送費や関税などの費用がかかると，アメリカの商品を日本に輸入してきたときに，その費用の分だけ商品の価格が高くなります。そこで，貿易取引にかかる費用を表す定数をaとして，日本の商品の価格がアメリカの商品の価格のa倍であるとします。このとき，絶対的購買力平価式は，

　　　　　日本の物価水準＝a×為替レート×アメリカの物価水準

になります。
　上の式を変化率の形に書き換えると，

　　　日本の物価上昇率＝aの変化率＋為替レートの変化率＋アメリカの物価上昇率

となります。貿易取引にかかる費用aは常に一定であるとしたので，aは変化せず，「aの変化率＝0」です。これを使って，すぐ上の式を左辺が為替レートの変化率になるように書き換えると，

　　　　　為替レートの変化率＝日本の物価上昇率－アメリカの物価上昇率

になり，相対的購買力平価式が得られます。
　なお，より詳しい導出方法はWeb資料 数学付録2を参照してください。

■Box 9.10　絶対的購買力平価と相対的購買力平価■

絶対的購買力平価	為替レートと物価水準の「値」で考える場合

$$自国通貨建ての為替レート＝\frac{自国の物価水準}{外国の物価水準}$$

相対的購買力平価	為替レートと物価水準の「変化率」で考える場合

　　自国通貨建ての為替レートの変化率＝自国の物価上昇率－外国の物価上昇率

$$ただし，為替レートの変化率＝\frac{1年後の為替レート－現在の為替レート}{現在の為替レート}$$

（注）　2国を自国と外国としています。

価説と購買力平価説を応用して，資産市場の均衡を考慮に入れた為替レートの決定の考え方であるアセット・アプローチを説明します。

　これに対して，資産市場の均衡を考慮に入れず，財・サービスの取引に伴って発生する通貨の需給によって為替レートが決まると考えるものは，フロー・アプローチと呼ばれます。

第9章　演習問題

1. カバー付き金利平価条件が成立せず，円よりもドルで運用したときの収益率の方が低いとき，どのような調整が起きるか。円金利とドル金利は一定として説明しなさい。
2. 現在の為替レートが1ドル＝100円，今後1年間の物価上昇率が日本では3%，アメリカでは8%と予想されるとき，相対的購買力平価式を使って，1年後の予想為替レートを求めなさい。
3. 購買力平価が成り立ちにくい理由を説明しなさい。

10 GDPの決定

　本章では，基本的なマクロ経済の枠組みを使って，GDPがどのように決まるかを学びます。まず，閉鎖経済におけるGDPの決定と財政政策の経済効果について説明します。次に，開放経済におけるGDPの決定と輸出の経済効果について見ていきます。なお，本章以降，物価水準が変わらない短期の場合を考えます。

Keywords
限界消費性向，均衡GDP，45度線分析，乗数効果，小国開放経済，貿易乗数

レッスン10.1　閉鎖経済下のGDPの決定

経済活動の規模を表すGDPは，どのような水準になるのでしょうか。ここでは，閉鎖経済の均衡GDPについて説明します。

なお，第10章以降，物価水準が変わらない短期の場合を考えます。

閉鎖経済下の財市場の総需要と総供給

経済全体を見ると，食料品や日用品などの消費財，産業用ロボットやオフィスなどの生産設備（資本財），情報通信や道路建設のサービスといった様々な財やサービスが取引されています。以下では，様々な財・サービスを1つにまとめて，そのまとめた財が取引される場を財市場と考えることにします。（サービスも取引されますが財市場と呼ぶことにします。）

まず，閉鎖経済下の財市場での総需要について見てみましょう。ある国の財市場の総需要は，その国内で生産される財・サービスへの様々な経済主体からの需要の合計のことです。閉鎖経済では，国内の家計，企業，および政府からの需要（国内需要）だけがあります。それら3つの需要は，それぞれ消費，投資，および政府支出と呼ばれ，これらの合計はアブソープション（内需）と呼ばれます。したがって，閉鎖経済の財市場の総需要は，

総需要＝消費＋投資＋政府支出

と表されます。なお，ここでのアブソープションは，家計，企業，および政府が需要したいと思っている値の合計で，レッスン7.3でのアブソープションはある期間に実際に支出された値（統計上の値）です。

消費はどのように決まるのでしょうか。一般的に，所得が多いほど，財・サービスをたくさん購入したいと思うので，消費は多くなると考えられます。ここでは，消費は現在の可処分所得に依存するとしておきます。

消費と可処分所得の関係を数値例で見てみましょう。そこで，可処分所得がゼロのときの消費を100，可処分所得が500のときの消費を400，可処分所得が600のときの消費を460とします。なお，可処分所得などの数値例の単位を「兆円」とすると分かりやすいですが，数値例の単位は省略することにします。

ここで，可処分所得がゼロでも消費を100でプラスにしているのは，過去の

　家計とともに，企業と政府も財市場でいろいろな財やサービスを購入（需要）します。例で見てみましょう。企業が生産活動のために，機械設備やソフトウェアなどを購入することを投資と呼びます。投資は，財市場での企業からの需要になります。また，政府が道路や橋の建設・維持管理のために，建設業者に公共工事を発注して代金を支払うこと（建設・維持管理サービスの購入）などを政府支出と呼びます。政府支出は，財市場での政府からの需要になります。

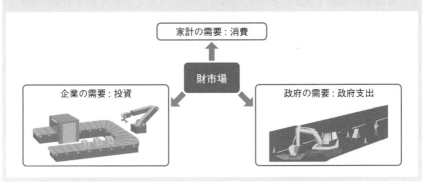

■Box 10.2　財市場の総需要：閉鎖経済■

　財市場の総需要を，記号を使って表してみます。消費を C，投資を I，政府支出を G とすると，

$$総需要＝C＋I＋G$$

と表されます。なお，「$C＋I＋G$」はアブソープションです。

　このような記号を使った表記は，この後の Box や Close Up で使います。

■Box 10.3　消費の選択■

　本章では，（可処分）所得を，いろいろな財を1つにまとめた合成財の消費と，貯蓄のいずれに振り分けるかを見ています。第Ⅰ部の国際貿易のときのように，個々の財の消費の組合せの選択は考えていません。

■Box 10.4　名目と実質の総需要・総供給■

　第10章以降では，物価水準を一定とした短期を想定しています。したがって，総需要や総供給は，名目値で見ても，実質値で見ても，どちらでもかまいません（Web 補論 レッスン S7.1 参照）。

蓄えを使うか，お金を借りて最低限の消費をすると考えているからです。現在の可処分所得がゼロのときの消費を基礎消費といいます。

　上の数値例の消費と可処分所得の関係を図に描くと，図10-1のようになります。可処分所得が500から600に100増加しても，消費は60（＝460−400）の増加にとどまっています。つまり，可処分所得の増加分をすべて消費していません。これは，増加した所得の一部の40を消費せずに貯蓄しているからです。可処分所得が1増えたときに消費がどれだけ増えるかを表す値は，限界消費性向といいます。一般に限界消費性向は0から1の間の値をとります。

　このように消費が決まると考えると，消費は式を使って，「消費＝基礎消費＋限界消費性向×可処分所得」と表されます。図10-1では，基礎消費を100（縦軸の切片の値），限界消費性向を0.6（直線の傾きの大きさ）としています。

　可処分所得は，GNIから政府税収を引いた後の所得です（Box 7.7参照）。閉鎖経済ではGNIとGDPは同じなので，「可処分所得＝GDP−政府税収」と表すことができます（Box 10.5参照）。

　なお，これ以降，簡単化のために政府税収はゼロとします。政府税収がゼロの閉鎖経済では「可処分所得＝GDP」なので，式を使うと，消費は，

消費＝基礎消費＋限界消費性向×GDP

となります（Box 10.6参照）。このとき，消費は，図10-1の横軸（可処分所得）をGDPにして描くことができます。

　総需要のなかの投資と政府支出については，次のようにしておきます。政府支出は政策的に決まるもので，所与で一定とします。また，投資も本章では所与で一定とします。投資が利子率によって変化する場合は，次章で扱います。

　次に，財市場の総供給を見てみましょう。ある国の財市場の総供給は，その国の国内で新たに生産された様々な財・サービスの合計のことです。つまり，財市場の総供給は，最終財の生産額の合計であるGDPに一致します。よって，財市場の総供給は次のように表されます。

総供給＝GDP

閉鎖経済の均衡GDP

　ある国のGDPは，その国の総需要と総供給が等しくなるように決まると考えられます。ここでは，もし総需要が総供給よりも多いならば，生産者が財の

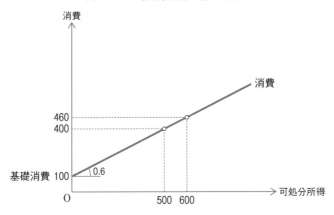

図 10-1　可処分所得と消費の関係

■Box 10.5　**GDP と可処分所得**■

ある国の人々や企業（居住者）が国内外から受け取る所得の合計は GNI です。そこから政府税収を差し引くと可処分所得になるので，「可処分所得＝GNI－政府税収」となります。また，第二次所得収支がゼロの下で，「GNI＝GDP＋第一次所得収支」が成り立ちます（Box 7.6 参照）。

閉鎖経済では対外取引がないため，第一次所得収支と第二次所得収支はいずれもゼロです。よって，後者は「GNI＝GDP」になります。これを前者に代入して，次が成り立ちます。

可処分所得＝GDP－政府税収

なお，この式は，開放経済においても，第一次所得収支と第二次所得収支がともにゼロならば成立します。この関係はレッスン 10.2 で使います。

■Box 10.6　**消費と可処分所得**■

消費を式で表してみましょう。消費を C，GDP を Y，政府税収を T とすると，ここの数値例での消費を表す式は，

$$C = 100 + 0.6(Y - T)$$

となります。また，政府税収をゼロとすると，上の式は次のようになります。

$$C = 100 + 0.6Y$$

生産を増やし，GDPも増加するとします。逆に，もし総需要が総供給よりも少ないならば，生産が縮小し，GDPも減少するとします。そのような調整が行われると，総需要と総供給が一致するようにGDPが決まります（Box 10.7参照）。

　まず，財市場の総需要を図に描いてみましょう。閉鎖経済では「総需要＝消費＋投資＋政府支出」なので，図10-1の横軸をGDPにして描いた消費の直線に，所与の投資と政府支出を足すことで総需要を描くことができます。つまり，図10-2のように，総需要は，縦軸の切片が「基礎消費＋投資＋政府支出」で，傾きの大きさが限界消費性向に等しい直線になります。その直線（実線）の高さが財市場の総需要を表しています。

　総需要を式で見てみましょう。上述した消費の式を総需要の消費に代入すると，次のようになります。

総需要＝基礎消費＋限界消費性向×GDP＋投資＋政府支出

ここの数値例では，基礎消費は100，限界消費性向は0.6です。さらに，投資を50，政府支出を50としましょう。総需要はこれらの値を代入して，「総需要＝100＋0.6×GDP＋50＋50＝0.6×GDP＋200」となります。この総需要を図に描いたものが，図10-2の右上がりの直線（実線）です。その直線の傾きの大きさは0.6（限界消費性向），縦軸の切片の値は200です。

　次に，財市場の総供給を図に描いてみましょう。図10-3には，原点を通って傾きの大きさが1の直線（45度線）が描かれています。この直線上では，直線上の横軸の値と縦軸の値は等しくなっています。横軸にはGDPをとっており，財市場の総供給は「総供給＝GDP」なので，その直線の高さが総供給（GDP）を表しています。

　閉鎖経済下の財市場の均衡を，図10-3で見てみましょう。図10-3には，図10-2と同じ総需要を描いています。財市場が均衡するのは，総需要と総供給を表す2つの直線の交点の点Aです。そのとき，総需要と総供給は一致しており，GDPの値は500になります。財市場が均衡するGDPは，均衡GDPと呼ばれます。

　もしGDPが400であるならば，どのような調整が生じるでしょうか。先ほど導出した総需要の式に「GDP＝400」を代入すると，「総需要＝0.6×400＋200＝440」となり，総需要は「総供給＝GDP＝400」を40上回ります（総需要＞

■Box 10.7　需要と供給のとらえ方■

　本書の第 I 部では，需要曲線や供給曲線は，縦軸（価格）から横軸（数量）に読みますが，ここでは，横軸（GDP）から縦軸（総需要）に読むことに注意してください。

　また，第 10 章以降では，総供給（GDP）は，総需要によって決まると考えています。つまり，第 I 部のような企業の利潤最大化行動を前提とするのではなく，需要があればその分だけ生産が行われるとしています。なお，企業の生産の意思決定を考慮した分析については，上級の教科書を参照してください。

図 10-2　閉鎖経済下の GDP と総需要

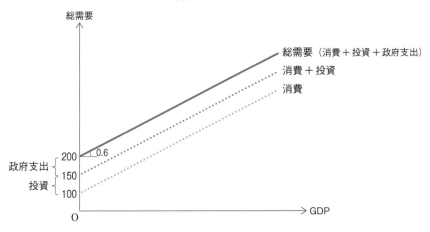

図 10-3　閉鎖経済下の均衡 GDP の決定

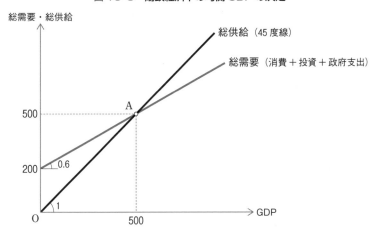

総供給)。つまり，財市場では超過需要が発生しています。このとき，生産者は財がもっと売れると考えて，生産量を増やします。よって，図10-4の右矢印で表しているように，GDPは400から増加していきます。このように，超過需要がある限り，総供給は増加します。したがって，総供給は，超過需要がなくなる500まで増加します。

　逆に，GDPが均衡GDPよりも大きい600のときも，同様にして考えることができます。このとき，財市場では超過供給が40あり，図10-4の左矢印のように生産を削減して，総供給は超過供給がなくなる500まで減少します（各自で考えてみてください）。

　このようにGDPの決定を考える方法は，45度線分析と呼ばれています。ここで重要なことは，均衡GDPは総需要の大きさによって決まるということです。総供給を表す45度線は一定のままなので，総需要を表す直線がどの位置にあるかによって，それらの交点がどこになるかが決まるからです。

財政政策の経済効果

　政府支出が増加したとき（拡張的財政政策）の経済効果を見てみましょう。上の数値例で，政府が政府支出を20増やすとします。例えば，道路の維持管理・建設などの公共事業を行うような場合です。政府支出20は，だれかの所得（ここでの例では公共事業に関わる人の所得）になります。限界消費性向は0.6なので，人々は所得の増加分のうち6割を消費に回します（残りの4割は貯蓄します）。このとき，所得が増えた人は，消費を12（＝0.6×20）増やします。その消費の増加分12はだれかの所得になって，その所得が増えた人はそのうち7.2（＝0.6×12）を消費に回します。そして，その7.2はだれかの所得になります。この段階で，39.2（＝20＋12＋7.2）の所得を増やす効果があり，政府支出の増加分20よりも多くなっています（Box 10.9参照）。

　このような連鎖はさらに続きますが，増えた所得をすべて消費に回すわけではないので，次第に消費の増加分は小さくなります。最終的には，所得や消費の増加がなくなり，連鎖は止まります。この波及効果によって，GDPは政府支出の増加分の20よりも大きく増えます。

　政府支出を増やしたときの効果を，図で見てみましょう。ここでも，基礎消費を100，投資を50とします。当初の政府支出を50とし，図10-4と同じ総

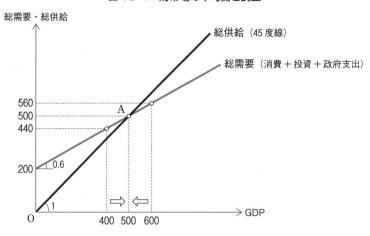

図 10-4　財市場の不均衡と調整

■Box 10.8　均衡 GDP を求めてみよう：閉鎖経済■

　GDP を Y とすると，ここの数値例での総需要は次のようになります。

$$総需要＝(100＋0.6Y)＋50＋50＝0.6Y＋200$$

また，「総供給＝Y」なので，財市場の均衡条件「総供給＝総需要」は，「$Y=0.6Y+200$」となります。この式を Y について解くと，均衡 GDP「$Y=500$」が得られます。

■Box 10.9　政府支出の増加による所得の増加：数値例■

［波及効果］
政府支出 20 兆円増加 ⇒ 所得 20 兆円増加
　　　　　　　　↓
　　　　消費 12 兆円増加 ⇒ 所得 12 兆円増加
　　　　貯蓄 8 兆円増加　　　　　↓
　　　　　　　　　　消費 7.2 兆円増加 ⇒ 所得 7.2 兆円増加
　　　　　　　　　　貯蓄 4.8 兆円増加　　　　　↓
　　　　　　　　　　　　　　　　　　　　……

［所得の増加］
20 兆円＋12 兆円＋7.2 兆円＋…

（注）ここでは分かりやすいように単位を兆円と表記しています。

需要を表す直線を図10-5では点線で描いています。当初の均衡は図10-5の点Aで，GDPは500です。今，政府支出が20増加して70になるとします。すると，総需要を表す直線の縦軸の切片の値は，220（＝基礎消費＋投資＋政府支出＝100＋50＋70）になります。つまり，総需要を表す直線は，政府支出の増加分の20だけ上にシフトします。その結果，新たな均衡は，政府支出増加後の総需要を表す直線と総供給を表す直線（45度線）との交点の点Bになり，GDPは500から550になります。

政府支出の増加分とGDPの増加分の関係を，図10-6で見てみましょう。点Aと点Bはいずれも傾きが1の45度線上にあるので，線分ACの長さ（＝GDPの増加分）と線分BCの長さは同じで，「AC＝BC」です。また，線分BCは，線分BDと線分CDの和で，「BC＝BD＋CD」です。ここで，線分BDの長さは「BD＝政府支出の増加分」です。直線ADの傾きの大きさは限界消費性向に等しいので，線分CDの長さは「CD＝限界消費性向×AC」と表されます。したがって，「AC＝BD＋CD」から「GDPの増加分＝政府支出の増加分＋限界消費性向×GDPの増加分」となります。これを書き換えると，「（1－限界消費性向）×GDPの増加分＝政府支出の増加分」で，次の関係が得られます。

$$GDPの増加分 = \frac{1}{1-限界消費性向} \times 政府支出の増加分$$

この式を使って，上の数値例でのGDPの増加分を計算してみましょう。限界消費性向は0.6なので，右辺の分数の値は2.5（＝1÷（1－0.6））です。よって，政府支出を20増やすと，GDPの増加分は50（＝2.5×20）になります。つまり，GDPは当初の500から550（＝500＋50）に増加します。

政府支出を増やしたときに，それよりも大きくGDPが増加することを乗数効果といいます。また，GDPの増加分が政府支出の増加分の何倍になるかを表したのが政府支出乗数です。ここでの政府支出乗数は，上の式の分数の部分で表されます。限界消費性向は0から1の値なので，その分数の分母は1よりも小さくなります。よって，政府支出乗数の値は一般に1よりも大きくなります。なお，乗数効果は，限界消費性向が大きいほど大きくなります。

上の式にある「1－限界消費性向」は，可処分所得が1増加したときに貯蓄がどれだけ増加するかを表す限界貯蓄性向に等しくなります。例えば，限界消費性向を0.6とすると，可処分所得が1増えると，消費は0.6（＝0.6×1），貯蓄

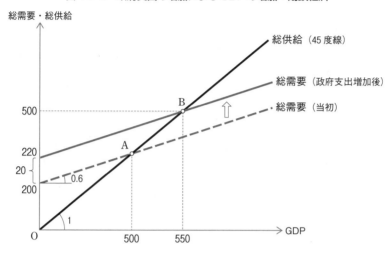

図 10-5　政府支出の増加による GDP の増加：閉鎖経済

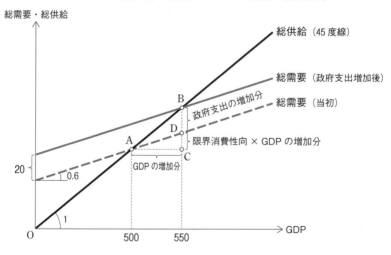

図 10-6　政府支出の増加分と GDP の増加分：閉鎖経済

は消費せずに残った0.4（＝1−0.6）だけ増加することが分かります。つまり，限界貯蓄性向は，「1−限界消費性向＝1−0.6＝0.4」となります。したがって，政府支出乗数は限界貯蓄性向の逆数にも等しくなります。

　同様にして，投資の変化がGDPに与える効果も考えることができます。企業が投資を増やすと，機械設備やソフトウェアなどの販売会社の人の所得が増えて，その結果，その人たちの消費が増え，さらにその消費の増加分だけだれかの所得が増えるという連鎖が続きます。投資のときの乗数は政府支出のときと同じ値で，投資の増加分よりもGDPの増加分の方が大きくなります。

レッスン10.2　開放経済下のGDPの決定

　ここでは，レッスン10.1の手法を開放経済に応用します。輸出と輸入を考慮に入れて，小国開放経済の均衡GDPの決定について説明します。

開放経済下の財市場の総需要

　自国は小国の開放経済であるとします。ここで小国開放経済とは，自国経済は世界経済の規模と比べて小さく，自国の経済活動が外国経済に影響を与えることはないことをいいます。よって，自国にとって，外国のGDP，外国の輸入や外国の利子率などは一定とします。（第Ⅰ部の「小国」では，国際価格だけを一定としていました。）簡単化のために，第一次所得収支と第二次所得収支は無視することにします。また，政府税収もゼロとします。このとき，可処分所得はGDPに一致します（Box 10.5参照）。

　貿易を行う開放経済の場合，自国の家計，企業，および政府が購入する財・サービスのなかには，輸入されたものも含まれるでしょう。また，自国で生産された財・サービスは，自国の家計，企業，および政府によって購入されるだけでなく，外国のそれらによっても購入されるでしょう。外国の家計などによる購入は，自国の輸出になります。

　これらのことを考慮に入れると，自国で生産される財・サービスへの総需要は，消費，投資，および政府支出の合計から輸入を引いて，外国からの需要である輸出を足し合わせたものになります。つまり，「総需要＝（消費＋投資＋政

Close Up 10.1 **財市場の均衡：閉鎖経済**

　閉鎖経済の財市場の均衡について，より一般的に考えてみましょう。消費については Box 10.6 の数値例を使います。投資と政府支出は，それぞれ I と G で表すことにします。

　財市場の総需要は，GDP を Y として，

$$総需要 = 100 + 0.6Y + I + G$$

となります。この総需要を図に描くと直線になり，その直線の傾きの大きさは 0.6（限界消費性向）です。

　財市場の総供給は，最終財の生産額の合計である GDP に一致します。よって，総供給は次のようになります。

$$総供給 = Y$$

　財市場の均衡条件は，総供給と総需要が一致することなので，上の2本の式から，

$$Y = 100 + 0.6Y + I + G$$

と表されます。両辺に Y があることに注意して Y について解くと，閉鎖経済の均衡 GDP が得られ，それは次のようになります。

$$閉鎖経済の均衡 GDP = \frac{100 + I + G}{1 - 0.6} = 250 + 2.5(I + G)$$

　この式から，均衡 GDP の大きさは，投資 I や政府支出 G の大きさに依存することが分かります。つまり，I や G が大きいとき，均衡 GDP も大きくなります。逆に，I や G が小さいとき，均衡 GDP も小さくなります。また，I あるいは G が1だけ増加（減少）すると，均衡 GDP は 2.5 だけ増加（減少）します。

　なお，より一般的な場合については，Web資料 第10章を参照してください。

■Box 10.10　**第一次所得収支と第二次所得収支**■

　第一次所得収支は，投資収益（配当金・利子等の受け払い）などの合計で，その変動を理解するには，投資行動を考慮する必要があります。また，第二次所得収支は，政府の無償援助などで，経済的な要因で変動する訳ではありません（レッスン7.1参照）。

　本書は入門書なので，これ以降，第一次所得収支と第二次所得収支は無視することにします。

府支出−輸入）＋輸出」です。純輸出（＝輸出−輸入）を使って書き換えると，開放経済の財市場の総需要は，

$$総需要＝消費＋投資＋政府支出＋純輸出$$

と表されます。

　総需要のうち消費，投資，および政府支出についてはレッスン10.1で説明しましたが，純輸出はどのように決まるのでしょうか。日本とアメリカの2国の例で見てみましょう。アメリカが好景気になってGDPが増加すると，アメリカの消費は増えて，増えた消費の一部は輸入品（日本で生産された財・サービス）の購入に向けられます。よって，アメリカのGDPが増えると，日本の輸出は増加するといえます。また，日本のGDPが増加すると，日本の消費が増加し，日本の輸入は増えるといえます。

　このように，日本の輸出はアメリカのGDPに左右され，日本の輸入は日本のGDPに依存します。しかし，日本が小国開放経済の場合，アメリカのGDPを一定と見なすので，日本の輸出を一定とします。よって，この場合，日本の純輸出は日本のGDPに依存すると考えられます。

　総需要を数値例で考えてみましょう。消費，投資，および政府支出は，図10-2のときと同じにしておきます。輸出と輸入については，以下のようにします。自国は小国開放経済なので，外国のGDPを一定と見なし，輸出も一定で110とします。また，消費と同じように，自国のGDP（＝可処分所得）がゼロのときの輸入を基礎輸入といい，その値を10としておきます。そして，自国のGDPが1増えたときに輸入がどれだけ増えるかを表すのが限界輸入性向です。ここでは，その値を0.1としておきます。このとき，輸入は，「輸入＝基礎輸入＋限界輸入性向×GDP＝10＋0.1×GDP」となります。

　限界消費性向と限界輸入性向を使って，GDPが増えたときの総需要の増加について見てみましょう。開放経済では，GDPが増えて消費が増加しても，消費の増加分の一部は輸入に回ります。このため，GDPが増加しても，国内で生産された財・サービスに対する総需要は，閉鎖経済のときほど増えません。GDPが1増えると，消費は「限界消費性向×1」増えますが，そのうち「限界輸入性向×1」は輸入に回ります。よって，内需となるのは，両者の差の「限界消費性向×1−限界輸入性向×1＝（限界消費性向−限界輸入性向）×1」です。つまり，総需要の増加分は「限界消費性向−限界輸入性向」です。

　小国開放経済（自国）における財市場の総需要について見てみましょう。ここで，消費，投資，および政府支出は，閉鎖経済のときと同じ数値例を使うことにします（Box 10.8参照）。なお，自国のGDPをYと表すことにします。

　開放経済において，自国の財市場の総需要は，

$$総需要 = 100 + 0.6Y + 50 + 50 + 純輸出 = 200 + 0.6Y + 純輸出$$

と表されます。

　純輸出は，以下のように決まるとします。

　自国の輸出は外国の輸入のことで，外国の輸入は，一般的には外国の可処分所得に依存するでしょう。ですが，自国が小国開放経済の下では，自国にとって外国の可処分所得は一定なので，外国の輸入（＝自国の輸出）は一定となります。そこで，自国の輸出を110とします。

　他方，自国の輸入は，自国の可処分所得のみに依存するとします。ここでは政府税収をゼロとしているので，可処分所得はGDPと一致します。そこで，自国の輸入は，

$$輸入 = 10 + 0.1Y$$

と表されるとしましょう。ここでは，基礎輸入は10，限界輸入性向は0.1としています。

　以上より，自国の純輸出は，式で次のように表されます。

$$純輸出 = 110 - (10 + 0.1Y) = 100 - 0.1Y$$

　上の財市場の総需要に，すぐ上の純輸出を表す式を代入することで，開放経済の財市場の総需要は，

$$総需要 = 200 + 0.6Y + (100 - 0.1Y) = 0.5Y + 300$$

と表されます。これを図に描いたものが，次頁の図10-7の総需要を表す直線です。

　なお，より一般的な場合については，Web資料 第10章を参照してください。

したがって，開放経済における財市場の総需要を表す直線の傾きの大きさは，「限界消費性向－限界輸入性向」になります。財市場の総需要を表す直線の傾きの大きさは，開放経済のときの方が閉鎖経済のときよりも一般に小さくなります。

開放経済の均衡GDP

　均衡GDPは，自国で生産される財・サービスへの総需要と，それらの総供給とが一致するように決まります。開放経済の財市場の総需要は，上述したように「総需要＝消費＋投資＋政府支出＋純輸出」です。また，財市場の総供給は，国内で新たに生産された様々な財・サービスの合計なので，財市場の総供給は「総供給＝GDP」です。

　小国開放経済（自国）のGDPがどのように決まるのかを，図で見てみましょう。図10-7の総需要を表す直線の縦軸の切片の値は，閉鎖経済のときの縦軸の切片の値200に，GDPがゼロのときの純輸出を加えた値になります。輸出を110，基礎輸入を10としているので，GDPがゼロのときの純輸出は100（＝110－10）になります。したがって，総需要を表す直線の縦軸の切片の値は，300（＝200＋100）になります。また，総需要を表す直線の傾きの大きさは，「限界消費性向－限界輸入性向＝0.6－0.1＝0.5」となります。なお，開放経済下の総需要を表す直線の縦軸の切片の値は，GDPがゼロのときの純輸出の値に依存するので，閉鎖経済下のそれよりも大きいかどうかは分かりません。

　図10-7では，総供給は原点を通る直線で，総需要は縦軸の切片の値が300で傾きの大きさが0.5の直線で表されています。これらの直線の交点の点Aにおいて，総需要と総供給は等しくなり，財市場は均衡しています。点AのときのGDPは600なので，均衡GDPは600になります。

レッスン10.3　輸出の経済効果

　輸出が増加すると総需要は増えて，均衡GDPが増加することを説明します。ここで考える国（自国）は小国開放経済とします。小国開放経済にとって，輸出（＝外国の輸入）は所与で，所与の輸出が増えた効果を見ていきます。

図 10-7　開放経済下の均衡 GDP の決定

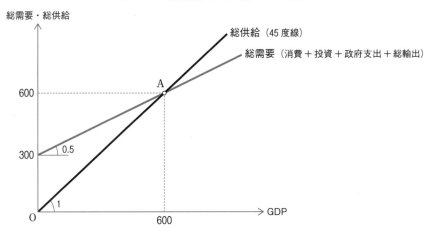

■Box 10.11　均衡 GDP を求めてみよう：開放経済■

　ここの数値例では，「総需要＝0.5Y＋300」です（Close Up 10.2参照）。また，「総供給＝Y」です。財市場の均衡条件「総供給＝総需要」より「Y＝0.5Y＋300」で，これをYについて解くと，均衡 GDP「Y＝600」が得られます。

■Box 10.12　開放経済の乗数効果■

　小国開放経済において，政府支出が変化したときの GDP への影響も考えることができます。開放経済下の政府支出乗数の値は，後述する貿易乗数と同じになります。なぜなら，所与の輸出が増えることと，所与の政府支出が増えることは，総需要に対して全く同じ影響を与えるからです。

　ここの数値例で，閉鎖経済と開放経済の政府支出乗数を比較してみましょう。閉鎖経済のとき，政府支出乗数は2.5（＝1÷（1－限界消費性向）＝1÷（1－0.6））になります。後述するように，貿易乗数は2なので，開放経済下の政府支出乗数も同じ2になります。

　このように，同じ限界消費性向でも，開放経済下の乗数の値は小さくなります。つまり，開放経済の乗数効果は，閉鎖経済のときよりも弱くなります。なぜなら，開放経済では，総需要の一部が輸入になって外需（国外への需要）となるからです。

輸出の増加による総需要の変化

　財市場の総需要が，輸出が増えたときにどのように変化するかを図10-8で見てみましょう。ここでも，図10-7と同じ数値例を使うことにします。当初の均衡は点Aで，GDPを600とします。

　今，輸出が20増えるとしましょう。ある一定のGDPの下で，輸出が20増加すると，純輸出も同じ20だけ増加します。なぜなら，GDPが一定のとき，輸入は一定なので，輸出の増加分だけ純輸出が増えるからです。よって，総需要は，ある一定のGDPの下で，輸出が増加した分だけ大きくなります。したがって，総需要を表す直線は，図10-8のように，輸出の増加分の20だけ上にシフトします。

輸出の増加によるGDPの増加

　輸出の増加分とGDPの増加分の関係を図10-9で見てみましょう。輸出の増加によって，均衡は当初の点Aから点Bになります。点Aと点Bはいずれも傾きの大きさが1の45度線上にあるので，線分ACの長さ（＝GDPの増加分）と線分BCの長さは同じで，「AC＝BC」です。また，線分BCは，線分BDと線分CDの和で，「BC＝BD＋CD」です。ここで，線分BDの長さは「BD＝輸出の増加分」です。直線ADの傾きの大きさは「限界消費性向－限界輸入性向」なので，線分CDの長さは，「CD＝（限界消費性向－限界輸入性向）×AC」と表されます。したがって，「AC＝BD＋CD」から，「GDPの増加分＝輸出の増加分＋（限界消費性向－限界輸入性向）×GDPの増加分」となります。この式を書き換えると，GDPの増加分は，次のように表すことができます。

$$\text{GDPの増加分}＝\frac{1}{1-\text{限界消費性向}+\text{限界輸入性向}}\times\text{輸出の増加分}$$

　上の式を使って，ここでの数値例でGDPの増加分を求めてみましょう。限界消費性向は0.6，限界輸入性向は0.1なので，右辺の分数の値は2（＝1÷(1－0.6＋0.1)）になります。よって，輸出が20増加すると，GDPは40（＝2×20）増えます。つまり，均衡GDPは当初の600から640になります。

　このように，輸出の増加は，その増加分よりも大きな経済効果を生みます。そうなるのは，政府支出の増加の場合と同様な波及効果があるからです（Box 10.9参照）。上の式の右辺の分数は貿易乗数と呼ばれ，ここの数値例では2と

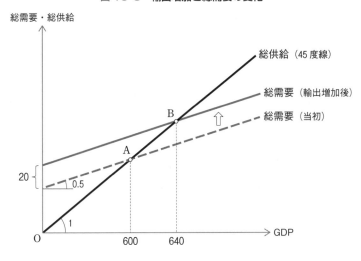

図 10-8　輸出増加と総需要の変化

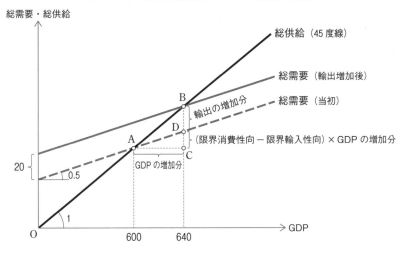

図 10-9　輸出の増加分と GDP の増加分の関係

なり，1よりも大きな値になっています。

　一般に貿易乗数が1よりも大きくなる理由は，以下の通りです。消費の増加分のうちの一部が輸入に回るので，限界消費性向の方が限界輸入性向よりも大きいです。また，限界消費性向は1よりも小さいので，「限界消費性向－限界輸入性向」は正の値で，1よりも小さくなります。よって，「1－限界消費性向＋限界輸入性向」は0と1の間の値をとり，その逆数の貿易乗数の値は1よりも大きくなります。

　なお，ある国の経常収支（ここでの純輸出）がどのように決まるかについては，第8章やWeb補論 第10章で扱っています。レッスン8.4では弾力性アプローチを紹介しましたが，他にもいろいろなアプローチがあります。Web補論 第10章では，アブソープションが経常収支を決める際に重要であるとするアブソープション・アプローチ，経常収支は貯蓄行動と投資行動によって決まると考える貯蓄投資バランス・アプローチ，経常収支の不均衡は異なる時点における各国の経済主体の最適化行動の表れであると考える異時点間アプローチの3つを説明します。

━━━━ 第10章　演習問題 ━━━━

1. 開放経済下の財市場の総需要は，どのような項目からなっているかを説明しなさい。
2. 開放経済での財市場の総需要を表す直線の傾きの大きさは，どのように表されるかを答えなさい。
3. 閉鎖経済と開放経済の乗数効果は，どちらの方が大きいかを答えるとともに，その理由も説明しなさい。
4. ［発展問題］小国開放経済の均衡GDPを考える。GDPをY，消費$C=100+0.6Y$，投資$I=20$，政府支出$G=20$，輸出$EX=70$，輸入$IM=10+0.1Y$とする。
   (1) 均衡におけるGDPを求めなさい。
   (2) 輸出が増えて$EX=100$になったときのGDPを求めなさい。
   (3) 輸出が上の(2)のようになったときの輸出の増加分とGDPの増加分を求め，どちらの方が大きいかを答えなさい。なぜそうなるかも説明しなさい。

11
GDP と利子率の決定

　本章では，財市場を均衡させる GDP と利子率の組合せを表した IS 曲線を紹介し，政府支出や為替レートが変化したときの影響を説明します。また，貨幣市場を均衡させる GDP と利子率の組合せを表した LM 曲線を紹介し，名目マネーサプライの変化の影響を説明します。さらに，財市場と貨幣市場を同時に均衡させる GDP と利子率がどのように決まるかを説明します。

Keywords
IS 曲線，債券市場，貨幣市場，マネーサプライ，LM 曲線，IS-LM 分析

レッスン11.1　財市場におけるGDPと利子率

本章以降，投資が利子率に依存して決まるとします。まず，閉鎖経済下で，財市場が均衡するGDPと利子率の関係について説明します。次に，開放経済下で，為替レートが変化したときの影響を見ていきます。

投資と利子率

財市場の総需要には，企業による投資が含まれています。投資の大きさは，利子率によって影響を受けると考えられます。

そこで，例として，3社（A社，B社，C社）が，銀行から資金を借り入れ，10台のパソコンを購入してオフィスに増設するという投資を考えてみましょう。なお，パソコン1台の価格を10万円とします。

この投資に必要な資金は，各社ともに100万円（＝10万円×10台）です。A社が投資を行うと，108万円の収益が予想されるとします。つまり，A社の投資の予想収益率は8％（＝[（108万円－100万円）÷100万円]×100％）です。また，B社が投資すると104万円，C社が投資すると102万円の収益が見込まれるとします。このとき，B社とC社の投資の予想収益率は，それぞれ4％と2％になります。図11-1には，3社の予想収益率が描かれています。

借入の利子率を5％としましょう。投資の資金100万円を借り入れると，将来には利息を付けて105万円（＝100万円×1.05）を返済しなければなりません。A社が投資すると，予想される収益は108万円なので，3万円（＝108万円－105万円）のもうけが見込まれます。よって，A社は投資を行うと考えられます。別の言い方をすると，予想されるもうけは3％（＝[（108万円－105万円）÷100万円]×100％）でプラスなので，この投資を行うでしょう。なお，この3％は，図11-1のA社の予想収益率8％と利子率5％の差をとって求めた値と同じです。同様にしてB社とC社についても考えると，B社では1％の損失（＝4％－5％），C社では3％の損失（＝2％－5％）を被ることが予想されるので，両社ともに投資を行わないでしょう。よって，利子率が5％のとき，A社だけが投資するので，3社の投資の合計は100万円になります。

利子率が3％のときはどうなるでしょうか。同様に考えると，図11-1より，

■Box 11.1　財市場での投資■

　財市場の総需要で出てくる投資は，企業が生産活動のためにパソコンなどの実物資産を購入することを指します（Box 10.1 参照）。一般には，株式などの金融資産を購入して運用することも投資といいますが，その投資とは異なります。

図 11-1　投資の予想収益率と利子率

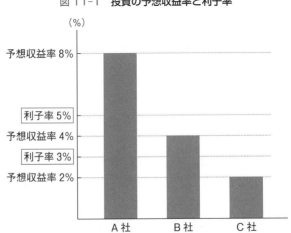

■Box 11.2　利子率と投資，レンタルと資本投入■

　ここでの投資は，新しく生産される機械設備などを購入（需要）することです。投資のために資金を借り入れる場合には，利子を支払わなくてはなりません。よって，本文中で説明しているように，どれだけ投資するかは利子率に依存します。
　他方，レンタル（資本の価格）は，既存の機械設備などの資本を借りる場合の賃借料（リース料金）を指しています。よって，どれだけ資本を借りるかはレンタルに依存します（第3章，第6章参照）。

投資をしてもうかると予想するのはA社とB社なので，その両社だけが投資を行うでしょう。よって，3社の投資の合計は200万円になります。

　この例のように，個々の企業は，投資の予想収益率と利子率を比較して投資を実行しており，利子率が低いときにはより多くの企業が投資すると考えられます。また，利子率が下がったときに，個々の企業の投資も増えるかもしれません。いずれにしても，国全体で見て，利子率が下がると投資は増加し，逆に利子率が上がると投資は減少するといえます。

財市場における利子率とGDPの関係

　財市場が均衡するのは，総需要と総供給が一致するときです。当初は利子率が5％で，投資は50とします。また，消費と政府支出は前章の図10-3と同じ数値例で，基礎消費を100，限界消費性向を0.6，政府支出を50とします。図11-2では，総需要（利子率5％）と書かれた直線（点線）の高さが，当初の総需要の大きさを表しています。また，原点を通る傾きの大きさが1の直線の高さは，総供給を表します。当初の財市場の均衡は点Aで，均衡GDPは500になります（Box 10.8参照）。

　利子率が5％から3％に低下して，投資が50から70に増加するとしましょう。投資が増えると，総需要を表す直線の縦軸の切片の値は，投資の増加分だけ大きくなります。よって，総需要を表す直線は，図11-2の点線から実線のように上にシフトします。その結果，新たな均衡点は点Bで，均衡GDPは550になります。このように，利子率が低下すると，投資が増えて総需要は増加し，それに伴って総供給が増え，財市場が均衡するGDPは増加します。

　図11-3では，財市場が均衡するときの利子率とGDPの関係を描いており，それはIS曲線と呼ばれます。図11-3の点Aと点Bは，それぞれ図11-2の点Aと点Bでの利子率とGDPの組合せを表しています（Box 11.3参照）。上述したように，利子率が低下するとGDPは増加するので，IS曲線は右下がりになります。なお，本書では，IS曲線を描きやすいように直線としています。

　ここで，IS曲線のIは投資（investment），Sは貯蓄（saving）のことです。閉鎖経済の財市場の均衡では，「GDP＝消費＋投資＋政府支出」が成り立ち，これを左辺が投資になるように書き換えると，「投資＝GDP－消費－政府支出」となります。政府支出は広い意味での消費として扱われるので，右辺は経済全

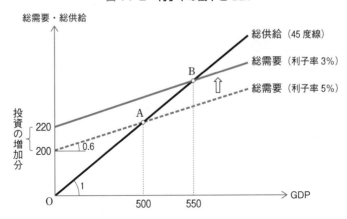

図 11-2　利子率の低下と GDP

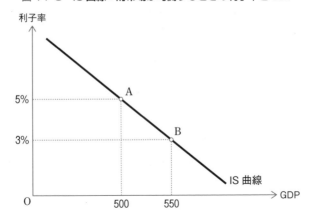

図 11-3　IS 曲線：財市場が均衡するときの利子率と GDP

■Box 11.3　財市場の均衡を求めてみよう：閉鎖経済■

　利子率が下がると，投資が増加するような例を考えます。GDP を Y，利子率を r（例えば5%のとき $r = 0.05$）として，投資を「$I = 100 - 1000r$」と表します。利子率が5%ならば投資は50（$= 100 - 1000 \times 0.05$），3%ならば投資は70（$= 100 - 1000 \times 0.03$）になります。消費と政府支出は，前章の図10-3と同じ数値例とします（Box 10.8参照）。

　このとき，総需要は次のように表されます。

　　　　総需要＝消費＋投資＋政府支出＝$(100 + 0.6Y) + (100 - 1000r) + 50$

均衡条件「総供給＝総需要」を用いて計算すると，「$Y = 625 - 2500r$」となります。

　この式を使うと，利子率5%（$r = 0.05$）のときは「$Y = 500$」（図11-2の点 A），利子率3%（$r = 0.03$）のときは「$Y = 550$」（図11-2の点 B）となることが分かります。

体での貯蓄といえます。よって，その式は，投資と貯蓄がバランスしていることを意味しているので，IS曲線と呼ばれます。

政府支出の増加とIS曲線

政府支出を増加させる政策（拡張的財政政策）の効果を見てみましょう。利子率は5％で一定としておきます。政府支出を20増やすとすると，その増加分だけ総需要は増加します。よって，図11-4のように，総需要を表す直線は，政府支出の増加分の20だけ上にシフトします。その結果，均衡点は点Aから点Bに移動し，GDPは当初の500から550に増加します。

政府支出の増加によって，IS曲線がどのようにシフトするかを見てみましょう。当初の利子率とGDPは，図11-5の点Aで表されています。上述したように，利子率が5％で一定の下で，政府支出が20増えるとGDPは550になるので，その組合せは点Bで表されます。同様に，利子率が5％以外のときでも，利子率が一定の下で政府支出が増加すると，GDPは増えます。よって，政府支出の増加後の利子率とGDPの組合せを表す点は，当初のIS曲線の右側にあります。それらの点を結ぶことで，政府支出の増加後のIS曲線（実線）が得られます。つまり，政府支出が増加すると，IS曲線は右にシフトします。

為替レートの変化とIS曲線

開放経済下では，総需要のなかに純輸出もあります。純輸出は，GDPだけでなく，為替レートにも依存するでしょう。（GDPに依存する理由はレッスン10.2を参照。）以下では，マーシャル=ラーナー条件が満たされているとします。その条件の下では，自国通貨が減価（増価）すると，自国の純輸出は増加（減少）します（レッスン8.4参照）。

自国通貨が減価することで，自国のGDPはどのように変化するでしょうか。利子率が5％で一定の下，自国通貨の減価によって，自国の純輸出が20増えるとします。このとき，20だけ総需要は増加するので，上述した政府支出の増加の場合と同様に，財市場を均衡させるGDPは増加します（レッスン10.3参照）。したがって，自国通貨が減価すると，図11-5と同様に，IS曲線は右にシフトします。

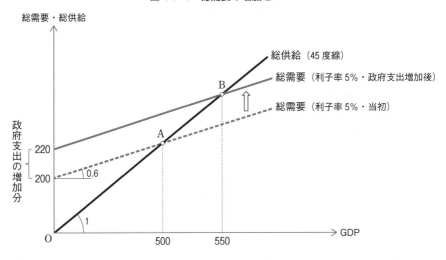

図 11-4　総需要の増加と GDP

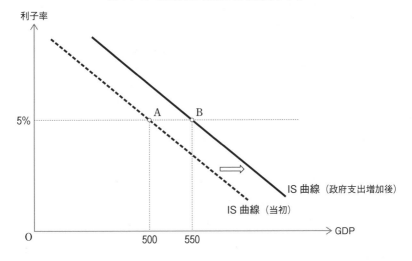

図 11-5　総需要の増加と IS 曲線のシフト

レッスン11.2　貨幣市場におけるGDPと利子率

　資産は貨幣と債券からなることと，資産市場の均衡は貨幣市場の均衡を考えればよいことを説明します。また，貨幣市場が均衡するGDPと利子率の関係について見ていきます。

資産市場と貨幣市場

　資産には，貨幣と，貨幣以外の資産として国債，社債，株式などがあります。貨幣以外の資産は，1つにまとめて債券と呼ぶことにします。

　貨幣とは，現金や，流動性が高く，利息をまったく，あるいは，ほとんど生まない資産です。流動性が高いとは，換金（資産を売って現金に換えること）が容易で，決済手段（売買代金の受け渡しの手段）としてすぐに使用可能なことをいいます。具体的には，現金通貨だけでなく，一部の預金なども貨幣に含まれます。そのなかで全く利息の付かないものに，現金通貨（紙幣と硬貨）や当座預金などがあります。なお，当座預金は，主に商品などの決済に使われる預金のことで，利息を付けることが禁じられています。以下では，これらの利息の付かない資産を貨幣とします。

　他方，債券は，換金が簡単ではないので流動性は低いですが，利息を生みます。例えば，国が発行する債券である国債は，将来受け取る収益が現時点で確定している資産の代表例です。国債は，金融機関などで購入でき，購入後に売買もできます。これに対して，企業が発行する株式の場合，配当金（収益）を受け取ることができますが，現時点で配当金がいくらになるか不確実です。以下では，債券を現時点で将来受け取る収益が確定している国債としましょう。

　貨幣に利子は付かず，債券には利子が付いているので，本来，利子率は債券の需給バランスで決まると考えられます。ところが，債券市場で決まる利子率を，貨幣市場の均衡から見つけることができます。その理由は，資産市場に貨幣市場と債券市場の2つがあり，貨幣市場と債券市場のいずれか片方の市場が均衡していれば，必ずもう一方の市場も均衡することが知られているからです（Box 11.4参照）。したがって，以下では，貨幣市場の均衡から利子率の決定を考えます。

◆ *Case Study 11.1*　**日米欧の家計の金融資産構成**

　　日本銀行のホームページ「資金循環統計」の「日米欧比較」によると，日米欧の家計の主な金融資産の構成は，下の表（2022年3月末時点）のようになっています。それより，日本の家計は，欧米と比べて，現金・預金の割合が高いことが分かります。

　　なお，投資信託とは，多数の投資家から集めたお金を運用会社が国債・社債や株式などで運用して，その運用収益を投資家に分配する金融商品のことです。

	金融資産合計	現金・預金	投資信託	株式等
日　本	2005兆円	54.3%	4.5%	10.2%
米　国	115.5兆ドル	13.7%	12.6%	39.8%
ユーロ地域	28.6兆ユーロ	34.5%	10.4%	19.5%

■Box 11.4　**貨幣市場と債券市場の関係**■

　　ある時点では，各個人は一定の資産を持っています。例えば，Aさんは総額1000万円の資産を持っていて，その内，300万円は貨幣（現金通貨や当座預金），700万円は債券（国債）で保有しているとします。

　　資産を貨幣で持とうとするのが貨幣需要で，資産を債券で持とうとするのが債券需要です。今，Aさんは貨幣を400万円に増額したいとすると，Aさんの貨幣需要は400万円になります。このとき，資産総額は1000万円しかないので，債券を100万円分売却するしかありません。よって，Aさんの債券需要は，100万円減少して600万円になります。

　　つまり，Aさんは，保有している資産総額（＝貨幣保有額＋債券保有額）を貨幣需要か債券需要に振り分けるしかありません。これを式で表すと，

　　　　　　貨幣需要＋債券需要 ≡ 貨幣保有額＋債券保有額

になります。「≡」は「常に等しい」という恒等式を表します。

　　この関係は，すべての個人について成り立っているので，国全体で見ても，上の式は成り立ちます。国全体の貨幣保有額は貨幣供給額（マネーサプライ）で，国全体の債券保有額は債券発行残高（債券供給額）です。したがって，国全体では，

　　　　　　貨幣需要＋債券需要 ≡ 貨幣供給額＋債券供給額

が成り立っています。この式を書き換えると，

　　　　　（貨幣需要－貨幣供給額）＋（債券需要－債券供給額）≡0

になります。この式から，1つ目の括弧がゼロならば2つ目の括弧もゼロになるので，貨幣市場で需給がバランスすれば必ず債券市場でも需給はバランスします。

貨幣の需要と供給

まず，どのようにして貨幣に対する需要が生じるかを説明します。貨幣に対する需要は，貨幣需要と呼ばれます。物価で割って実質化した貨幣需要は，実質貨幣需要といいます。なお，以下では名目値を用いて説明しますが，本書では物価水準を一定としているので，実質値で見ても同じです。

現金通貨や当座預金などの貨幣は経済取引の決済に必要なため，貨幣に対する需要が生じます。例えば，ある個人の年間所得が500万円から550万円に増加すると，財やサービスの消費額は増えるでしょう。そこで，その人は，支払い手段として利用しやすい貨幣を，以前よりも多く保有するといえます。つまり，個人の所得が増えると，その人の貨幣に対する需要は増加します。また，個々の企業も，企業活動の規模が大きくなると，支払い手段として便利な貨幣の保有を増やすといえます。

個人や個々の企業の経済活動を国全体で集計した場合でも，上述の関係は同じように当てはまると考えられます。つまり，GDPが増加すると，（実質）貨幣需要は増えるといえます。Box 11.5の数値例では，GDPが500のときに貨幣需要は1000で，GDPが550になると貨幣需要は1100に増えるとしています。なお，この後で説明するように，貨幣需要は利子率にも依存するので，ここでは利子率を5％で一定としています。

資産を貨幣で保有する場合，債券（国債）で保有したときの利子を得る機会を失います。例えば，ある個人が700万円分の国債を持っているとし，国債の利子率（利回り）は5％とします（Box 11.6参照）。1万円分の国債について，1年後に500円（＝1万円×0.05）の利子収入が得られます。よって，国債700万円分を保有しておくと，利子35万円（＝500円×700）を受け取ることができます。これに対して，700万円を貨幣で持っている場合，1年後も700万円のままなので，国債を保有した場合の利子35万円を得る機会を失っています。これは，貨幣として保有すると利子分の機会費用が生じることを意味しています。このため，貨幣は支払い手段として必要だとしても，資産をすべて貨幣で保有せず，その一部は国債で持つでしょう。

国債の利子率（利回り）が5％から3％に低下し，1年後に1万円分の国債から得られる利子収入が300円になったとしましょう。このとき，700万円分の国債を保有した場合の利子は，21万円（＝300円×700）になります。よって，

[利子率が一定（5%）の場合]

GDP	貨幣需要
500	1000
550	1100

GDP が増加すると貨幣需要は増加

■Box 11.6　国債の価格と利子率（利回り）■

　国債の額面金額（額面）は、国債の最低の申込単位に付けられた金額で、発行時点で決まっており一定です。支払期日（満期）になると、額面を受け取ることができます。

　表面利率とは、額面に対して毎年支払われる利子の割合のことです。ここでの国債は、毎年一定の利子が支払われる債券（確定利率債）で、その利子は国債の発行時点で決まっていて一定です。例えば、額面は1万円、利子は500円とすると、表面利率は5%（＝(500円÷1万円)×100%）で一定となります。

　なお、国債は満期前でも売買できます。売買のときの国債の価格は、国債の需給バランスで決まり、額面と同じとは限りません。上の数値例で、国債の価格が12500円だとすると、利子は500円なので、国債の利子率（利回り）は4%（＝(500円÷12500円)×100%）になります。つまり、利子は同じですが、国債の価格が額面よりも高くなったので、利子率（利回り）は表面利率5%よりも低くなっています。

　このように、毎年支払われる利子が一定なので、国債市場で決まる国債価格が変われば、国債の利子率（利回り）は変動します。

貨幣で保有することの機会費用は小さくなっているので，貨幣の保有額（貨幣に対する需要）を増やすでしょう。

以上のことは，国全体で貨幣に対する需要を集計した場合にも成立すると考えられます。したがって，貨幣需要は利子率に依存し，利子率が低くなると貨幣需要は増加します。

GDPを一定として，利子率と実質貨幣需要の関係を表した曲線を実質貨幣需要曲線といいます。図11-6では，GDPが500のときの実質貨幣需要曲線を直線（点線）で表しています。本書では，実質貨幣需要曲線を直線にしています。利子率が5％のときの貨幣需要（点A）は1000で，利子率が3％に低下すると貨幣需要（点B）は1100に増加するとしています。つまり，実質貨幣需要曲線は右下がりになります。

GDPが500から550に増加すると，実質貨幣需要曲線はどのように変化するでしょうか。Box 11.5の数値例より，利子率が5％でGDPが550のとき，貨幣需要は1100です。この利子率と貨幣需要の組合せは，図11-6の点Cになり，GDPが500のときの実質貨幣需要曲線（点線）の右側にあります。同様に，他の利子率の場合でも，GDPが550に増加すると貨幣需要は増加します。よって，GDPが550のときの実質貨幣需要曲線は，点Cを通る実線のようになります。つまり，GDPが増加すると，実質貨幣需要曲線は右にシフトします。

次に，貨幣の供給について説明します。貨幣の供給はマネーサプライと呼ばれます。物価の影響を取り除いていない市場に出回っている貨幣の量を名目マネーサプライ，物価の影響を取り除いて実質化したものを実質マネーサプライといいます。両者の関係は次のようになります。

$$実質マネーサプライ＝\frac{名目マネーサプライ}{物価水準}$$

今，名目マネーサプライは中央銀行の政策で決まっているとし，名目マネーサプライを1000としましょう。物価水準は一定なので，それを1とすると，実質マネーサプライは1000（＝1000÷1）になります。実質マネーサプライは，利子率の値に関係なく1000で一定なので，図11-7のように垂直な直線として描かれます。

なお，中央銀行が名目マネーサプライをどのようにしてコントロールするかについては，Web補論 第11章を参照してください。

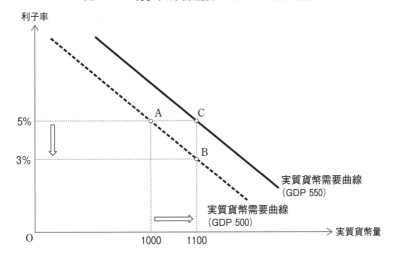

図 11-6　利子率と貨幣需要：GDP が一定の場合

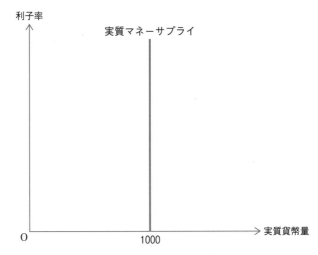

図 11-7　実質マネーサプライ

貨幣市場におけるGDPと利子率の関係

　貨幣市場が均衡するのは，上述した実質マネーサプライと実質貨幣需要が一致するときです。貨幣市場の均衡条件は式で表すと，

$$\frac{名目マネーサプライ}{物価水準} = 実質貨幣需要$$

となります。

　まず，GDPを一定としたときの貨幣市場の均衡を図11-8で見てみましょう。ここではGDPを500で一定とし，実質貨幣需要曲線を右下がりの直線で描いています。貨幣市場が均衡するのは，実質マネーサプライを表す垂直な直線と実質貨幣需要曲線の交点の点Aです。そして，そのときの利子率は5％になります。

　均衡点以外ではどうなるでしょうか。もし利子率が3％ならば，図11-8の点Bより，貨幣の需要量（＝1100）が供給量（＝1000）を上回り，貨幣市場で超過需要が生じます。債券（国債）市場では，逆に超過供給になります（Box 11.4参照）。このとき，以下のような調整がなされます。

　毎年一定の利子が支払われる国債を例にして説明します。利子率が3％のとき，国債市場は超過供給になっているので，国債の価格が下がります。国債の利子率（利回り）は「利子÷国債の価格×100％」なので，利子が一定の下で国債の価格が下がれば，利子率は上昇します（Box 11.6参照）。貨幣市場が超過需要である限り，国債市場は超過供給になっているので，国債の価格は下がり，利子率は上昇します。そして，国債の価格の下落が止まるのは，利子率が5％になるときです。利子率が3％から5％に上がることで，実質貨幣需要は1100から1000に減り，貨幣市場は図11-8の点Aで均衡します。このとき，国債市場も均衡し，国債の価格の調整が止まります。

　同様に考えると，逆に利子率が均衡の水準よりも高いとき，貨幣市場は超過供給で，国債市場は超過需要になります。そこで，国債の価格は上昇し，国債の利子率（利回り）は低下していきます。最終的に，貨幣市場が均衡するところでこの調整はなくなります。

　このように，もし利子率が均衡からずれたとしても，債券（国債）市場での価格の変化を通じて利子率が変化し，貨幣に対する需要量が変わることで貨幣市場は均衡します。

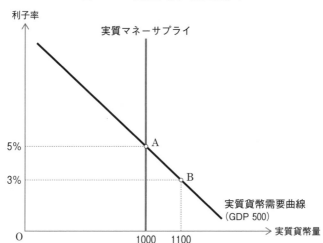

図11-8　貨幣市場の均衡と利子率

■Box 11.7　貨幣市場の均衡を求めてみよう■

　ここの数値例では，GDPを Y，利子率を r（例えば5％のとき $r = 0.05$）とすると，「実質貨幣需要 = 250 + 2Y − 5000r」と表されます。これをGDPが500（$Y =$ 500）として図に描いたものが，図11-8の実質貨幣需要曲線になります。
　貨幣市場の均衡条件は，実質マネーサプライが1000，「$Y = 500$」なので，
$$1000 = 250 + 2 \times 500 - 5000r$$
となります。これを計算すると，利子率は5％（$r = 0.05$）が得られ，図11-8の点Aが均衡点であることが分かります。

次に，貨幣市場が均衡する GDP と利子率の組合せを図で見てみましょう。図11-9は，図11-8に GDP が550のときの実質貨幣需要曲線（実線）も書き加えたものです。図11-6で示したように，GDP が550のときの実質貨幣需要曲線は，GDP が500のときの実質貨幣需要曲線（点線）よりも右側にあります。まず，GDP を500とすると，利子率が5％のときに点Aで貨幣市場の需給は一致します。GDP が500と利子率が5％のこの組合せは，図11-10の点Aに対応しています。

利子率が5％のままで，GDP が550になると，貨幣市場で超過需要が生じます（点C）。そこで，利子率が7％まで上昇すると，貨幣に対する需要は減少し，貨幣市場は均衡します（点B）。GDP が550と利子率が7％のこの組合せは，図11-10の点Bに対応しています。同様にして，他の GDP についても，貨幣市場が均衡する GDP と利子率の組合せを見つけることができます。

図11-10では，貨幣市場を均衡させる GDP と利子率の組合せを表した曲線を描いています。その曲線は LM 曲線と呼ばれます。上述したように，GDP が増加すると貨幣市場が均衡する利子率は高くなるので，LM 曲線は右上がりの曲線になります。

なお，L は流動性選好（liquidity preference）で貨幣需要を表し，M は貨幣供給（money supply）を表しています。そこで，貨幣市場の需要と供給が等しくなる GDP と利子率の組合せを，LM 曲線と呼んでいます。本書では，LM 曲線を描きやすいように直線としています。

名目マネーサプライの増加と LM 曲線

中央銀行は，名目マネーサプライの量をコントロールすることができます（Web補論 第11章参照）。名目マネーサプライを増加させる政策は，拡張的金融政策（または金融緩和政策）といいます。拡張的金融政策によって，LM 曲線がどのようにシフトするかを見てみましょう。

上の数値例と同じように，当初の名目マネーサプライを1000とします。また，物価水準を1とすると，実質マネーサプライも1000になります。GDP を500で一定としておき，利子率が5％のときの実質貨幣需要を1000とします。このとき，GDP と利子率の組合せが500と5％の下で貨幣の需要は1000で，貨幣の供給も1000なので，貨幣市場は均衡しています（図11-9参照）。

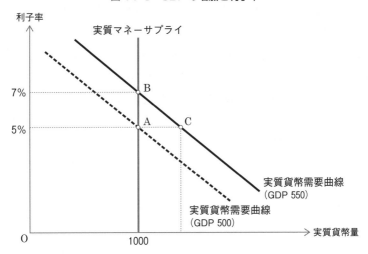

図 11-9　GDP の増加と利子率

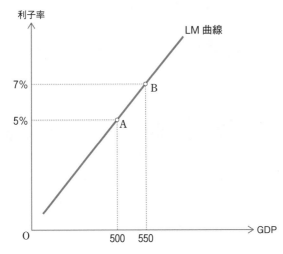

図 11-10　LM 曲線：貨幣市場が均衡するときの GDP と利子率

図11-11には，図11-8と同じ実質貨幣需要曲線と実質マネーサプライを表す垂直な直線（点線）を描いています。実質マネーサプライが1000でGDPが500のとき，貨幣市場の均衡点は点Aで，利子率が5％になります。図11-12には，実質マネーサプライが1000のときのLM曲線（点線）が描かれており，そのGDPと利子率の組合せは点Aで表されています。

今，名目マネーサプライが100増加して1100になるとしましょう。物価水準は一定としているので，実質マネーサプライも1100になります。図11-11には，実質マネーサプライが1100のときの貨幣供給を表す垂直な直線（実線）を描いています。GDPが500のとき，利子率が5％のままであると，貨幣市場では線分ACの超過供給が発生します。そこで，利子率が3％まで下がり，点Bで貨幣市場は均衡します。つまり，実質マネーサプライを1100とすると，貨幣市場が均衡するのは，GDPが500で利子率が3％のときです。このGDPと利子率の組合せは，図11-12の点Bに対応しています。

同様に，他のGDPの水準についても，名目マネーサプライが増加した後に貨幣市場が均衡する利子率を見つけることができ，それは当初よりも低い利子率になります。つまり，そのようなGDPと利子率の組合せを表す点は，図11-12の当初のLM曲線（点線）の下側にあります。それらの点を結ぶことで，実質マネーサプライが1100のときのLM曲線が得られ，それは図11-12の点Bを通る実線のようになります。

したがって，拡張的金融政策によって名目マネーサプライが増えると，図11-12のように，LM曲線は右にシフトします。

レッスン11.3 GDPと利子率の同時決定

財市場と貨幣市場が均衡するGDPと利子率の組合せを考えるための枠組みは，IS-LM分析と呼ばれます。IS-LM分析を用いて，GDPと利子率がどのように決まるかを説明します。

均衡GDPと均衡利子率

ここでは，物価水準を一定として，政府支出，名目マネーサプライ，為替

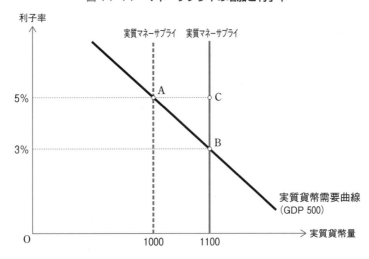

図11-11　マネーサプライの増加と利子率

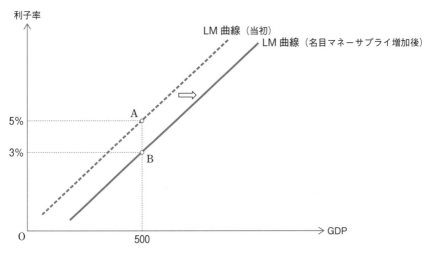

図11-12　マネーサプライの増加とLM曲線のシフト

レートなどが与えられた下で，財市場と貨幣市場の両方を均衡させるGDPと利子率の組合せを見てみましょう。そこで，レッスン11.1で説明した財市場の均衡を表すIS曲線と，レッスン11.2で説明した貨幣市場の均衡を表すLM曲線を1つの図に描いてみます。

図11-13には，IS曲線とLM曲線が描かれています。IS曲線とLM曲線の交点の点Aにおいて，財市場と貨幣市場は同時に均衡しています。つまり，その均衡において，GDPは500，利子率は5％になります。

このように，IS曲線とLM曲線の交点を見つけることで，財市場と貨幣市場を同時に均衡させるGDPと利子率の組合せが得られます。

政府支出の増加によるGDPと利子率の変化

拡張的財政政策の効果を見てみましょう。ここでは，為替レートは所与で，輸出と輸入も一定とします。

図11-14で，当初の均衡を点Aとします。今，政府支出が20増加するとしましょう。レッスン11.1で説明したように，政府支出が増えると，IS曲線は右にシフトします。LM曲線は，政府支出に依存しないので変化しません。新たな均衡点は，政府支出の増加後のIS曲線（実線）と当初と同じLM曲線の交点の点Bで，GDPは525，利子率は6％になります。政府支出の増加後，GDPは25（＝525－500）増加し，利子率は1％（＝6％－5％）上昇しています。

このように，拡張的財政政策によって，GDPは増え，利子率は上昇します。数値例では，GDPの増加分は政府支出の増加分よりも大きくなっています。

なお，利子率が上がったことで投資は減っているので，利子率が一定のときよりもGDPの増加分は小さくなっています（図11-5参照）。政府支出の増加に伴って投資が減少してしまうことは，クラウディング・アウトといいます。

名目マネーサプライの増加によるGDPと利子率の変化

拡張的金融政策の効果を見てみましょう。ここでは，為替レートは所与で，輸出と輸入も一定とします。

当初の均衡は，図11-15の点Aとします。今，拡張的金融政策によって，名目マネーサプライが100増加するとしましょう。レッスン11.2で説明したように，名目マネーサプライが増加すると，LM曲線は右にシフトします。IS

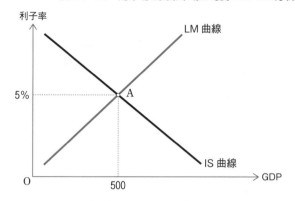

図11-13　財市場と貨幣市場の均衡：IS-LM分析

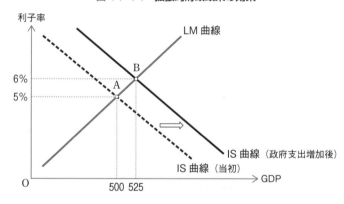

図11-14　拡張的財政政策の効果

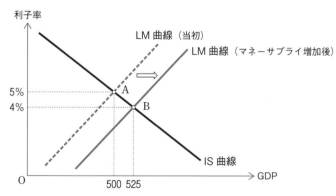

図11-15　拡張的金融政策の効果

曲線は名目マネーサプライに依存しないので，名目マネーサプライが変化しても IS 曲線は当初と同じままです。

新たな均衡点は，図11-15において，名目マネーサプライの増加後のLM曲線（実線）と当初と同じIS曲線の交点の点Bで，GDPは525，利子率は4%になります。名目マネーサプライの増加によって，GDPは25（＝525－500）増加し，利子率は1%（＝5%－4%）低下しています。

したがって，拡張的金融政策を行うことで，GDPは増加し，利子率は低下します。

なお，第10章から第12章までの枠組みでは，労働市場の需給バランスは考慮していません。労働市場では，失業があっても名目賃金は低下せず，完全雇用にはならないと考えています。このとき，財政政策や金融政策を行って均衡GDPを増やすことで，失業を減らすことができます。なぜなら，短期の場合を考えているので，機械設備や工場などの総量（資本ストック）は一定としており，生産量を増やすには，より多くの労働を雇用しなくてはならないからです。

▬▬▬▬▬ 第11章　演習問題 ▬▬▬▬▬▬▬▬▬▬▬▬▬▬▬▬▬▬▬▬▬▬▬▬

1. IS 曲線はどのような曲線で，右下がりになるのはなぜか。また，政府支出が増えると，IS 曲線はどのようにシフトするかを説明しなさい。

2. LM 曲線はどのような曲線で，右上がりになるのはなぜか。また，名目マネーサプライが増えると，LM 曲線はどのようにシフトするかを説明しなさい。

3. [発展問題]　小国開放経済を日本として考える。GDP を Y，利子率を r（例えば3%のとき $r = 0.03$），円建て為替レートを e で表すとする。消費 $C = 100 + 0.6Y$，投資 $I = 100 - 1000r$，政府支出 $G = 50$，輸出 $EX = 50$，輸入 $IM = 50 + 0.1Y - 0.5e$ とする。また，実質マネーサプライは1000，実質貨幣需要 $L = 250 + 2Y - 5000r$ とする。ここでは，円建て為替レートは所与で，$e = 100$（1 ドル＝100円）とする。

   (1)　IS 曲線を式で表し，縦軸に利子率，横軸に GDP をとって図示しなさい。

   (2)　LM 曲線を式で表し，上の(1)と同じ図に描きなさい。

   (3)　財市場と貨幣市場を均衡させる GDP と利子率を求めなさい。

   (4)　上の(3)で求めた均衡において，純輸出がゼロであることを示しなさい。

12

国際資本移動と
マクロ経済政策

　本章では，国際資本移動が自由な小国開放経済の場合で，マクロ経済政策の効果を考えます。（外国）為替市場の均衡も考慮に入れ，変動相場制と固定相場制の場合で，拡張的財政政策と拡張的金融政策の効果を説明します。

Keywords
国際資本移動の完全性，マンデル＝フレミング・モデル，為替介入，静学的予想，国際収支曲線（BP曲線）

レッスン12.1 為替相場制度とマクロ経済

　本章では，国際資本移動が自由な小国開放経済で，物価水準を一定として，マクロ経済政策の効果を考えます。その準備として，変動相場制下と固定相場制下のマネーサプライと為替レートの決まり方の違いについて説明します。

国際貿易と国際資本移動

　財やサービスの貿易のみならず，国際的な資本の取引（国際資本移動）がある世界経済を考えましょう。ここでの国際資本移動は，国際的な資金の貸し借り（債券の取引）が行われることとします。本章では，国際的な資本取引に関して規制や障壁がなく，資本移動は費用なしに自由に行われるとします。このことは国際資本移動の完全性と呼ばれ，そのように資本移動が自由な国は，国際資本移動が完全な国といいます。

　以下では，自国を日本，外国をアメリカとして説明します。両国の間では，債券（国債）の取引が行われているとしましょう。日本の債券とアメリカの債券は，リスクなどが同じで，同等（完全代替）の債券とします（Web補論 第9章参照）。つまり，両者は名前こそ違いますが，（予想）収益率が同じならば，投資家は両者を全く同じ債券と見なします。

　また，日本は，資本移動が完全な小国開放経済であるとします。このとき，日本では，アメリカのGDPや利子率は一定です（レッスン10.2参照）。よって，日本がいくら対外的な借り入れや貸し付けをしても，アメリカの利子率には影響を与えません。

為替相場制度とマネーサプライ

　前章では，為替レートの水準を一定として，財市場と貨幣市場の需給バランスからGDPと利子率が決まることを示しました。本章では，（外国）為替市場も考慮に入れて，為替レートの水準がどのように決まるかを見ながら，GDPや利子率の決定を考えます。

　為替レートがどのように決まるかは，為替相場制度によって異なります。実際には様々な為替相場制度がありますが，ここでは次のような変動相場制と固

　ある国の経常収支の赤字が拡大したとき，その国の通貨が暴落するのを防ぐために，自国通貨と外国通貨の為替取引を制限することがあります。国際通貨基金（IMF）の加盟国のなかには，そのような為替管理ができる国とできない国があります。

　日本は1964年にIMF 8条国に移行して，国際収支が悪化しても，IMFの承認なしには為替管理を行うことができなくなりました。これにより，それ以前に行っていた外貨割当制度（輸入代金の決済に必要な外貨資金を政府が輸入企業に割り当てること）が廃止されるなど，為替取引の制限は撤廃され，国際的な資本取引が自由化されることになりました。

　同年には，日本は先進国が加盟する国際機関であるOECD（Organisation for Economic Co-operation and Development：経済協力開発機構）に加盟しました。その前年の1963年には，国際収支上の理由により輸入制限をすることができないGATT 11条国になりました。

　このように，1960年代の初めは，日本の貿易自由化のみならず，資本の自由化にとって重要な時期だったといえます。

　なお，IMFやOECDがどのような取り組みを行っているかについては，IMFのホームページ「IMFとは？」やOECDのホームページ「OECDについて」を参照してください。

■Box 12.1　**マンデル＝フレミング・モデル**■

　本章で紹介するモデルでは，国際資本移動があり，財市場・貨幣市場だけでなく為替市場も考慮しています。このようなモデルは，マンデル＝フレミング・モデル（Mundell-Fleming model）と呼ばれます。

定相場制を考えます（レッスン8.3参照）。変動相場制の場合には，通貨当局（各国の中央銀行や通貨政策を担当する政府部局）は，為替市場に一切介入せず，為替レートを操作しないとします。他方，固定相場制の場合，通貨当局が為替市場に介入（為替介入）して，為替レートを一定に保つとします。

　変動相場制の下では，為替市場の需給バランスで為替レートが決まります。そこで，財市場と貨幣市場も同時に考えると，図12-1のように，3つの市場の需給バランスから，GDP，利子率，および為替レートが決まります。

　他方，固定相場制の下では，為替レートは政策的に決められた水準で一定に保たれます。一定の為替レートに固定するために，通貨当局は為替市場に介入する必要があります。例えば，日本が固定相場制を採用しているとしましょう。何らかの要因によってドルの需要が高まると，為替介入がなければ，一定に保っていた水準よりも円安・ドル高になってしまいます。そこで，日本の通貨当局は，円買い・ドル売りの為替介入を行って，為替レートが変化しないようにします。このとき，通貨当局は円を買っているので，市場に出回る円（貨幣）が少なくなり，名目マネーサプライは減少します。同様に考えると，ドルの需要が何らかの理由で減る場合，逆の為替介入を行わなくてはならないため，名目マネーサプライは増加します。

　このように，固定相場制では，為替レートは一定ですが，為替介入に伴って名目マネーサプライが変化します。図12-2のイメージ図のように，財市場，貨幣市場，および為替市場の需給バランスから，GDP，利子率，および名目マネーサプライが決まります。なお，通貨当局を中央銀行としています。

変動相場制下の為替レート

　変動相場制の場合に，為替レートがどのように決まるかを見てみましょう。国際資本移動が完全に自由化されているので，資本（資金）はより高い収益率を求めて国際間を移動します。この国際的な資本の取引に伴って，円やドルの需要や供給が変化します。国際資本移動が止まって落ち着くのは，日本とアメリカの資金の（予想）収益率が等しいときです。つまり，金利平価条件が満たされるように，為替レート（あるいは利子率）が決まります（レッスン9.1参照）。

　そこで，投資家が為替リスクを回避しない場合を考えてみましょう。自国を

図 12-1　市場で何が決まるのか：変動相場制の場合

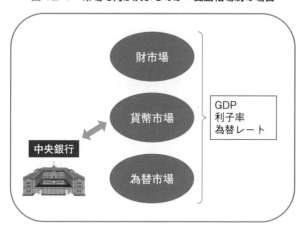

図 12-2　市場で何が決まるのか：固定相場制の場合

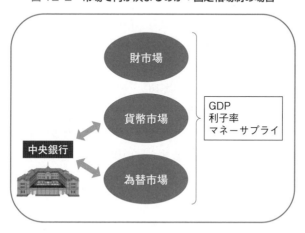

日本としているので，ここでの為替レートは円建てレートです。この場合の金利平価条件は，次のカバーなし金利平価条件によって表されます。

$$日本の利子率＝アメリカの利子率＋\frac{1年後の予想為替レート}{現在の為替レート}-1$$

この条件は，日本とアメリカのどちらの国で資金を運用しても，同じ予想収益率になることを示しています（レッスン9.2参照）。なお，利子率は金利と同じ意味です。

　為替レートの予想については，簡単化のために，現在の為替レートが将来的に続く，つまり予想為替レートは現在の為替レートに等しいとします。予想為替レートと現在の為替レートが一致することは，静学的予想と呼ばれます。以下では，静学的予想を仮定します。

　静学的予想の場合，「1年後の予想為替レート＝現在の為替レート」となります。これを上のカバーなし金利平価条件に代入すると，右辺の第2項と第3項の和はゼロ（＝1－1）になるので，次のようになります。

$$日本の利子率＝アメリカの利子率$$

　もし日本の利子率がアメリカの利子率よりも高ければ，円で運用したときの収益率の方が高いので，投資家は資金を日本の債券で運用しようとします。日本の債券を買うためには円が必要なので，ドルを売って円に換えます。よって，為替市場ではドル売り・円買いが起こり，円高・ドル安になります。逆に，日本の利子率よりもアメリカの利子率の方が高ければ，投資家はアメリカの債券で運用しようとします。そのため，為替市場でドル買い・円売りが起こるので，円安・ドル高になります（Box 9.3参照）。

　このようにして，国際資本移動が完全で静学的予想が成り立つとき，日本の利子率がアメリカの利子率と等しくならない限りは，為替市場で需給がバランスせず，為替レートの調整が続きます。言い換えると，日本の利子率がアメリカの利子率と等しくなるとき，為替市場で需給が一致し，そのときの為替レートに落ち着きます。

　為替市場で需給が一致するのは，国際収支が均衡するときであることが知られています（Box 12.2参照）。国際収支が均衡するGDPと利子率の組合せを描いた曲線は，国際収支曲線（BP曲線）と呼ばれます。

　したがって，日本の利子率がアメリカの利子率と等しくなるときに，為替市

■Box 12.2　為替市場と国際収支の均衡■

　財だけでなく債券（資本）の国際取引がある場合の為替市場の需給と国際収支の関係を，数値例で考えてみましょう。

　日本の企業が，財を100ドル分輸出し，ドル建ての輸出代金100ドルを受け取ったとします。財の輸出は経常取引の受取なので，日本の経常収支は100ドルの黒字になります。このとき，日本の企業は，受け取った100ドルを円に換えるとすると，為替市場で100ドル分のドルの供給（円の需要）が生じます。つまり，

$$経常収支＝ドルの供給＝100ドル$$

になっています。

　また，日本の投資家が，100ドル分のアメリカの債券を購入し，ドル建ての購入代金100ドルを支払ったとします。ここで，「資本取引による収支＝日本の投資家によるアメリカの債券の購入－アメリカの投資家による日本の債券の購入」とします。債券（資本）の取引の値を代入すると，「資本取引による収支＝100ドル－0ドル＝100ドル」です。このとき，債券を購入するために円を売って100ドル分のドルを買うので，為替市場で100ドル分のドルの需要（円の供給）が生じます。つまり，

$$資本取引による収支＝ドルの需要＝100ドル$$

になっています。

　ここで，国際収支（balance of payments：BP）を「国際収支＝経常収支－資本取引による収支」と定義しておきましょう。上記の財と債券（資本）の取引が行われたとき，為替市場でのドルの超過供給（円の超過需要）は，次のように表されます。

$$
\begin{aligned}
ドルの超過供給 &＝ドルの供給－ドルの需要 \\
&＝経常収支－資本取引による収支 \\
&＝100ドル－100ドル \\
&＝国際収支
\end{aligned}
$$

つまり，為替市場で需給が一致すること（ドルの超過供給＝0）は，国際収支が均衡すること（国際収支＝0）と同じです。したがって，「為替市場で需給が一致するように為替レートが決まる」ということは，「国際収支が均衡するように為替レートが決まる」と言い換えても構いません。

場で需給が一致し，国際収支も均衡します。つまり，BP曲線上の日本の利子率は，アメリカの利子率に等しくなります。アメリカの利子率を5%とすると，それは小国開放経済の日本にとって所与なので，図12-3のように，日本のBP曲線はアメリカの利子率5%の水準で水平になります。

なお，BP曲線の上の領域では，日本の利子率はアメリカの利子率よりも高いので，円高・ドル安になっていきます。逆に，BP曲線の下の領域では，円安・ドル高になっていきます。

レッスン12.2　小国開放経済の均衡

国際資本移動が完全な小国開放経済を日本として，GDP，利子率，および為替レートがどのような水準に決まるかを説明します。為替相場制度は，前レッスンと同じ変動相場制と固定相場制を考えます。

開放経済下のIS曲線とLM曲線

開放経済では，財市場，貨幣市場，および為替市場（あるいは国際収支）の均衡を見る必要があります。そこで，開放経済下における財市場と貨幣市場の均衡をそれぞれ表したIS曲線とLM曲線を考えてみましょう。

まず，日本の財市場（日本で生産される財の市場）について見てみましょう。財市場が均衡するGDPと利子率の組合せは，IS曲線で表されます。開放経済では，純輸出を考慮する必要があります。なお，日本は小国開放経済なので，日本の輸出は一定とします（レッスン10.2参照）。これに対して，日本の輸入は，日本のGDPと為替レートに依存して決まるとします。

数値例で開放経済下のIS曲線を見てみましょう。図12-4には，為替レートが1ドル＝120円で一定としたときのIS曲線が描かれています。利子率が5%のときに，財市場が均衡するGDPを500としています（点A）。

利子率だけが5%から3%に下がると，利子率とGDPの組合せは図12-4の点Bになります。利子率の低下によって投資が増加するので，財の総需要は増えます。そのため，財市場を均衡させるGDPは増加し，550になったとします。このときの利子率とGDPの組合せは図12-4の点Cで表され，点CもIS曲線

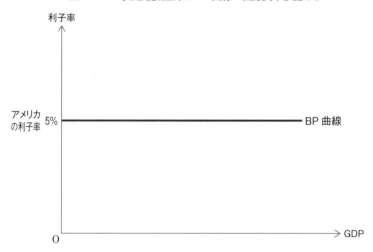

図 12-3　小国開放経済の BP 曲線：国際資本移動あり

利子率

アメリカ
の利子率 5%　　　　　　　　　　　　　　　　　　　BP 曲線

O　　　　　　　　　　　　　　　　　　　　　　　GDP

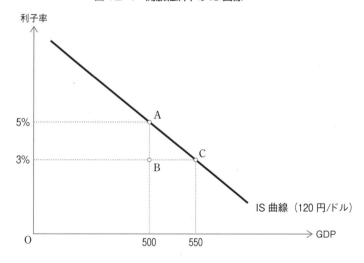

図 12-4　開放経済下の IS 曲線

利子率

5%　　　　　　　　　　A

3%　　　　　　　　　　　　　C
　　　　　　　　　　　　B

　　　　　　　　　　　　　　　　　IS 曲線（120 円/ドル）

O　　　　　　　500　　550　　　　　GDP

上にあります。このようにして，開放経済下でも，IS曲線は右下がりの曲線になります。

　また，利子率を5%で一定として，為替レートが1ドル＝140円（円安・ドル高）になった場合のIS曲線を考えてみましょう。図12-5には，図12-4と同じIS曲線（120円/ドル）を点線で描いています。円安・ドル高になると輸入が減って日本の経常収支は改善し，逆に円高・ドル安になると輸入が増えて日本の経常収支は悪化します（レッスン8.4参照）。1ドル＝140円（円安・ドル高）になると，日本の経常収支は改善し，総需要は増加します。そのため，財市場が均衡するGDPは増加し，550になるとします（図12-5の点B）。同様にして，利子率が5%以外のときも考えることができ，円安後に財市場が均衡するGDPは大きくなります。したがって，為替レートが1ドル＝140円のときのIS曲線は，点Bを通る直線（実線）のようになります。すなわち，円安・ドル高になると，IS曲線は右にシフトします。逆に，円高・ドル安になると，IS曲線は左にシフトします。

　次に，日本の貨幣市場について見てみましょう。日本の実質貨幣需要は，次のようになります。輸出入があっても，日本の家計や企業は，財・サービスの取引の支払い手段として円を使うでしょう。よって，取引を目的とする日本の貨幣需要は，日本のGDPに依存しているといえます。また，国際資本移動があっても，貨幣（円）を保有することの機会費用は，日本の利子率になります。よって，日本の貨幣需要は，日本の利子率に依存すると考えられます。つまり，輸出入や国際資本移動があっても，日本の実質貨幣需要は，日本のGDPと利子率に依存します（詳しくはWeb補論 第9章を参照）。

　他方，日本の名目マネーサプライは，日本銀行の政策によって決まるので，所与とします。物価水準は一定としているので，実質マネーサプライも一定になります。つまり，実質マネーサプライは，輸出入や国際資本移動があっても，閉鎖経済のときと同じく一定です。

　したがって，開放経済の貨幣市場の均衡条件は，レッスン11.2で示した閉鎖経済のときと同じです。つまり，開放経済のLM曲線は，閉鎖経済のときと同様に右上がりになります。図12-6には，点線で前章の図11-10と同じLM曲を描いています。レッスン11.2で示したように，名目マネーサプライが増えると，LM曲線は図12-6の点線から実線のように右にシフトします。

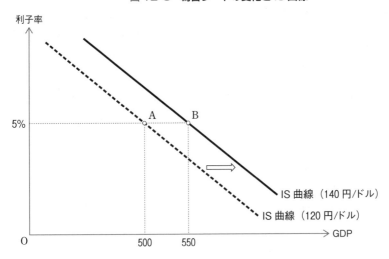

図 12-5　為替レートの変化と IS 曲線

利子率

5%

A　　B

IS 曲線（140 円/ドル）

IS 曲線（120 円/ドル）

O　　　　500　550　　　　　　　　GDP

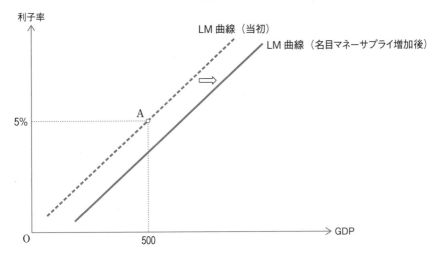

図 12-6　開放経済下の LM 曲線

利子率

LM 曲線（当初）

LM 曲線（名目マネーサプライ増加後）

5%

A

O　　　　　500　　　　　　　　　　GDP

逆に，マネーサプライが減ると，LM曲線は左にシフトします。

GDP，利子率，および為替レートの決定：変動相場制の場合

　小国開放経済の日本が，変動相場制を採用している場合を考えてみましょう。
この場合，日本の財市場，日本の貨幣市場，および為替市場（あるいは国際収
支）が均衡するように，日本のGDP，日本の利子率，および為替レートが決ま
ります（図12-1参照）。

　財市場，貨幣市場，および為替市場（あるいは国際収支）を同時に均衡させ
るGDPと利子率の組合せは，IS曲線，LM曲線，およびBP曲線の交点として
表されます。図12-7では，これら3つの曲線が交わっている点Aが均衡点に
なります。つまり，均衡では，日本の利子率はアメリカの利子率5％に一致し，
日本のGDPは500になります。

　為替レートは，IS曲線が図12-7の点Aを通るように決まります。ここでは，
その為替レートを1ドル＝120円とします。以下では，そのように為替レート
が決まる理由について考えてみましょう。

　図12-8には，図12-7と同じ3つの曲線（いずれも実線）が描かれていま
す。点Bを通る右下がりの直線（点線）は，1ドル＝140円のときのIS曲線で，
それをIS$_1$とします。1ドル＝140円のとき，日本のGDPと利子率は，IS$_1$で表
されたIS曲線とLM曲線の交点の点Bで決まっており，その利子率を6％とし
ましょう。アメリカの利子率は5％で一定なので，日本の利子率6％の方が高
くなっています。このとき，投資家は日本で資金を運用するためにドルを円に
換えるので，ドルが売られ，円が買われます。そのため，為替市場では円高・
ドル安になり，日本の純輸出は減少するので，先述したようにIS曲線は左にシ
フトしていきます。この為替レートの変化は，日本の利子率がアメリカの利子
率と等しくなるまで続きます。したがって，IS曲線は，点Aを通る為替レート
が1ドル＝120円のときのIS曲線（IS$_0$）の位置までシフトし，均衡の為替
レートは1ドル＝120円になります。

GDP，利子率，およびマネーサプライの決定：固定相場制の場合

　固定相場制の下では，財市場，貨幣市場，および為替市場（あるいは国際収
支）が均衡するように，日本のGDP，日本の利子率，および日本の名目マ

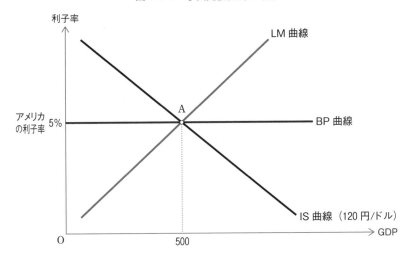

図 12-7　小国開放経済の均衡

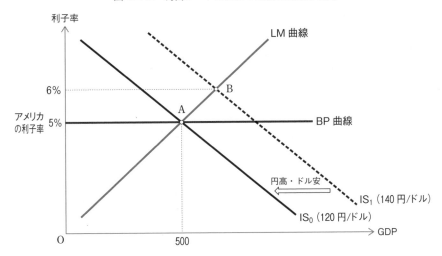

図 12-8　為替レートの決定：変動相場制の場合

ネーサプライが決まります（図12-2参照）。均衡は，図12-7のように，IS
曲線，LM曲線，およびBP曲線の交点の点Aとして表されます。均衡点Aにお
いて，日本の利子率は5％，日本のGDPは500になります。なお，為替レート
は1ドル＝120円で一定になるように，日本の通貨当局が為替介入をするとし
ます。

　固定相場制の場合，名目マネーサプライは，LM曲線が図12-7の点Aを通
るような水準に決まります。その図では名目マネーサプライを1000としてい
ます。以下では，図12-7と同じ3つの曲線（いずれも実線）が描かれている
図12-9を用いて，その理由を考えてみましょう。

　図12-9の点Bを通る右上がりの直線（点線）は，名目マネーサプライが
1100のときのLM曲線で，それをLM_1とします。名目マネーサプライが1100
のとき，日本のGDPと利子率は，IS曲線とLM_1で表されたLM曲線の交点の
点Bで決まり，その利子率を3％としましょう。アメリカの利子率は5％で一
定なので，日本の利子率3％の方が低くなっています。このとき，投資家はア
メリカで資金を運用しようとするため，為替市場では円が売られ，ドルが買わ
れます。そのため，為替介入がなければ，円安・ドル高になってしまいます。
そこで，1ドル＝120円が維持されるように，日本の通貨当局は，円買い・ド
ル売りの為替介入を行います。

　この為替介入が行われると，市場に出回っている円は減少するので，名目マ
ネーサプライが減少し，LM曲線は左にシフトしていきます（Box 12.3参照）。
通貨当局は，日本とアメリカの利子率が同じになり，資本移動が止まるまで為
替介入を続けなければなりません。したがって，LM曲線は，点Aを通る名目
マネーサプライが1000のときのLM曲線（LM_0）の位置までシフトし，均衡の
名目マネーサプライは1000になります。

レッスン12.3　変動相場制でのマクロ経済政策

　国際資本移動が完全な小国開放経済を日本として，財政政策と金融政策の効
果を説明します。ここでの為替相場制度は，レッスン12.1で説明した変動相
場制とします。

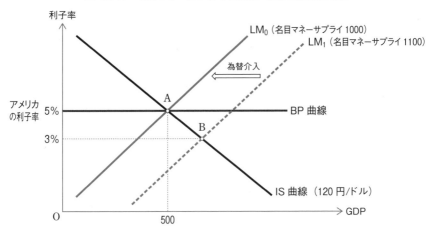

図 12-9　名目マネーサプライの決定：固定相場制の場合

利子率

LM$_0$（名目マネーサプライ 1000）

LM$_1$（名目マネーサプライ 1100）

為替介入

アメリカの利子率　5%　A

3%　B

BP 曲線

IS 曲線（120 円/ドル）

O　　500　　GDP

■Box 12.3　為替介入と LM 曲線■

　固定相場制の下では，為替レートを維持するために，通貨当局（レッスン7.1 参照）が為替市場で通貨の売買をします。

　為替レートを維持するために，自国の通貨当局が自国通貨買い・外国通貨売りの為替介入を行うと，自国の外貨準備が減少するとともに，市場に出回る自国通貨の量が減少します。つまり，名目マネーサプライが減少します。その結果，LM 曲線は左にシフトします。逆に，自国通貨売り・外国通貨買いの為替介入をすると，名目マネーサプライは増加するので，LM 曲線は右にシフトします。

◆ Case Study 12.2　日本での為替介入

　日本は固定相場制を採用していませんが，過度な為替レートの変動を抑制したりするために，為替介入を行うことがあります（Case Study 9.2 参照）。

　為替介入では，外貨準備と呼ばれる外国通貨建て資産（アメリカの国債に相当する米国財務省短期証券など）の売買が行われます。日本では，為替介入は財務大臣の権限において行われ，日本銀行は，日本銀行法などに基づいて，財務大臣の代理人としてその指示に基づいて為替介入を実施します。

財政政策の効果：変動相場制の場合

まず，拡張的財政政策の効果を考えてみましょう。図12-10(a)，(b)では，当初の均衡は点Aで表され，日本の利子率はアメリカの利子率5%と一致し，GDPを500とします。

日本政府が財政支出を増大させると，図12-10(a)において，IS曲線はIS_0（点線）からIS_1（実線）のように右にシフトします（レッスン11.1参照）。政府支出増加後のIS曲線であるIS_1と当初と同じLM曲線の交点は，点Bになります。点Bでの利子率を6%とします。このとき，日本の利子率6%はアメリカの利子率5%よりも高いので，高い収益率を求めて，資本が日本に流入します。日本で運用するためには，投資家は手持ちのドルを売って円を買う必要があります。このドル売り・円買いによって，円高・ドル安になります。

円高になると，IS曲線はどうなるでしょうか。円高により日本の輸入は増えて純輸出は減少し，IS曲線は左にシフトします。日本の利子率がアメリカの利子率5%よりも高い限り，日本への資本の流入により円高になるので，日本の純輸出は減少し，IS曲線は左にシフトします。このため，日本の利子率がアメリカの利子率と一致するまで，IS曲線は左にシフトします。つまり，図12-10(b)のように，IS曲線は元の位置のIS_0（実線）まで戻ります。

したがって，拡張的財政政策後の均衡は，当初と同じ点Aになります。財政支出を増やしたにもかかわらず，財政支出の増加分と同じだけ純輸出が減少するので，GDPの水準は当初と同じ500のままです。

ポイントは，財政支出の増大によって円高が起きて，日本の純輸出が減少してしまうことです。円高になるのは，財政支出の増大が日本の利子率を上昇させ，アメリカから日本への資本の流入が生じるからです。

このように，変動相場制の下で，国際資本移動が完全な小国における拡張的財政政策は，GDPを増やす効果がありません。なお，円高によって純輸出は減少しているので，日本の経常収支は当初と比べて悪化しています。（資本の流入によって，金融収支の値も経常収支と同じだけ減少しています。）

同様に考えると，日本政府が財政支出を減らす緊縮的財政政策を行うと，GDPは当初と同じで減ることはなく，円安によって日本の経常収支は改善します（各自で考えてみてください）。

図12-10 拡張的財政政策の効果：変動相場制の場合

(a)

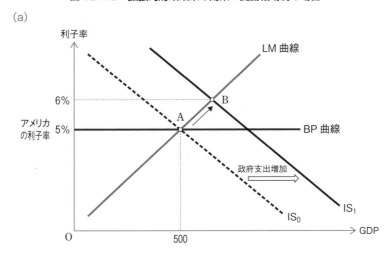

(b)

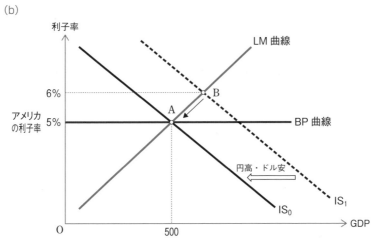

金融政策の効果：変動相場制の場合

　拡張的金融政策の効果を見てみましょう。図12-11(a)，(b)において，当初の均衡は点Aとします。

　日本銀行が名目マネーサプライを増加させると，LM曲線は右にシフトします（レッスン11.2参照）。すると，図12-11(a)のように，IS曲線とLM曲線の交点は点Aから点Bになります。点Bでの利子率を3％としましょう。利子率が5％から3％に低下すると，投資が増えて，日本のGDPは増加します。

　日本の利子率3％はアメリカの利子率5％を下回っているので，高い収益率を求めて，日本から資本がアメリカに流出します。アメリカで運用するためには，円を売ってドルを買う必要があります。この円売り・ドル買いによって，円安・ドル高になります。

　円安になることで，輸入が減って純輸出は増加するので，IS曲線は右にシフトします（レッスン11.1参照）。日本の利子率がアメリカの利子率よりも低い限り，資本の流出によって円安になり，IS曲線は右にシフトします。資本の流出による円安・ドル高の流れが止まるのは，日本の利子率がアメリカの利子率5％と一致するときです。つまり，図12-11(b)のように，IS曲線とLM曲線の交点がBP曲線上にくるようにIS曲線が右にシフトし，交点が点Cになるときです。

　したがって，名目マネーサプライ増加後の均衡点は，図12-11(b)の点Cになります。日本のGDPは500から520に増え，日本の利子率は以前と変わらずアメリカの利子率5％と同じです。

　このように，拡張的金融政策によって，利子率は変化しませんが，円安・ドル高になり，GDPは増えます。つまり，変動相場制の下で，国際資本移動が完全な小国における拡張的金融政策は，GDPを増やす効果を持ちます。なお，GDPの増加によって消費や輸入が増加しますが，消費はGDPほど増えません。そのため，純輸出は増加し，経常収支は改善しています。

　同様に考えると，名目マネーサプライを減らす緊縮的金融政策を行うと，GDPは減少し，経常収支は悪化します（各自で考えてみてください）。

　これまでに得られた財政政策と金融政策の経済効果は，表12-1にまとめてあります。国際資本移動が完全な小国開放経済で，変動相場制が採用されている場合，GDPを増やすには，拡張的金融政策が有効です。

図 12-11　拡張的金融政策の効果：変動相場制の場合

(a)

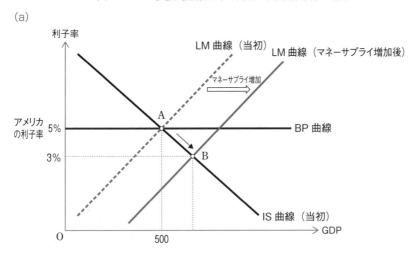

(b)

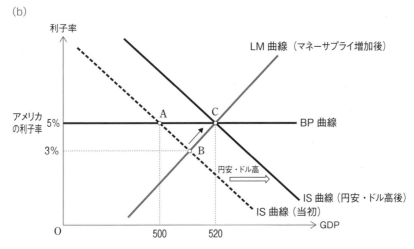

表 12-1　マクロ経済政策の効果：変動相場制の場合

	GDP	利子率	為替レート	経常収支
拡張的財政政策	変化なし	変化なし	円高・ドル安	悪化
拡張的金融政策	増加	変化なし	円安・ドル高	改善

レッスン12.4 固定相場制でのマクロ経済政策

固定相場制の下で，国際資本移動が完全な小国開放経済を日本として，拡張的財政政策と拡張的金融政策の効果を説明します。

財政政策の効果：固定相場制の場合

日本政府が政府支出を増やすと，図12-12のように，IS曲線は右にシフトします。すると，政府支出増加後のIS曲線（実線）とLM曲線（点線）の交点は，当初の点Aから点Bになります。点Bでの利子率を6%としましょう。

点Bでの日本の利子率6%は，アメリカの利子率5%よりも高くなっています。そのため，資本が日本に流入し，円買い・ドル売りが起きて，円高・ドル安になるでしょう。しかし，固定相場制では，日本の通貨当局は固定為替レートを維持しなければなりません。そこで，投資家の売買とは逆に，円売り・ドル買いの為替介入を行って，円高・ドル安の流れを食い止めます。その結果，名目マネーサプライが増加し，LM曲線は右にシフトします（Box 12.3参照）。図12-12のように，LM曲線が，政府支出増加後のIS曲線とBP曲線の交点の点Cを通る位置（実線のLM曲線）まで右にシフトすると，日本の利子率はアメリカの利子率と一致し，為替介入を行う必要はなくなります。

したがって，政府支出増加後の均衡は点Cで，日本のGDPは500から520に増加します。つまり，固定相場制の下では，拡張的財政政策によってGDPは増加します。なお，為替レートは固定でGDPが増加しているので，当初と比べて輸入は増えており，日本の経常収支は悪化しています（表12-2参照）。

金融政策の効果：固定相場制の場合

拡張的金融政策によって，LM曲線は，図12-13のようにLM_0（実線）からLM_1（点線）にシフトします。すると，IS曲線とLM曲線の交点は，当初の点Aから点Bになります。点Bでの利子率を3%としましょう。

点Bでの日本の利子率3%は，アメリカの利子率5%を下回っているので，アメリカに資本が流出します。このとき，為替介入がなければ，円売り・ドル買いで円安・ドル高になってしまいます。そこで，日本の通貨当局は，固定為

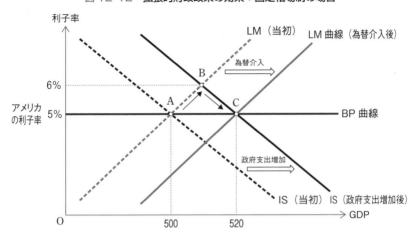

図 12-12　拡張的財政政策の効果：固定相場制の場合

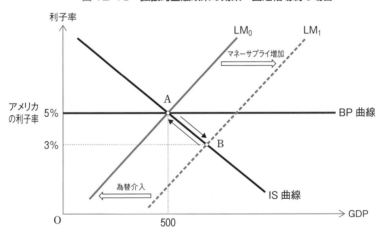

図 12-13　拡張的金融政策の効果：固定相場制の場合

表 12-2　マクロ経済政策の効果：固定相場制の場合

	GDP	利子率	為替レート	経常収支
拡張的財政政策	増加	変化なし	一定	悪化
拡張的金融政策	変化なし	変化なし	一定	変化なし

替レートを維持するために，円買い・ドル売りの為替介入を行います。その結果，日本の名目マネーサプライは減るので，LM曲線は左にシフトします（Box 12.3参照）。最終的にLM曲線が元の位置（LM_0）に戻ると，均衡点は図12-13の点Aとなり，日本の利子率はアメリカの利子率と一致します。そして，通貨当局は為替介入を行う必要がなく，名目マネーサプライの変化も止まります。

したがって，拡張的金融政策後，均衡点は当初と同じ図12-13の点Aで，日本のGDPは当初と同じ500になります。つまり，固定相場制の下では，拡張的金融政策によってGDPは増加しません。為替レートもGDPも変化しないので，日本の経常収支は当初と同じです（表12-2参照）。

なお，固定為替レートを維持するための円買い・ドル売りの為替介入は，日本の通貨当局に潤沢な外貨準備がないとできません。外貨準備が潤沢にあるとき，売ることのできるドルをたくさん保有しているので，円安を食い止めることができます。

以上で得られた財政政策と金融政策の効果は，表12-2にまとめてあります。国際資本移動が完全な小国開放経済が，固定相場制を採用している場合，GDPを増やすには，拡張的財政政策が有効であることが分かります。

国際資本移動が完全な場合のマンデル＝フレミング・モデルを，変動相場制を採用する2国のケースに拡張した場合について，Web補論 レッスンS12.1，S12.2で説明します。また，Web補論 レッスンS12.3では，複数の政策目標を同時に達成する政策を実施することは不可能なことを説明します。

▰▰▰ 第12章　演習問題 ▰▰▰

1. 国際資本移動が完全な小国開放経済を考える。
   (1) BP曲線を描き，なぜそのような形状になるかを説明しなさい。
   (2) IS曲線，LM曲線，BP曲線を使い，均衡のGDPと利子率を図で示しなさい。
2. 国際資本移動が完全な小国開放経済が変動相場制を採用している場合で，緊縮的財政政策と緊縮的金融政策の効果を図に描いて説明しなさい。
3. 国際資本移動が完全な小国開放経済が固定相場制を採用している場合で，拡張的財政政策と拡張的金融政策の効果を図に描いて説明しなさい。

索 引

著者紹介

阿部　顕三（あべ　けんぞう）

1958 年　愛媛県生まれ
1980 年　慶應義塾大学法学部政治学科卒業
1990 年　経済学博士（神戸商科大学）
　　　　　名古屋市立大学経済学部助手，立命館大学経済学部助教授，
　　　　　大阪市立大学経済学部助教授，大阪大学経済学部助教授などを経て
1999 年　大阪大学大学院経済学研究科教授
2019 年　中央大学経済学部教授・大阪大学名誉教授（現在に至る）

主な著書・論文

『貿易自由化の理念と現実』NTT 出版，2015 年。

『国際経済学』有斐閣，2012 年（共著）。

"Optimal Policy for Environmental Goods Trade in Asymmetric Oligopolistic Eco-industries," *Resource and Energy Economics* 71, 2023（共著）.

"Environmental Protection in the Presence of Unemployment and Common Resources," *Review of Development Economics* 20, 2016（共著）.

"Endogenous International Joint Ventures and the Environment," *Journal of International Economics* 67, 2005（共著）.

"Tariff Reform in a Small Open Economy with Public Production," *International Economic Review* 33, 1992.

寶多　康弘（たからだ　やすひろ）

1973 年　岡山県生まれ
1995 年　名古屋市立大学経済学部卒業
2000 年　大阪大学大学院経済学研究科博士課程修了（博士（経済学））
　　　　　南山大学総合政策学部専任講師・助教授・准教授・教授などを経て
2017 年　南山大学経済学部教授（現在に至る）

主な著書・論文

『ミクロ経済学をつかむ』有斐閣，2006 年（共著）。

"Standards Policy and International Trade: Multilateralism versus Regionalism," *Journal of Public Economic Theory* 22, 2020（共著）.

"Trade Liberalization in Environmental Goods," *Resource and Energy Economics* 51, 2018（共著）.

"Shared Renewable Resources: Gains from Trade and Trade Policy," *Review of International Economics* 21, 2013（共著）.

"Tied Aid and Welfare," *Review of International Economics* 13, 2005（共著）.

"Transboundary Pollution and the Welfare Effects of Technology Transfer," *Journal of Economics* 85, 2005.

● グラフィック［経済学］—6

グラフィック **国際経済学**

2024 年 1 月 10 日 ©　　　　　　　　　　　初 版 発 行

著 者　阿 部 顕 三　　　　　発行者　森 平 敏 孝
　　　　實 多 康 弘　　　　　印刷者　小 宮 山 恒 敏

【発行】　　　　　　株式会社 **新世社**
〒151-0051　東京都渋谷区千駄ヶ谷1丁目3番25号
編集☎(03)5474-8818(代)　　　サイエンスビル

【発売】　　　　　　株式会社 **サイエンス社**
〒151-0051　東京都渋谷区千駄ヶ谷1丁目3番25号
営業☎(03)5474-8500(代)　　振替　00170-7-2387
FAX☎(03)5474-8900

印刷・製本　小宮山印刷工業(株)
《検印省略》

サイエンス社・新世社のホームページのご案内
https://www.saiensu.co.jp
ご意見・ご要望は
shin@saiensu.co.jp　まで.

ISBN978-4-88384-379-4
PRINTED IN JAPAN

経済学叢書 Introductory

国際経済学入門

古沢泰治 著
A5判／304頁／本体2,550円（税抜き）

望ましい国際貿易とはどのようなものだろうか。本書は国際経済学においてこれまで積み上げられてきた知見を紹介し，理論的裏付けを持って多面的視野から問題について判断する力を培う入門テキストである。「国際貿易理論のエッセンス」，「貿易政策」，「不完全競争と産業内貿易」，「国際収支と為替レート」の四部構成で解説。読みやすい2色刷。

【主要目次】

発行　新世社　　　　発売　サイエンス社

経済学叢書 Introductory

国際金融論入門

佐々木百合 著
A5判／208頁／本体2,000円（税抜き）

国際金融論の基礎をスムーズに理解できる入門テキスト。貿易の基礎知識や外国為替取引などのトピックから始め，具体的なイメージをもって国際金融の役割が理解できるように配慮。オープンマクロ経済学の基本的解説を中心に構成し，近年の国際金融における新たな問題も紹介した。2色刷とコンパクトな分量によって，初学者でも無理なく読み通せる書となっている。

【主要目次】

国際収支／対外決済のしくみ／外国為替市場と外国為替取引／外国為替相場の決定理論（1）／外国為替相場の決定理論（2）／国際通貨制度／オープンエコノミー・マクロエコノミクス（開放マクロ）基本モデル／変動相場制における経済政策の効果／固定相場制における経済政策の効果／外国為替相場の輸出入価格へのパススルー／通貨危機，ソブリンリスク，最適通貨圏の理論／経常収支の調整と新しいオープンマクロ経済学

発行 新世社　　　発売 サイエンス社

経済学叢書 Introductory

開発経済学入門
第2版

戸堂康之 著
A5判／320頁／本体2,600円（税抜き）

開発途上国が経済的に発展するメカニズムやそのために必要な政策について，経済学の専門的な知識がなくとも読みこなせるよう，わかりやすく解説した好評入門書の最新版。統計データをアップデートし，RCTの研究紹介を拡充して，最新の途上国経済の状況と学術研究の流れを踏まえた内容とした。経済学を専攻する学生はもちろん，途上国開発の現場で働く援助機関やNGOの実務家の方などにもおすすめの一冊。2色刷。

【主要目次】
1 **経済成長論の基礎** 開発途上国の経済発展／新古典派経済成長論／内生的経済成長論／貧困の罠／中所得国の罠
2 **経済発展の諸要因** 国際貿易・海外直接投資／産業集積／社会関係資本・社会ネットワーク／社会・経済制度／経済発展の政治経済学／農村開発／農村金融／経済協力

発行 **新世社** 発売 **サイエンス社**